照片裡的故事

Stories Behind the Photos

下 冊

常叙庸 著

易文出版社・紐約
I Wing Press, New York

Stories Behind the Photos III

By Chang Xuyong

Published by I Wing Press, New York
iwingpress@gmail.com
December 2024, First Edition, First Printing

照片裡的故事（下册）

常叙庸 著

出 版 人：冰　寒
装帧设计：王昌华

出　版：　易文出版社·纽约
版　次：　2024 年 12 月第一版，第一次印刷
字　数：　全三册总 480 千字
定　价：　全三册 $80.00

Copyright © 2024 by I Wing Press, all rights reserved.
No part of this book may be reproduced in any form or by any electronic or mechanical means including information storage and retrieval systems, without permission in writing from the publisher. The only exception is by a reviewer, who may quote short excerpts in review.

作品内容受国际知识产权公约保护，版权所有，侵权必究

目　　錄

瀟灑退休篇（下）

今冬第二場雪發的警告　　　　　　　　　　691
感謝阿姨一年的辛苦　　　　　　　　　　　693
看穆婷"二池復原有望"之回憶　　　　　　696
今冬最大的雪是立春後下的　　　　　　　　699
我的同窗好友鄭大成走完人生路　　　　　　701
我的孫男滴女過中國年　　　　　　　　　　702
"緊急公關"電視劇觀後感　　　　　　　　　703
我的發小、摯友張晶心一路走好　　　　　　704
親戚、兄長、球友、侃友、酒友一担挑　　　705
牛年大禮——按摩沙發椅　　　　　　　　　707
遠離政治，珍惜和關心你愛和愛你的人　　　710
讓我尊敬的老師孫英先生　　　　　　　　　713
"疫情"期間的新鍛練項目——匹克球　　　716
"懷念戰友"——緬懷五年大學同窗生活　　717
"移民"與"結婚"的40與50　　　　　　　721
按摩椅裡的學問　　　　　　　　　　　　　724
春天來了　　　　　　　　　　　　　　　　725
我"亦師亦友"的學生們　　　　　　　　　　727
五十年的勞動節　　　　　　　　　　　　　728
夢中想到的事情　　　　　　　　　　　　　731
我參加過一次反自然科學的事兒　　　　　　733
必須面對現實——年齡　　　　　　　　　　735
回家了，感覺真好！　　　　　　　　　　　737
我的武術界校友——李泰良師傅　　　　　　738

夜半難眠時的遐想	741
交友與擇偶的標準——"顏值"或"品質"	743
我想過的圓滿結局	744
謝謝美女教練幫我畫一個完美的句號	747
沒想到，我也有今天呀！	751
閒語與雜談——"我的老師"	752
文化大革命的後遺症	756
今日的天災人禍是人類自己作的	757
我太太與同學相聚中的樂趣之系列（1）	758
我太太與同學相聚中的樂趣之系列（2）	761
我太太與同學相聚中的樂趣之系列（3）	764
只剩下回憶了（1）——與中學師生聚會	767
只剩下回憶了（2）——與親人過春節聚會	769
從電視看看東京奧運會	770
我的大姐與三哥（1）	771
我的大姐與三哥（2）	772
這份材料讓我想到什麼？	774
電視裏的政治	774
我們最需要的是深思與反省	775
與社會賢達的相識和接觸	776
窖藏五十年的酒——我的金婚	788
致編劇、導演、演員們，別瞎編、胡導、亂演	804
寫給"常氏家族聚親情"諸位親人	805
請參考前文《向常家列祖列宗說幾句"我的"話》	806
祝諸位亲朋好友"虎年"阖家幸福、身体健！	809
人生警句就是打开自己烦恼之钥匙（之一）	810
交朋友——诚信+包容（秘诀）	813
牢记三戒，過世外桃源的生活	815
日常生活記錄	817

與世無争，快樂瀟灑走完人生路	819
在美国对照看孙男滴女新认识	821
美麗的晚霞	822
對"無產階級"的認識	823
劍道上的過去和未來	824
原北京体院武术系学生对老师仙逝感言	827
老頑童的雜談之二	831
感恩節——闔家團聚	833
難忘的回憶	836
自製"聖誕節"賀卡	839
什麼是正確的"師生情誼"	841
合理投资与最佳选择	845
"人贵在要有自知之明"	847
北京体育学院体操系不平凡的58届	852
《打賭》與《情人》讀後感	859
北京体育学院体操系不平凡的58届	860
北京体育学院体操系不平凡的58届	866
昔日的师生"情"而如今的朋友"谊"	868
戴口罩——中国国际电话线路"疫情"严重	875
我們的好教練、老師、大姐穆（秀蘭）先生	877
敬請摯友、兄長葛立斌老師一路走好！	879
永遠記在心裡的人——陳卓昭	880
老頑童的雜談之一	882
老頑童的雜談之二	884
老頑童的雜談之三	885
北体大58届不平凡的本、预科各专业	886
致谢给鼓励和支持我的学妹——何兰英	889
展望未来——"干媳妇儿"	890
难忘的会面	891

好心不见得办成好事	893
看"鼓楼外"连续剧的感受	894
想说点儿我想说的，大不了也就是个"无期"呗！	895
"人世间"——可与北京题材连续剧"比美"	900
看完"人世间"说几句心里话	902
气得我忍无可忍	904
向老同学吴彬请教问题	906
世外桃源裡的"室内桃源"	909
我相信有"老天爷"这一说	911
活明白了，真好！	912
"小皮襖"回來清理家務就是"扔"和"捐"	915
健康长寿是源于精神（或是性格）	918
为我学过与从事过的专业再说最后几句话	920
就事论事	924
这回我"露"大脸了	927
厉害呀！我的国——罪犯的天堂	929
往事不堪回首——学生时代与社会中的沉浮	930
想和中学的（足）球友聊几句	932
"吃饱撑的"閒谈卡达尔足球"世界杯"	935
这就叫"政治"	937
谈我对台湾问题的认识	939
我参加过一次反自然科學的事兒	942
"留住记忆"（原女八中师生文选）观后感	943
老天真自问一句："哪里是净土？"	946
怀念我人生中敬重的挚友和老师遲祥熙	949
"母女情深"——写给鲍叽叽与乐嘟嘟	950
在美国的中国人	953
同仇同恨、同家庭经历、同认知	955
电视剧"探长劳爷"的观后感	957

"旭日东升"与"夕阳西下"	960
"世界杯"足球首轮比赛观后感	963
社会主义好！社会主义就是好！	966
加强"学习"，逐步认清"社会主义"	967
"没心没肺"和"没肺没心"——挚友	969
七十三年来的变迁——2022年的最后一篇	971
希望连续剧的编剧、导演、演员多读些书	976
什麽都甭说了，说也没用！	978
我们没有做不到的，只有想不到的	985
"微信"——当今垃圾政治的附属品	986
听人劝吃饱饭——都是"微信"闹的	986
"夢中打架"的奥妙	989
讀《拆文解字"西什庫"》後的痛苦回忆	991
侃侃"古为今用""洋为中用"	993
体育科研工作的重要性	995
享受天伦之乐，休管他人瓦上霜	996
夜半惊魂	997
触景生情——我的终身遗憾	998
男儿有泪就要弹！	1000
何时能活在不说谎言的环境裡？	1001
为我们的学长、校友、榜样——年维泗兄长祝寿	1002
向为国争光的女子运动员们致敬！	1005
从连续剧"残宅"应该想到了什麽？	1009
再聊聊女足的事儿	1010
到哪儿去祭拜我的母亲？	1011
"感恩"和"团圆"	1014
"团圆"	1018
龙虾——好吃、馋人、味鲜	1021
"弹指一挥间"就走完人生八十三年的路程！	1023

避暑最佳去处——"社区文化中心"	1024
阿姨遇到的"故事"	1026
珍贵的情谊，要珍惜呀！	1027
与老朋友、同事-赵老师夫妇聊天儿	1032
"管住嘴"少說话，多吃菜，身體健康！	1033
浅谈对"专家的建议"和"专家的言论"之个人看法	1035
对"正义虽会迟到但从不缺席！"这句话的认知	1036
今天轮到我值班	1037
体育界"科研"的任务是什麽？	1039
结束语——"写得最痛苦的最后一篇文章"	1042

瀟灑退休篇（下）

今冬第二場雪發的警告

週日至週二生效的冬季風暴警告

　　根據國家氣象局（NWS）的最新預報，從1月31日（星期日）晚上7點至2月2日（星期二）上午6點對紐約市實施冬季暴風警告，預計會出現大雪，積雪總量預計風速為 14 至 18 英寸，陣風時速高達 45 英里/小時。周一和周一晚上可能會出現類似暴風雪的情況。

旅行可能非常困難甚至不可能。危險情況可能會影響早晚通勤。陣風可能會使樹枝倒下。道路可能很危險，強風可能會導致斷電。

在此冬季天氣事件中，沿海洪水也可能發生：

南部洪水從周一的上午 9 點至下午 3 點以及週一的晚上 8 點至週二的凌晨 3 點生效。預計將出現廣泛的中等洪水，導致海灘侵蝕和脆弱的沿海道路和/或財產氾濫。

北部洪水從周一上午 9 點至下午 4 點，然後從周一晚上 8 點至週二凌晨 4 點對北部皇后區，曼哈頓和布朗克斯生效。

週一從上午 9 點至下午 12 點，然後從周二晚上 8 點至凌晨 1 點，對布魯克林和史泰登島實施沿海洪水諮詢。

紐約市衛生局（DSNY）已於 1 月 31 日晚上 7 點至 2 月 2 日星期二發布了降雪警報。

確保您已做好準備。與您的家庭成員制定應急計劃，以便您知道在緊急情況下該怎麼做，如何找到彼此以及如何進行溝通。

有關實時天氣更新，請訪問國家氣象局。

上面的風雪"警告"是我朋友發給我的，當是從窗户向外望去幾

乎像是高空向下灑麵粉，我并沒在意，中午時分還接到電話通知，近幾天會有大風雪，無事不要外出。到昨天晚上，馬路上也只有近一吋的雪，因氣溫在零度以下，各處的積雪都未融化，一覺醒來起床後（已是上午十點半），由窗戶往外看，一片銀色世界，積雪厚度可稱爲今冬第一場大雪。現在是美國時間二月一號中午十二点，這雪還在下，到下午或傍晚再繼續報導。午後不久，雪已停下，我估計此次大風雪可能就這樣提前結束了？等等再說吧！現已是午後近三點了，雪不知何時又繼續下着，只是中雪但無風助陣，氣溫爲零下1度。現在是下午四點半，屋外已是風起雪停，好像與大風雪的"警告"有提前解除的可能？一天兩夜的大風雪期，起碼也得有三十六小時，現在，社區的鏟雪車都出動工作了，雖然降雪量與估計的十四至十八吋有差距，雪停了，沒給我們的生活帶來不便接是萬幸。

感謝阿姨一年的辛苦

自從 2018 年初開始，我太太的身體狀況欠佳，首先，她已經不能站立，只能靠輪椅（保險公司自她工傷後至今，免費送給兩個手推輪椅、一個電動輪椅）代步；二是她自己已經不能自己在床、輪椅、沙發之間自己移動，必需靠人幫助；三是不能上廁所，大小便不能自理；四是吃飯基本上靠他人喂食；五是每日洗漱擦身都由阿姨幫助來完成一切。2016-2017 年基本上都是我自己一個人來照顧她，後來，我因除照顧我太太外，自己還要練習乒乓球、擊劍、高爾夫球，兩個女兒考慮到既要照顧好媽媽又能照顧到老爸的玩兒興和鍛練身體，決定出資請阿姨照顧老媽解放老爸。

【1】從 2018 年初請阿姨來家照顧我太太，至今已有三年多的時光，共請過三位阿姨-殷、馮、張。殷阿姨是来自天津市，對我太太照顧很認真負責，在我家幫忙了一年四個月因家裡有事辭工回國（因沒有殷阿姨的照片）。

【2】馮阿姨：来自湖南柳州市，六十年代生人，她是七月二十號來到我家，做了五個月也是家裡有事必需回國處理而匆匆離去。她是 2019 年 7 月 10 日辭工，走時匆忙，手錶、鑽戒都忘了戴走放在

抽屜裡,因她走前與我們說過家裡事辦完就回來,沒想到疫情隨後就來了,何時能回來?

馮阿姨來我家後,真的把這兒當成自己的家一樣,也把我們當做她自己的家長一樣對待,每天從早點到晚飯,我再也沒做過飯,到點兒把嘴張開就行了。

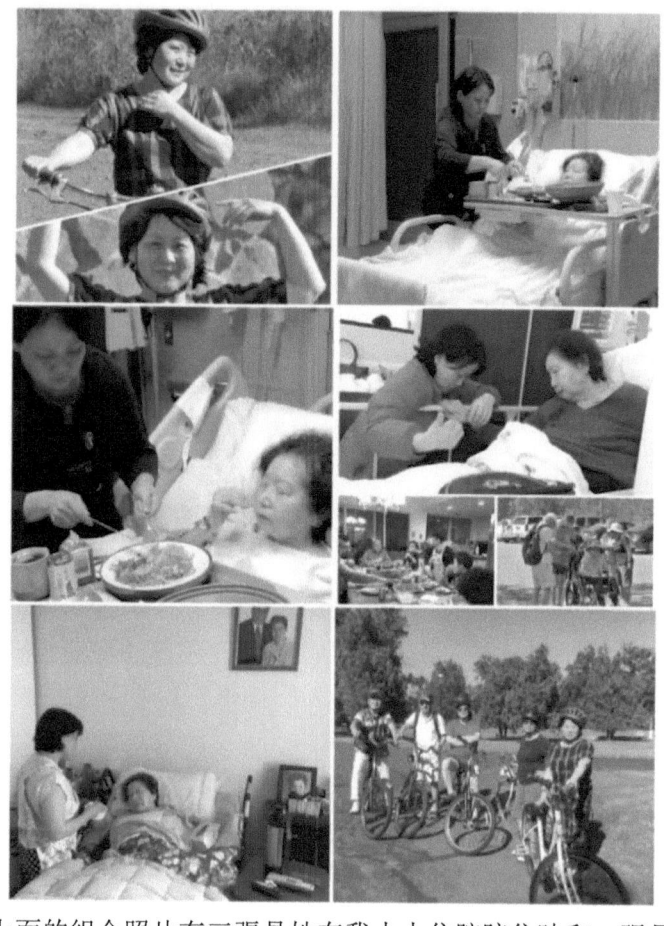

上面的組合照片有三張是她在我太太住院陪住時和一張是在家時精心喂食和剪指甲;一張是臨回國的兩周前的"感恩節"全家人與馮阿姨九口人共度家庭團聚之日;另外四張是兩家朋友邀請我們周末去"杜邦公園"騎遊,我的朋友們對馮阿姨也非常讚賞她的為人與工作態度,也讓我太太換個環境出來曬曬太陽,接觸大自然。

瀟灑退休篇（下）

【3】張阿姨：來自四川省重慶市，五十年代生人，在昨天雪停後，張阿姨异常興奮，午後便在我家門前附近自拍起雪景照，昨天氣溫雖然在零度，但因無風身體感覺像零上二-三度，折騰半天心滿意足的進屋來，我請她用自拍照做組合拼圖。

張阿姨做一手好的四川家常菜，我每頓飯只吃六成飽，只能解饞而吃得不過癮。因自我在嘴上控制得好，疫情期間鍛練中斷的情況下，我的體重一直保持在75-76公斤以内没什麽變化已經實屬不易。對我太太的照顧也很細心，這三位阿姨都不錯，但張、馮阿姨尤佳。

我與她們相處雖是"雇傭"關係，但仔細想想，她們遠渡重洋來到异國他鄉，不就是爲了多挣些錢，回國後晚年生活過得舒服些，平時我很尊重她們的勞動傅出。对生活上的一些無關緊要從不去干預，主要工作完成就好，盡量爲她們着想，人與人相處就是用心相處，將心比心也就是這個道理。

唯一的問題就是馮、張二位阿姨的家鄉話，聽得我一頭露水，經常出現"雞同鴨講"的場面，若是討論國家大事豈不是造成無數"險境叢生"的局面？

請阿姨要注意的事情：（1）不要請大城市的阿姨。（2）請城市勞動人民出身的子女，吃苦耐勞。

看穆婷"二池復原有望"之回憶

穆婷的這篇文章讓我想起來六十九年前的有關"和平區第二游泳池"的事情：1951年初的寒假，我父親的工作突然從北京調到"天津開灤礦務局"（和平區泰安道與大沽路東南角大樓），我小學六年級下學期就在和平區湖北路上的"平凡小學"完成學業，初中一年級考入和平區的"進步中學"（後改爲五十九中）。

穆婷是天津泳界穆家軍-穆成寬老爺子的外孫女，她母親是北京體育學院（現北京體育大學）水冰系的速滑和游泳教練（老師）-穆秀蘭先生。1958年入學後，滑冰班的教練就是穆先生，班上唯一的女生就是穆先生的妹妹-穆秀英。穆婷當年就是我們滑冰班的"小尾巴"（我是1960年從擊劍班轉到滑冰班），跑步時，婷婷就會跟在後面慢慢跑，課後大家會帶著她玩兒。

（在"陶然亭"游泳池的留影，1960年我們年級的跳水課安排在這裡上課，教師-溫一敬老師。這張照片裡引起的回憶，左起周賡，游泳專業，馬維善和我都是冰上專業，最右角是任起民，游泳專業。周和任分到上海，我和馬分到北京，都是中學老師。）

要說"二池",最早是由 1952 年夏到 1953 月夏,由于没能抓住機會在"二池"把游泳學會。53 年父親工作被招聘到"北京礦業學院"基礎課部任化學教授,到 55 年初三畢業的暑假在"頤和園"昆明湖游泳場學會的,轉年高一暑假,與何祖胎、王德榮、李運能成的北京 24 中代表隊參加了"北京市中學生游泳運動會"4x100 米自由泳接力,他們三人都是業餘體校游泳班的學員,本來我校實力穩拿"金牌",一個是北京游泳隊蛙泳運動員,一個 59 年考入北京體育學院水冰系,一個 60 年考入北京師範大學是游泳校隊運動員,就讓我這掉進游泳池淹不死的主給拉了後腿,楞把一枚"金牌"換成了"銅牌",這也是我一生中唯一的一次游泳比賽並獲獎牌,也是一生里最露怯的一次,但不是在天津"二池"而是北京"陶然亭"游泳池。

露臉的一次是在天津"二池",給我露臉機會的就是上面照片裡左上角的-臧士達老兄(大學同班同學),畢業後,分配到天津市河

西區業餘體校游泳教練，但體校沒有游泳池。左下角的照片就是在"二池"於1978年的"全國游泳比賽天津賽區"作裁判時的留念。五男四女都是北京體院水冰系的畢業生-王學昌（左一）王采（右二）二人都是57級，我和臧士達（後左二和三）穆秀英（前右一）都是58級，鍾維德（後右一）和常津輝（前左二）都是59級，另兩位女生我忘了姓名和年級。

　　我調到天津後，一年的暑假，士達老兄找我，讓我和他一起訓練小孩兒，因舉行全市少年儿童游泳比賽，天津市和平區、河北區、河東區、南開區的業餘體校都有游泳池，可河西區只能借助於棉紡工廠的游泳池即大水坑拉上水線而已便練習起來，在天津衆多游泳体校，河西區是起步比較晚，訓練條件差的單位。士達兄做事比較穩健，考慮周全並仔細，經過一段的刻苦訓練，終於脫穎而出，在比賽中能正常發揮，有不少小朋友都取得了名次，在團體總分名次取得從未有過的好成績，終于可以抬頭挺胸的張開大嘴出口悶氣。此話從何說起？天津游泳運動恢復得比較好，群衆基礎實力雄厚，曾爲國家隊和省市專業隊輸送不少優秀運動員。在業餘體校游泳圈裡，地方主義色彩相當濃厚，五十年代的業餘體校教練基本是曾經的運動員，退役後來補充到教練崗位，他們有的是當運動員時接受訓練的經驗，而沒有文化知識和系统性的游泳技術和訓練的理論知識。發展到六十年代，逐漸游泳專業的大學畢業生走向業餘體校和專業隊教練員的工作崗位，地方主義和游泳理論之間的差异突顯出來到桌面上，如何解決地方派和學院派的矛盾？嘴上不說，讓訓練成果通過比賽取得的成績來說話，這就是吐口悶氣的來由。

　　另一個問題就是專業不對口：從上面照片組合右中和右下是我們58級全體（右中除正面沙發坐的穿黑色上衣的呂雅群是62級花樣滑冰），除劉長江（左一)臧士達（右一）是業餘體校的游泳教練，其餘五人都是教師，後來七十年代初，鄭大成（右三）調到哈爾濱市速滑隊當教練。也就是說滑冰是主項，游泳是副項，對游泳是副項的我們開始一定會很難，只要前三脚踢開了，隨後就會通暢多了。

　　童年的回憶一直到移民前，也就是從七十年前到四十年前之間的回憶，有痛苦也有感激。具體時間好像是 1978 年的事情，當時天津市舉行全民運動會，各區、機關、高校等爲單位組成代表隊參加比賽。因"文革"被戴上的"516 反革命分子"的帽子後，雖然當時已平反，可在很多場合我都被拒之門外，我當學生時就開始作擊劍和游泳的全國比賽大會的裁判員，可畢業後就從此失去權力與機會，因在文革時期我才知道，高中畢業時，不知哪位混蛋不得好死的人在我的檔案裡寫了一句：此人是不戴帽子"右派"。扯遠了咱還說組成高校游泳隊後，在決定教練人選時，當時高校裡"輕工業學院"的鍾維德是我們北体水冰系 59 級畢業生，又是黨員，豪無疑問的是他，結果，是某高校一位德高望重的教授、泳界老前輩提出由我担任高校游泳隊總教練，我心裡非常、非常感謝前輩對我在政治上和精神上的支持與鼓勵。年歲大了，說話囉嗦，寫東西也是跑東串西，最後一句話："二池"與穆老爺子一家的孫男滴女的幾代人是情深意重，有近百年的情缘。

今冬最大的雪是立春後下的

照片裡的故事（下）

今晨醒來已近九點鍾，穿戴洗漱後馬上到廚房去做每天都必需要做的-煮咖啡，這也是"文革"的流毒保持至今的唯一的項目-"天天喝"。當我端着咖啡坐到沙發要享受"天天喝"時，阿姨叫我看窗外，我的媽呀！前十幾分鍾還沒看到窗外的鵝毛大雪撲天而降，加上小風助陣真是滿天飛舞的雪花瞬間眼前就是美麗的"銀色童話世界"。

現在已是下午四点整，雪落速度没減，雪花的面積縮小了一半，何時能停？我盛好飯和菜剛要開吃，發現雪停了，時間是四点五十三分，急忙穿衣服跑到外面照相，首先，我用鋼尺積雪的厚度是 3 吋（10 公分），這場雪下了六個小時多，積雪量可堪稱大雪了。今冬第三場大雪是剛立春後下的，是否有什麼吉祥好兆頭的說法？

700

我的同窗好友鄭大成走完人生路

鄭大成（1938年7月7日-2021年2月11日晨3點21分）是1958年從北京男四中考入北京體育學院，他曾是北京速滑隊隊員，他的成績尤其是短距離突出，北京市500米速滑紀錄43"8已近六十年無人能破大成所創的紀錄。他訓練非常刻苦，我們與專業隊又不一樣，我們是半專業半業餘，只有冬天冰季到來之際，抓緊

時間到黑龍江省的黑河地區訓練。他也是很全面的人，足球，籃球，乒乓球等項目都很好，分到哈尔滨市中學當老師，後來到七十年代初，調到市體委體工大隊任冰上速滑教練，培養出女子全能冠軍～楊可心。出國比賽規定是教練員與自己出賽運動員同行，但出國名額被別人走路子給換掉了，很多人都勸他去找體委主任，他說我憑技術吃飯，就是不去找領導，有骨氣。

後來改為短道速滑教練，並評上國家級教練員。

上面兩張照片攝于 2004 年，也是我們 58 屆滑冰班 1963 年畢業後四十一年的首次全體聚會，照片裡的男六女二除呂雅群是預科（坐在沙發左二，女子花樣滑冰），余下七人都是 1958 年考入本科。我是兩年後因困難時期，58 屆擊劍專業撤消後轉入水冰系的滑冰班，我當時的選項是冰球專業，他們都是速滑專業。

我的思想跟進速度如蝸牛，可人生路上的行走就像坐高鐵，轉眼間就要到人生的總站了，我們七位已有四位老同學相繼離去，我年齡最小也是八零後了，裝嫩為時已晚，只留給我們時間去回憶同窗學生生活時代的軼事趣聞。

大成的夫人李孟華也是 1958 年由北京女十二中考入北京體院，一二年級與我同專業。

我的孫男滴女過中國年

今天下午我正在社區馬路上走步鍛練，我二女兒給我打電話，一是給我們拜年，并詢問三鮮餡猪肉、蝦、韭菜和鷄蛋的比例多少？她們不清楚過年的中國習俗，以爲過年吃餃子是大年三十晚上吃，她們正全家動手包餃子，還是兄妹倆厲害，還真吃上孩子們包的餃子。

自去年一月二十四號過年至今，我們與二女兒一家四口就沒見過面，發來的照片一看，外孫的身高已超過母親快趕上父親一米八多的高度，外孫女兒與母親還差多半頭。一個是 2007 年 7 月生日，一個是 2009 年 9 月份出生，這兩個孩子從小就說我是中國人，遺憾的是不會說一句中國話。

前幾年，我太太和她母親有同一嗜好就是喜歡吃餃子，在家過年就問女兒說：我就愛吃餃子，以後我做不了了，妳們誰能給我包？我說：從超市買速凍餃子。現在看起來這倆孫男滴女可以頂班兒了！

疫情過後，想吃三鮮餡餃子，我開車四個小時去二女兒家吃孫男滴女給包的餃子！

今天是美國時間的大年初一，發此篇文章都說包餃子是難活兒，我的兩位小老美還不是完美的作出大年初一的必備食品-扁食（即餃子）。

"緊急公關"電視劇觀後感

剛剛看完電視連續劇-"緊急公關"（38集），解個悶兒看看也算可以，可稍加思考怎想心裡都覺得不對勁兒，從第一集開始至終大結局，所有劇情表現出來的中心思想就是"勾心鬥角"，設局"請君入甕"，搞垮生意場上和政治上的所有對手，這些劇都是經過"中宣部"審批後方可對全國播出，也就是劇情裡反映的內容就是當前的社會現象與存在的問題是屬實。既然如此，我想問幾個問題：

五十年代黨中央告誡我們"做老實人、講老實話、幹老實事"與七十年後的今天"做虛情假意的虛偽之人、滿嘴都是謊言假話、幹的是勾心鬥角爭權奪利之事",誰能告訴我哪個是"社會主義"哪個是"資本主義"?

"青出於藍而勝於藍"這句話很適合當今的社會現實;革命前輩爲了推翻敵對政權,不惜手段卑劣,出賣民族利益,採用孫子兵法的"借刀殺人"用外力挫敗政敵。而今的青年人招術比革命前輩更高超,不必借用國外實力和出賣祖國領土,出賣自己的靈魂即可。

這個連續劇觀後所得到的教育是什麼?一個沒有靈魂的民族,一個國家的青年人沒有靈魂,試問:這個國家有出路嗎?出路在何處?

幾千年的中華民族傳統美德,就在近幾十年裡喪失連底褲和遮羞布都沒有了。要想恢復先別說社會主義的道德標準,就是民國時期的標準也得花上一個世紀或更長的時間。

最後,祝愿大家牛年大吉,生活愉快!身體安康!也希望大家替自己的祖國前途想一想,更希望牛年出一位牛人替中華民族解難!

我的發小、摯友張晶心一路走好

讣告:晶心经历十五年阿尔海默兹症症状积累,发展为老年神经性器官衰竭，最终因肺部感染导致昏迷，经医院抢救三十六小时无效，于二零二壹年二月十二日（农历正月初一）于多伦多凌晨七点五分逝世，享年八十岁。时逢春节，恕报延迟！

這張照片在我的記憶裡應該是六十年前後所照，彈指一揮間，我們這撥發小已走了幾位，她的堂姐、堂弟（是晶心四伯父的女兒和兒子）先於她早十餘年逝去。

晶心自小嚴于律己，走路時頭微抬，挺胸拔背，穩穩當當一副端莊大氣的氣質，她可以說是我們時代最後的一撥大家閨秀。言談話語，聲音笑貌都恰到好處，她在親人的照看下，憑借自己的毅力與疾病抗爭十五年，終于在踏進牛年的首日駕鶴西去，愿晶心安于天堂之樂。

敬請（孫）孝然全家節哀！

兒時玩伴 2/15/2021

親戚、兄長、球友、侃友、酒友一担挑

讣告

慈父巨绳武于二〇二一年二月二十日凌晨三点三十分于家中安祥去世，享年八十六岁。告别仪式安排后另行通知。

疫情期间，一切从简。

谨此讣告。

孝子：巨良、巨威、巨涛

孝孙：巨嘉琦、巨嘉璘、巨嘉瑞

照片裡的故事（下）

從 2 月 10 日至今 19 日（美國時間）的十天裡，我已是第三次提筆爲親朋好友寫追念文章，近兩三年來我已爲大中學的同學、老師、教練、發小寫了十余篇，我幾乎成了報紙的"回憶與懷念"專題撰稿人了。

巨兄的夫人與我太太是親姐妹倆，我與巨兄相識于婚後轉年的春節，在岳父母家吃年飯時，我與巨兄第一次見面，開始我還稍有點兒拘束，當喝了點兒酒後，檀家唯二的兩位女婿，便甩開腮幫子侃起來-上至天文下到地理，人間的吃、喝、玩兒、樂、無所不談，其效果是文革以來歡樂氣氛最濃烈的一次。他在五十年代初就學于"北京工學院"，那時，他是院足球代表隊的守門員，參加完高校聯賽後被選入北京青年足球隊司職-守門員。一聊起足球（我從初中開始踢球到高中一年級，也曾是學校少年足球隊-守門員），從五十年代的國際比賽直到近幾年的意甲、英超、德甲、西甲等歐洲聯賽和"世界杯"賽，看電視，抿着小酒，侃起足球，直到頭微暈，舌頭開始覺得有點兒短了，這才高一段落。姐夫知識面廣，看書比較多，尤其對我國八大菜系及作法、特色頗有研究和實踐經驗。

2018 年回國探親到深圳看望姐夫及全家。

巨公初到深圳任中外合資的"集裝箱廠"總工程師，在南山區的近三十余年的打拼，巨總工的名聲聞名遠近，工作踏實肯干，任勞任怨，深得同業中的好評。

巨兄育有三子，家庭和睦，在職場上努力打拼，在家中都非常重視子女的教育和對長輩的孝敬，可以說在現代錢潮充斥在生活空間的各各角落的今天，能有這樣妻賢子孝實屬難得，這是良好的家庭教育和優秀的基因之成果。

幸福美滿的家庭生活是老人晚年生活精神上的巨大支柱，巨兄為人善良，膽小，基本上謹小慎微的走完自己的人生路。

祝姐夫一路走好！敬請外甥們並全家節哀！

牛年大禮
——按摩沙發椅

我在走進"牛"年前，就與"小皮襖"們商量，給我太太買一個日本公司設計和製造出產的電動"按摩椅"。

源起我的一位與我同住一條街的朋友介紹，我才知道這種款式的"按摩椅"的優越性，她在經營自己的生意時過於勞累於九年前花了$8500買了這款"按摩椅"，可以全身按摩，連手腳都包括在內。近三個月我太太已經不出臥室，終日躺在床上，如果這樣長期躺下去會造成體力迅速下降，對健康是極大的影響！我便決定買這款式，我女兒在訂購才得知，原來的OHCO-M.8款式已經停產，現在是2020年的新款式，價格-$10400.00元，六年的售後保險，免費送貨並負責安裝。

民用生活用品的設計與製造，日、德兩國在全球範圍內遙遙領先，我朋友買的是十年前設計的款式，從開始進入市場到停止生產的十年中，從沒有降過售價（$8500.00）。我只想說一句：爲什麼我國科技尤其是國防科技方面有突飛猛進的發展，而我國的其它方方面面都落後于日本？差距就在于"中華民族"與"大和民族"的精神上！

今天3月3日我訂購的按摩沙發送貨上門，兩位中年人用了四十五分鍾左右就組裝好了，在他們的指導下體會一下

這個"牛年"壁挂是我太太的弟弟爲新年做的木刻。

全身按摩的感覺，按摩椅的控制器有多國語言可作選擇，我選用中文就更方便了。

左上角照片是左側扶手打開（兩側扶手都可以打開），從側面坐到按摩椅上。按摩椅主體和兩側扶手及腿部按摩四部分組裝起來，主體重量在九十公斤左右。

右下角是貨單，按摩椅價格：$9799.00元，稅：649.18元，共計：10648.18元。在訂購時用信用卡交付一半，貨到後付清貨款。

遥控器顯示了按摩椅的功能，自己可根據自己身體情況選擇按摩部位或是全身，按摩方式和力度。

左上角是按摩椅的設計製作公司的名稱；左下角是小腿及雙脚的按摩部分；右上角是後背、腰、臀部和大腿按摩部位；右下角是兩側扶手内側按摩上臂、前臂和手。

從按摩椅安裝完到現在我還沒自己操作進行按摩享受，因我家阿姨身體不適住院已一周，我目前每日重拾"家庭主婦和護工"的重任，我已"下崗"有三年之久，今日被迫"返崗"重操"舊業"。享受了三年每天自由醒、心無掛念的去打球和練劍鍛練身體，免除洗

瀟灑退休篇（下）

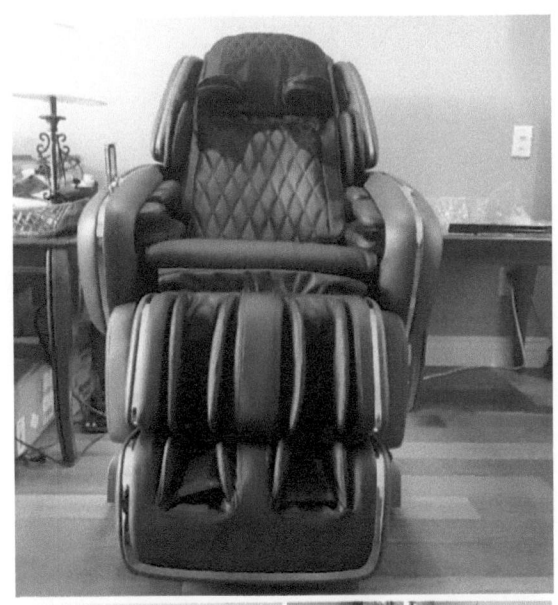

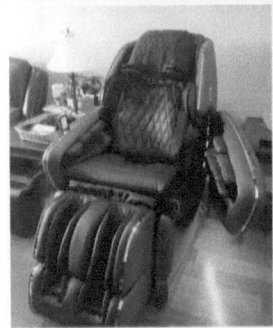

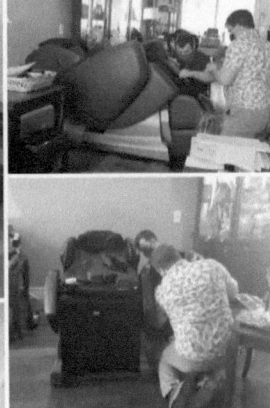
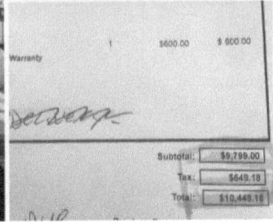

衣做飯之累，今日重操舊業真是有力不從心的感覺。昨天應該把換下來的衣物放進洗衣機洗乾淨，結果，昨天有我太太的護士來家例行檢察（每兩周一次），又有按摩椅送貨和安裝，我太太昨天吃喝都不正常，水喝得很少，上午又不吃飯也不吃藥，只得陪伴身旁看電視和勸解，到下午一點多時分，她說想吃意大利的匹薩餅，我開車去買。

我來美國四十年從沒想吃意大利的飯食，尤其是匹薩餅，我已餓得無力再作飯了，只得陪她吃頓匹薩，結果我吃了1/2，她吃了1/4，可以說我是首次吃了頓意大利食品。今天起床後第一件事就是趕快洗衣物，免得被我太太又說我記憶力超強-能記住由小到大認識的女孩子的名字，記不住該幹什麼活兒。真到連女孩子的名字都記不住時，我的黑白照片壁上掛，香爐一縷清煙上九天，人生大戲落幕了。

遠離政治，珍惜和關心你愛和愛你的人

還有幾個月就是八十一歲的生日，人生路程走到今天自己就像是已經完成了脫胎換骨重新再活一回。

<1>我這一生做的最正確、最果斷的決擇-離開中國移民海外，讓我有時間和機會檢察與總結在祖國生活三十五年的經驗與教訓，使我懂得了如何走好以後的人生路。

我也很感激所居住國家的學校教育和社會教育對我的兩個女兒的良好教育和影響，懂得感恩，懂得回饋社會。

<2>我就是普通人，沒有不知天高地厚的遠大人生理想，只想闊

家歡樂,享受人間本應該属于我們的物質與精神上的自由。上了年紀還能吃多少?吃好要注意營養,遵守飲食規律就行了,最主要是活得要爽、要高興、要健康。

<3>在海外要想生活得好,其实也很簡單,遵守當地的法律規定即可,你會感到生活得非常自由,非常舒適。必須承認一點,這裡是法治社會,一切都有法律規定,沒有規定就不成方圓。

<4>在微信上必需遠離政治,以便能有機會回國探親訪友,與在祖國生活三十五年所結識的親朋好友傾述情誼。

傻嗎?這就是在國民黨時期和新中國"十七年資反路線"培養出來的最後的一撥"傻"人了,也是中國大陸最後一撥懂得"情谊無價"的涵意,也是二十一世紀裡最後一撥清楚中國近代史的"傻子"。我們只是祖國裡的"小小老百姓,不想做大大的野心家"。

照片裡的故事（下）

　　當我們這撥四零及五零後離開這個世界時，中國近代史的真相也就被埋沒了，我們的子孫後代將永遠生活在假像裡。既然國家領導不需要我們對祖國的熱愛與關心，我們就知趣地把愛國之心埋在心裡，何不快樂瀟灑爲自己与家人和親朋好友一起走完人生路。

讓我尊敬的老師孫英先生

這張照片應該是 1997 年-2003 年之間，回國探親訪友時與同事和同學聚會時與孫英老師，也是唯一的一張留念。

我認識孫英老師至今已有近五十八個年頭了，我 1963 年從北京體育學院（今爲北京體育大學）畢業後，幾經波折被分配到西城區當時的重點學校-女八中。

我是經濟收入算是富裕的家庭，雖說不是嬌生慣養但也是不懂得如何做家務勞動，用政治話語就是 "勞動觀念差"。自從懵懵懂懂走入社會經歷十八年的磨煉後移民海外，直到 2000 年六十歲時，兩個女兒都完成學業走進社會，各自都有自己的工作，到今天她們又都有了自己的事業，我感到生活壓力也減輕了，是應該靜下心來，好好思考自己的生活歷程，主客觀的看待自己與社會。

【1】我在女八中工作九年中，有兩位老師是我人生路上的貴人和恩人，另一位是我當老師非常敬仰的黨員老師-孫英先生，我今天只想說：雖然我與孫英老師在教學上根本沒有過交往，從我們同爲老

師,尤其通過"文革"十年浩劫觸及到每個人的靈魂與人品的考驗。

女八中的教師隊伍中黨員教師也不少,她是我初入社會遇到的讓我是發自內心的、當成了我做一名教師的楷模,不僅在政治上是黨員而且在業務上功底深厚,教學中深得學生們的好評。從業務上看我與孫英老師沒有太多交往,但通過教師會,平時閒聊天兒,她給我的感覺即是老教師又是老大姐,她與人說話的態度和口氣都是面帶微笑,聲音平和,即使談思想滙報也像閒聊一樣,很有大家閨秀之風範,黨員中具有貴族氣質和文化的女士。

孫英老師家住西四義達里,居住義達里的住户基本都是資產階級出身,孫老師"文革"時是(5)班的班主任和語文課教師,我是這班的體育課教師,這班同學天真爛漫、活潑可愛,可"文革"一開始一夜之間,校內處處充滿着血腥的氣息。她班的學生把孫老師的頭剪成陰陽髮型,用墨汁在她的臉和身上,簡直不敢相信,誰有如此的能量片刻就讓人變成魔鬼。孫英老師居住的地方-義達里的居民慘遭"紅衛兵"毫無人性的毒打,據當時"語文教研組"的老師講: 孫英老師是從死人堆里爬出來的人。文革中發生的事情在我移民海外之前,從未聽過孫英老師講有關自己慘遭迫害的任何事情,這樣品質的人不值得我們學習嗎?

【2】今年已九十四歲的孫先生依然健康的生活在這個魍魎世界裡,為什麼文革時期發生如此多的慘案,對于慘案的製造者、執行者、迫害致殘、致死者為什麼在文革後沒有問責?誰也不想惹禍上身,知道這是一道"無解"的高難度數學題,只能無言無語,世上本來就是沒答案、沒結果的問題為多數!

【3】在我人生中讓我敬佩的黨員們;這些人群中有我的中學、大學的同學、我們夫妻倆的同事和我的學生(尤其是文革中的老三屆),他(她)們是具有較高知識和文化水平,人品和道德素質高,眼界開闊并且思想境界高。

我敬佩的這些黨員同志,年長者大我六歲左右,年少者也就小我六七歲,無論年齡長幼-在政治問題認識上,他們都是我的老師,在生活裡他們是我的摯友,要論知識、文化和道德品質與素養,他们比當前的的國家一些領導人的水平要高。我認識的學生裡在選調回城上學時，就是院的黨委副書記、黨委常委、黨委委員，文革結束後恢復高考，他們又考入大學畢業後積極專於本職工作。遺憾的是無人從政，有的人被分配到有職有權的工作，但要求調換工作"弃政從教"。我的同學也有在當學生時就入了黨，文革中和後推薦為單位一把手-主任，他們非常謙和推讓，甘作平凡的教師、教練的育人工作，在當代權力和金錢充斥在社會每一個角落的今天，他們這樣思想境界不是給當今的黨政領導幹部做出了榜樣嗎？

【4】我人生路上能有這麼多的優秀黨員的親朋好友，不管怎麼說對我在政治上觀察和認識問題有很大幫助，首先是愛國的問題：我的這個問題是很不好說的，我是出生在美國，也就是我生下來就是美國國籍，新中國成立時我九歲上小學四年級，我填寫籍貫一直都是北京。我們常家祖祖輩輩都是中國人，我愛祖國是出自內心而不是口頭上。一切不利於祖國的活動我都不參加，我來美國四十年就是這樣做的。我在共產黨領導下的新中國生活了三十二年，我的父母經歷了所有的政治運動，我母親從未參加過工作，是職業家庭婦女。但到了十年浩劫的"文革"，都死於錯誤的政策和無人性的階級鬥爭中。

朋友勸過我對父母的無辜無奈的冤死，要放下并不是要忘記。加上四十年在海外看到許多中國近代史，中國抗日戰爭史，解放戰爭史，抗美援朝（韓戰）紀事等資料後，對中國在共產黨領導下七十年所取得偉大成就，但為了自己的政治鬥爭的須要，所有的媒體及教科書，政治歷史書籍內容均與歷史事實有巨大差距。

在生活中學習如何生活，有一句話：看明白了，看透了，但不說破。這才是思想境界高的人，是會生活的人，我盡量用吃喝玩樂來約束自己，一定要作生活裡的"傻子"，政治上的"智障兒"，這樣去生活才能快樂幸福-"傻人有傻福"。

"疫情"期間的新鍛練項目——匹克球

　　兩個星期前，我的乒乓球友-老沈發給我一個視頻，匹克球的規則與基本技術，包括單雙打的技戰術。場地與網球場地的畫法一樣，只是場地面積縮小一些，與羽毛球場地近似而且規則簡單易記。

　　我和老沈過去打乒乓球的俱樂部于兩周前有二人核酸檢測爲"陽性"，在普林斯頓的乒乓球和羽毛球館都有華人被感染上"新冠"病毒。室內活動還是有被傳染的危險，而匹克球場地在室外，如果在平日去打球，八個場地只有兩個場地有人打球，幾乎沒有被傳染的機會。所以，在疫情沒有解除以前，選擇匹克球爲主要鍛練項目是最佳的決定。

　　上兩張照片是我第二次打匹克球時的丑態，過了八十後的腿腳靈活性真是沒有恰當的詞彙來形容，別說拍运动中的照片，就擺個姿勢照像，不說是丑態也絕不是美姿！為了身體健康是首選，姿勢是否優美就不是當前應該考慮的事兒了。按說這丑姿引來的自嘲和大笑正是符合長壽四大要求的"樂"字，"吃"得合理、"喝"：我每天都必喝咖啡，截長補短的在睡前喝點小酒、"玩"：玩球玩劍玩得高興、"樂"就是放寬心，少管閒事，每日高高興興的生活，活得快樂過得瀟灑。

"懷念戰友"——緬懷五年大學同窗生活

　　上面兩張照片攝于 2004 年，也是我們 58 屆滑冰班畢業後四十一年的首次全體聚會，照片裡的男六女二除吕雅群是預科（女子花樣滑冰），余下七人都是 1958 年考入本科。我是兩年後因困難時期，58 屆擊劍專業撤消後轉入水冰系的滑冰班，我的選項是冰球專業，他們都是速滑專業。

　　我的思想跟進速度如蝸牛，可人生路上的行走就像坐高鐵，轉眼間就要到人生的總站了，我們七位已有四位老同學相繼離去，我年齡最小也是八零後了，裝嫩為時已晚，只留給我們時間去回憶同窗學生生活時代的軼事趣聞。

　　余志和（1938 年 10 月 19 日-2008 年 5 月 21 日）享年七十歲。志和性格活潑開朗，說話幽默，時而裝傻充愣，時而又抖激靈，他和馬維善可稱為滑冰班的一對兒"瑰寶"。

　　志和專業訓練上非常認真刻苦，而且綜合素質也好，所以，在球類、體操、田徑等項目技術方面都能較全面掌握要領。他很聰明，做事也用腦子，就是不會玩兒心計。畢業後，他分配到上海"華東理工大學"（原華東上海化工學院）體育教研室，除教體育課外，課外活動帶足球隊的訓練和比賽。可在文革後評工資和職稱時，被教研室的同事玩兒心計給算計了，最後弄到院辦才依照政策文件解決。

穆秀英(1938年7月14日-2017年9月11日)享年七十九歲。她是"游泳世家"的後代，其父穆老(成寬)先生是華北及京津二市的名人，解放前，在天津游泳池與傲气冲天的外國運動員同池比賽，結果，當年的穆老以優勢勝出，為中國運動員爭得榮譽，也成為民間傳的佳話。她的兩位兄長也曾是我國泳壇名將，二哥～穆祥雄在五十年代刷新男子一百米蛙泳世界紀錄，兩位姐姐也曾是冰泳壇上的名將，大姐～穆秀蘭還是我們冰上班的教練。我們也管秀英叫三姐，大姐是老師，三姐是同學，後來，因踝關節受傷手術後就轉到游泳專業訓練了。

劉長江（1940年1月26日～2019年12月10日）享年八十歲。他和余、馬都是北京三十七中的同學，又都考入北京體育學院，又都在同一專業～速度滑冰，實屬不易。

長江身高一米八零，瘦高挑兒大長腿，滑起來在冰上甭兒帥，特有范兒，尤其彎到滑行單臂或雙臂擺動配合，姿勢甚為優美，我記得在1963年初于北京"什刹海"天然滑冰場由"新體育"雜誌社的攝影記者～于兆雄先生拍攝的長江速滑彎道滑行技術並刊登在"新體育"雜誌画頁上（具體哪期刊登載的日期我記不清了）。遺憾的是他較早的時間在訓練中腰部受傷（可能在二年級），此後，基本上就沒有正常的進行系統性的訓練。他的游泳技術也很好，尤其是蛙泳成績可與游泳班的一些同學較量一番。

畢業後，分配到北京東城區業餘體校游泳教練，文革後，任東城區業餘體校校長，游泳教練，短道速滑國家裁判，國際裁判直到退休。

鄭大成（1938年7月7日生-2021年2月11日）是從北京男四中考入北京體育學院，他曾是北京速滑隊隊員，他的成績尤其是短距離突出，北京市 500 米速滑紀錄 43"8 已近六十年無人能破大成所創的紀錄。他訓練非常刻苦，我們與專業隊又不一樣，我們是半專業半業余，只有冬天冰季到來之際，抓緊時間到黑龍江省的黑河地區訓練。他也是很全面的人，足球，籃球，乒乓球等項目都很好，分到哈爾濱市中學當老師，後來到七十年代初，調到市體委體工大隊任冰上速滑教練，培養出女子全能冠軍～楊可心。出國比賽規定是教練員與自己出賽運'84 訂 T 同行，但出國名額被別人走路子給換掉了，很多人都勸他去找體委主任，他說我憑技術吃飯，就是不去找領導，有骨氣。後來改為短道速滑教練，並評上國家級教練員。

馬維善（1937 年 9 月 7 日生）在北京體育學院標緻性人物，上至院長廣至北京體院家屬，幾乎是無人不知無人不曉，是個喜劇性人物，外表看着傻里傻氣，內心思維縝密，誰想哄騙他那實屬不易。

通過一件事能看出的問題：1961 年，國家人禍天災吃不飽飯，中止訓練臥床休息節約熱量。院方為了同學們的身體健康着想，便組織射擊隊和摩托車隊一起去內蒙自治區去獵殺黃羊，黃羊是用大卡車運到體校，給全院同學改善伙食增加營養，各宿舍自帶容器領"紅燉黃羊肉"。我們哪有可盛全宿舍分到的羊肉菜盆，只好用臉盆，可誰也不願意用自己的臉盆去盛羊肉，馬維善說用我的，媽呀！我們都知道馬大哈的臉盆是白天洗臉當臉盆，晚上他懶不去厠所拿臉盆當尿盆用。沒辦法，只能用大哈的臉盆把肉盛回宿舍，風掃殘雲般的狼吞虎咽，尿盆見底了。

尿盆盛肉裡的哲學：（1）盆主的鬼心思：你們嫌髒我自己吃個够。（2）人在飢餓中掙扎時，首先選擇是活命。

臧士達（1937 年 4 月 17 日生）在班裡人稱"二哥"，和穆秀英都是从天津考入北京體育學院，選項都是速度滑冰。士達較為内向，平時不太愛聊天，為人還是實在誠實的，練習認真。畢業後分配到天津河西區業余體校游泳教練，後調入天津市衛生學校，改革開放時并入天津醫學院，退休前曾任體育教研室主任。

我是 1940 年 7 月 14 日的生人。我的一生是平凡的一生，但我的人生路被自己走得坎坎坷坷，總是在錯誤的時間、錯誤的地點、不合時宜的講實話真話。

本人的簡歷：（1）政治面目：中國少年先鋒隊隊員。

（2）政治結論：不戴帽子右派；5。16現行反革命分子。

（3）工作結論：大學畢業後被分配到北京教育局，在北京西城區中學當九年教師，在天津高校當九年教師，共做十八年教學育人工作。我對蒼天發誓：我的十八年教師工作：我對得起我的學生；我對得起我的良心；我對得起人民發給我的工資。

（4）本人八年高中大學個人鑑定：此人基本上擁護三面紅旗、勞動觀點差、自由散漫組織紀律性差。

群眾關係好、學習成績優秀（北京體育學院）。

（5）感謝我在中國三十五年（1946～1981）生活和學習及工作中幫助過我的老師、同學及同事們，讓我從不懂事頑童到不懂政治的老師，我已無任何遺憾的回到美國與親人團聚。

從余志和去世（2008年）到穆秀英去世（2017年）間隔九年，之後是兩年，劉長江（2019）和鄭大成（2021年），時間過得太快了，過去總說度日如年，今日應改說度日如高鐵。珍惜眼前的一切吧，對於遠大理想和祖國的明天與夢想，就我們這一代老人都是瞎扯淡了，我們目前應該保重身體，活得愉快，享受天倫之樂。

"移民"與"結婚"的40與50

【1】今年四月八号就是我們全家移民到美國"40周年"。

一晃眼都已是中、老年人了，孫子輩的孩子都比她們母親來美時大七八歲，裝嫩已經不適合我們了，我們不可能再有一個四十年，再有個二十年已經是奢望了，既是移居美國一甲子又是夫妻百年好合（如果能成真，我就是101歲），這可是美夢，就我這沒心沒肺的活法兒興許老天爺一高興就能成全我。

四十年前是一個四口人之家，今天是八口人之家，照片中雖然有故事同時也記錄了時間的變化，不止臉上留下時間的痕迹，家庭人數也是時間的"證人"。

【2】1971年4月我去天津的大學校友-檀棣華家,見到她的家人,首次見面家長就同意此椿婚姻,約定5月1日勞動節再見面。

當時我校革委會領導決定國慶節後,將我隔離繼續審查,同事透信兒給我,抓緊時間結婚,否則,雞飛蛋打,猴年馬月再有下一次。所以,31歲的我和28歲的她在緊急情況下于1971年9月25日在"天津市紡織工業學院"的單身樓宿舍"閃婚"。我們沒有照過婚紗照,也沒有婚宴,就是我舅舅来到我岳父岳母家一起吃頓家常宴。

瀟灑退休篇（下）

這就是那個年代的結婚照，還算不錯都穿着毛衣。

十年後移民美國就是四口人之家，這是我一生中做的最正確的決定，改變了我們全家人的命運，尤其是我的孩子！

直到婚後的二十五年，在去百慕大群島旅游途中的遊輪船長宴會上，我們都已晚宴裝參加，宴会後于輪船大廳照了一張後補的"結婚照"，彌補了結婚時的缺憾。

婚後二十五年補了"結婚照"的心愿，這一晃眼又是一個二十五年，晃到"金婚"的年頭兒上了，我的人生就像喝醉了酒似的，坎坎坷坷，懵懵懂懂，高高興興，晃晃悠悠，吃吃喝喝，玩玩闹闹，稀里糊涂地就到了"金婚"還過了八十大壽。所以，我相信命運，每個人在出生後，他的命就已经订好了，終生改變不了，能改的是運來相救。最後，祝願我的恩人們健康長壽！

從目前美國的"疫情"形勢來看，"金婚"是否能有個家庭的聚會？還不敢說，希望到秋季"疫情"會減緩，能有機會彌補在文革時期結婚的缺憾。

按摩椅裡的學問

我特別邀請介紹按摩椅給我的二位朋友陸女士和張先生，昨天張先生來我家看一下按摩椅，因為他很了解陸女士九年前買的按摩椅，去年陸女士的按摩椅從紐約搬到新澤西州的家就是他幫忙搬運和安裝的，而且他在國內是理工科大學畢業並英文水平也很好，對陸女士2010年設計的同款式按摩椅的功能有深刻認知。

昨天傍晚，張先生來到我家後比較仔細觀看了按摩椅相隔十年設計同款按摩椅之不同和改進的各部位的功能與功效之差異。

上面兩張照片的目錄裡左邊的主菜單三個項目對右邊二十一不同手法和三種不同力度共是六十三種感受到的按摩，這一個月我只完成了十種感受的按摩，何時何日才能完成這幾十種的感受？每天晚上我都在按摩椅上待一個小時，閉眼享受按摩的舒服感，每次都是在似睡非睡的狀態中，為了不要進入夢裡，只好採用與國內親朋好友通電話聊天兒，轉移睡意一舉兩得。

本來是給我太太增強腿、腰背肌肉力量，能讓她站立在地上就行，可是我太太卻一直躺在床上，目前還沒有進行任何恢復練習。倒是給我這皮糙肉厚的喝涼水都長肉的一個享受機會。

春天來了

近日來，氣溫都在攝氏 17-22 度，走步已穿短袖衣衫和短褲，走起路來感到特別輕鬆，精神倍兒爽。

一年多的"疫情"在家隔離，精神上的壓抑感在度過寒冬之後忽然進入春季，真想狂喊"解放了"，誰知此時美國五十个州都有"變异新冠肺炎"患者確診。悶在家裡看電視劇和做點力量性練習，何時才能熬出頭呀？

這四張就是我家的鄰居的樹木，我也叫不上樹的名字，可是社區主幹路的兩側櫻花至今都没開花。看這樣子今年的春天和夏天没"離婚"，耐心等待着櫻花盛開。

照片裡的故事（下）

　　這個拼圖的四張照片讓我興奮了一陣子，我第一次看到紅色唇邊的王八（學名-甲魚），排着整齊的隊型跟着領路鱉魚貫前進。清澈見底的小溪，溪邊的枯朽樹木，兩袋紅唇王八爬行于朽木之上，如果是油畫爲此景又是何種感觸？

　　這兩組鱉與飛禽的美麗照片是我的球友-王槿長拍攝的，披着紅色上衣在喂野鴨子是他的革命伴侶-趙建民女士（我的學生），他們夫婦住在南邊離大西洋城較近，我們有一年多沒見面了，這兩組照片裡看到了春天的美麗，給疫情中"避難"的人苦悶的心裡帶來了陽光和希望。

我"亦師亦友"的學生們

他是 1968 年"復課鬧革命"的口號下,從小學走進北京市第 158 中(原北京市第八女子中學),我教了三年全是女生就到了"文革"的特殊時期,一夜之間往日的天真活潑的少女就變成了滿腦子都是惡魔女煞星,用武裝帶及其它器械使人致殘、致死的惡果。

一批就近入學的男女新生湧進校院,大聲的喊叫,粗魯的漫罵以及文革時代標準的無產階級骯髒詞滙充斥在大氣層中,有如當今的霧霾和沙塵暴在摧毀人類的聽覺器官。

就近入學新生的家庭,大部分是貧苦家庭,少數是知識分子,文學家,工程師,這撥孩子家庭成分較雜,但孩子們基本素質還不錯,三十年後,我回國探親訪友再見到他們時,他們經歷在社會的闖蕩與磨煉,的確是讓我刮目相看而且超出我的想象。

他-扈寶年及兄弟(他的堂兄-寶恒,弟-寶昇)都是我教過的 69和 71 級的學生,文革期間由於"讀書無用論""階級斗争是綱,綱舉目張"這反動觀點毁了一代人,可作為老師的我,教育孩子就是我的職責。

五十年的勞動節

五十年前的這一天,對我來講不是節假日,是我人生歷程的新里程碑建立之日,在天津公園裡與未來岳父岳母的一張唯一合影,定下我們的婚姻大事;婚後十年幸運地道美國和家人團聚;在美國四十年後的今天,兩個女兒都已有自己的公司和生意,有她們自己的生活,逢年過節都會來我們這裡團聚。

四十年前的這一天是在美國新澤西州度過的,兩女兒暑假後就上小學一年級和三年級。

瀟灑退休篇（下）

三十年前的今天，兩女兒已經是大學生和高中生了，時間只能用"一眨眼的功夫"來形容了。我們在紐約市和新澤西州的界河-哈德遜河邊的留影。

二十年的今天，我們在美國西海岸由"矽谷"沿太平洋南行直奔洛杉磯，中途停車休息照相。

　　十年前的今天，女兒已經很少和我们合影了，已經由孫男滴女代替她們的父母來當"模特"了。這張照片也是與孩子在這所房子最後的留影，年底房子就賣了，搬到現在的住房已經十年了。

　　五十年後的今天，因疫情孩子們已有近一年多的時間沒回來，爲的是減少傳染和被傳染的機會，只有傳過來的照片看看孩子們，通過視頻通話聊會兒天也是享受。

看今朝，頭髮漸少有銀絲，體型中突兩端尖，精神飽满似中年，每日漫步抻筋骨，相互扶携度長征。

夢中想到的事情

我退休後的第二年回國探親訪友時，與天津師範大學體育教研室同事（左起）：張錦年、崔熙芳，王懷玉及我的北體大的學長-解國棟和王慧茹夫婦（天津外國語大學體育教研室）在"川魯飯店"聚會。

今晨（5月3日）一點起夜後，睡不着覺了，從而想起聚會時一位老師和我說的一句話："小常，你虧了去美國，你要留在國內，根本評不上"教授"，因爲，體育在師大不是"主修課程"，教授名額有限就X名，死或退休一名再補一名。"

當時，我根本沒在意，我想這些事兒都與我無關。

評教授是與我無關，但文革結束後評技術職稱時的教研室開會時的場景至今留在我腦海裡記憶猶新：當時教研室大部分人是60和61年河北師大體育系畢業生，由於文革的十年浩劫，技術職稱評定停止了近二十年，還要加上我們北體大兩名63年的畢業生，據說被評爲講師的人數有限制，參加評職稱的老師還要加考外語。當時我就對此規定有不同意見：<1>對考外語有不同意見，我用中文授課就可以教會學生掌握動作要領，進行身體鍛練，强健體魄。那爲什麼還要考外語呢？另外，國外的經驗再好我們能學嗎？社會制度不一樣，教育宗旨也就不一樣，考外語對評職稱沒有絲毫用處。

我記得清清楚楚我講的自己教師生涯最後一堂"體育理論課"－〈爲什麼要做準備活動〉，要求老師要從運動的角度去講解。其實，五分鐘的内容，中心思想就是經濟是基礎，它決定上層建築－體育的發展前程。我用國外體育的實際例子來說明我的觀點，從上課開始有同學做作業到後來全神貫注的聽講課。課後，黨員副主任就想組織老師批判我的觀點和内容，我所講的内容都來自"國家體育科研所"，我說句有點狂的話，還真沒幾個老師看過這些資料。

　　在評"講師"職稱時，每個人都要把自己的學歷和工作經歷向大家陳述一番，我認爲介紹自己的重？應該放在教學和群體活動這兩方面，因爲這是評定技術職稱。這笑話就出在下面的事情裡，河北師大畢業的老師用的是统一模式：本人積極參加政治運動，積極參加黨課學習，緊跟形勢等等不一而雲。我舉手說：王主任（原院團委書記）我回家買菜做飯去。王主任説：小常，現在是技術職稱評定會，怎能回家呢？我說：技術職稱是教授、副教授、講師、助教。政治上稱謂黨員、團員和少先隊員，我聽了半天好像"黨員發展會"，我又不是黨員所以回家做飯。我的話得罪了 1/3 以上的老師，那年頭兒就這德行樣兒。

　　有些情況是錯誤的政策造成的，例如我們教研室真有一位老師,的的確却沒有一點體育細胞，真是協調性很差，即使在大學四年的學習和鍛練。在工作中再努力也是完不成教材里的動作要求，因在 1958 年以前招生，體育和藝術院校不是提前單獨招生，體育和醫學院及農林學院屬一類，理工科一類和文科。在農醫體入學錄取時，農醫學院已招滿額，也夠錄取的分數，如果服從分配，可能被分到體育系，所以鬧過笑話，一位殘障人士被分到體育專業。

　　我國在各不同行業應該有細緻嚴格規定，可國內目前還做不到，外行太多，根本不是專業人士在管理，都是憑人際關係，這樣就失去了公平公正。

　　我已離開教育界四十年了，就是美國大中小學的教育理念和方法我基本沒碰過，對國內的教育界情況是一無所知，也沒有什麼可説的了。

好好享受生活，保重身體健康，保持時時快樂！

我參加過一次反自然科學的事兒

今天我已八十一岁来谈生活觀是为時已晚還是為時過早？那要看你活明白了嗎？如果還没活明白，為時早已！如果活明白了，那就好好往下繼續活着。

從我個人来說，没走入社會根本談不上什麼生活觀，因我属于成熟較晚的類型。在結束學生生涯之前，思想异常活躍，并不定型，接受新鮮事物快，但分析能力差，這與自身生活經歷不够厚實有關。

走進社會除了做好本職工作外，首先想到的除了孝顺我母親外，就是找對象。我當時在女校工作本身就是有額外壓力，从進入女八中工作總感觉到自己的背後有一雙眼睛盯着你，說句實话，我上完課就回教研室或是宿舍，多一句閒話都不和學生說，即使說話也特別注意用词，不能有任何一点的疏忽，所以，文革開始我没有任何大字报。但我會和女老师一起聊天，她們都是大學畢業，除一名女老师比我小兩歲，其他老师都已婚，是一撥大姐，在生活上都挺幫忙的，但這些事都被跟我平時關係最近的老师全部告密给党支部。文革后經同学讓我知道這些事，是我對人性的丑陋有了進一步的認識。所以，文革結束后，朋友圈子重新组合，重人品和重道德，也就是今天所說的三觀一致才在一起。

對我来講結婚的對象將是我一生最重要的抉擇，年輕時擇偶標準是面容是否漂亮，是虛榮心為主導，可當我走到人生低谷之時，是我太太全家一起接納了我。我們倆在性格上和生活方式上有些差異，共同點是對自己的工作認真負責，孝敬父母。我太太做家務是很能幹，屋內收拾的乾乾淨淨、整整齊齊，全家老少三代人的衣服都是她一個人親自做。我太太的優點也是她的缺點，太好強，跟她一起生活太累了，無論是工作還是生活，她都要當第一，第二就很難受，我是進前八名有獎牌就很快樂，喜欢過自由自在的生活。

因為通過文革讓我認識到我不能適應在社會主義制度國家生活，借與家人團聚的機會移民海外，在國外工作量比國內大多了，但獲得了良好的居住環境和優良的生活品質，最主要是孩子們獲得良好的學習環境和社會教育。

爲了家庭生活，我太太在公司上班八個小時，下班後去教中文（家教），有時還要接些修改衣服的活兒來做，一人做三份工。可以說是我們家里裡的功臣，干活太賣力氣，結果在工作中摔傷，手術後經過复健理療，逐漸能生活自理不用步行器和拐杖也能行走，我們在这個期間到歐洲的愛爾蘭，意大利，瑞士，法國等國家旅游，從2003-14年幾乎每年都回國探親訪友，有時一年兩次。我太太從2015年做了左腿股骨头置換手術後，在恢复期間從輪椅上滑下來到地上傷了腰椎，此后她的身体健康狀况沒什麼問題，只是免疫力下降，肌肉萎縮不能站立，逐漸生活不能自理，從2018年开始請人照顧她至今已有近三年多了，她的精神挺好，食欲正常，精神面貌很好，也就是說我現在是對她報恩的時間，對她的生活一切盡量滿足要求，细心耐心的照顧。

一个人的生活觀随着年齡增長是會改變或是修正，同時，環境的影響和改變也會使自己的生活觀随之改變，来美國前，就是每天上課，課余時間打球或是回家做飯，晚飯后會有朋友來我家看電視，聊天，可以說對一个生活在天天講階級鬥爭，把人分成紅五類和黑五類，當時的感覺真是工作和政治上一點前途都沒有，真是混日子。来到美國後，生活自由自在，身邊沒有特務密探告密人，言論自由可以充分闡述你的观点，你可以批評總統的錯誤言行和政策，但絕不允許任何的對個人的人身攻擊與侮辱，因為這是違法的，要受到法律的制裁。

尤其目前疫情非常严重的當口，我的人生觀是活命保命，在家自我保護-自我隔離就是最好的無藥抗擊新冠肺炎的有力武器。充分利用我居住的小區酷似世外桃源的優勢，每日走步練習保持腿部力量和活動能力，快快樂樂地躲過疫情，活著就是勝利，健康就是勝利的基石和保證。

最後一點想說的是為了每天生活的愉快，就要遠離政治，最大的爱國就是：事不關己高高挂起，不批評不指責，不獻媚也不拍馬屁，不能說真话也不說假话。

上述幾句話是生活在海外被逼無奈有感而發，我祖祖輩輩都是中國人，我当然熱愛祖國，至今我都會想起出國前看的潘虹主演的電影"人到中年"裡，女主角的一句話"你愛祖國但祖國并不愛你"。

我這一生從小到大到老，逐漸讀懂人生的許多課程，我就是依照父母及长輩對我的教育和影響，以及得到父母遺傳給我們的基因，使我一直在無聲無影的遵守自己做人的信條：做事要憑良心，做人要憑善心，做朋友憑誠心。

必须面對現實——年齡

對袁隆平院士的過世，心裡真是很難過，是他的人品，是他爲人民用盡畢生的精力，唯獨沒有給他自己個人留任何東西，是他的品質讓我流淚，是他的精神讓我感動，全黨各級領導幹部甭上黨校，現成的教材，不是嗎？

但另一個問題是袁老三月份曾摔了一跤，造成大腿的股骨頸骨折，這對老人健康生命安全是應該極為要重視的問題，他人要重視，自己更要重視。

我現在寫的是發生于前天（5/21）星期五晚上的事兒，我已有近半年的時間沒摸過劍了，近期，美國疫情見緩，擊劍俱樂部開始恢復

照片裡的故事（下）

室內每星期五晚上7：00-8：30的實戰訓練課，我是第一次打實戰，開始還注意，打幾劍就停下來休息一下，後來就練得興奮了，孫男滴女在進攻時，我後退時身體重心提高了，身體重心投影超越自己的中心，上體移動速度超過腿和腳，造成身體失衡向後摔倒。

自2016年恢復擊劍運動，共摔過四次跤，2017年四五月份之間摔了三次跤，第一次是打乒乓球向右側跨步擊球，腳步移動時自己拌蒜。第二次是擊劍時與這次一樣，不想讓小孫子擊中，後退時摔倒。第三次是回家路過"香港超市"下車買東西，沒留意腳下路面有破損處，一腳踩過去就向前方摔出去，右膝擦破一點，也沒流血傷到肌肉。

我五年裡摔了四跤而沒受傷原因如下：<1>1963年秋，日本女排的"魔鬼"教練-大松博文先生來中國進行了他的訓練日本女排的公開課，我每日下班後就到北京體育館去看訓練和學習側滾翻救球的動作並學會熟練掌握而得濟于四次摔跤沒受傷。<2>在2017年三次跤摔了過後，我的學生和朋友都在勸我，年齡大了，做任何事情都要放慢速度，我還真聽從了大家的勸誡，至今四年沒摔過一跤。

這次（前天晚上）摔一跤，警告我要尊重科學，面對現實（年齡已過八也），這次没傷是僥幸，不能只顧自己玩兒的高興，不顧給別人造成的精神壓力和困擾，所以，決定今後只參加與教練員一對一的小課練習，不參加周五和其它任何時間的實戰練習公開課。

說句實話，摔完後睡一宿覺醒來之後，看到袁老逝世的消息，後又看到有關袁老摔一跤之後沒能恢復而離世。讓我痛下決心，不與70歲以下的人打實戰。

回家了，感覺真好！

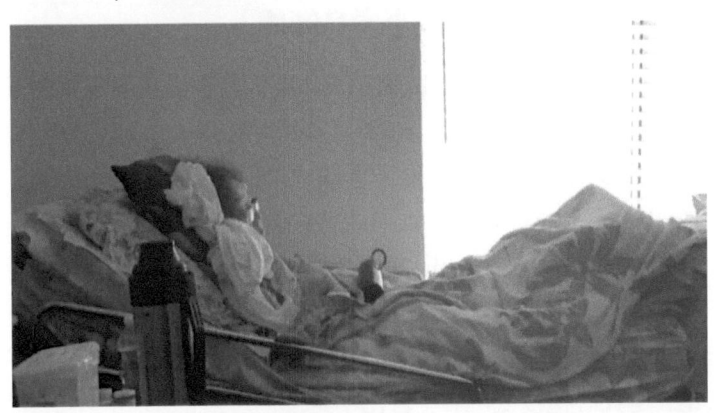

我太太是5/21因病去医院急诊室，5/30下午終于"刑滿釋放"回家，我們不必每天往醫院跑了。

去急诊室于5/21星期六的下午三点鐘左右，因從前一兩天，她每天昏昏沉沉睡的時間長，都是在吃飯時喊醒，吃得不多就又睡着了，給家庭醫生打電話說明情況，疫情期間醫生不出诊与病人面對面的看病，要盡快去急去医院急诊室檢查，之後，医生就決定留下来住院，，因每次都是住兩三天，主要是輸液消炎，這次問題嚴重，是餵飯時食物嗆到氣管到肺裡，醫生稱為"吸入性肺炎"，即有食物進入氣管。

所以，她每次咳嗽都伴有痰，痰裡都有食物的殘渣，5/23進行胃鏡檢察，醫生將胃和食管裏的食物殘渣清理幹净，後來，還照了"核磁共振"對肺部進一步察看。

本來于5/28-29醫生要和家屬共同溝通下一步治療計劃，因我太太在1996年工傷事故後的幾次手術後，恢復期間有吞咽上的困難曾作"食管擴張"手術，目前，需要對咽喉食道的吞咽肌肉的收縮功能能否將食物擠送到胃裡？否則，就要下胃管作"鼻飼"，何時可以拿掉胃管也是未知數。

今天5/30星期日，原計劃是醫生與我們談作"鼻飼"的事情，沒想到進了病房不久醫生通知我們病人可以出院，回家靜養。民稱："醫生聖明！"

我的武術界校友——李泰良師傅

在美國有許多國內來的武術精英，我畢竟不是武術專業的學生，所以，對他們不是挺熟悉的，認識諸多武術精英人士，校友的人數并不多，因太多的武術精英是我同學-吳彬的弟子和朋友比較多。

1986年吳彬當時還是"北京市武術隊"的總教練，帶隊到美國紐約"林肯中心"訪問演出，這次是文革結束後我們第一次見面。後來，吳彬的女弟子-張桂鳳夫婦舉辦的美國武術比賽邀請我去做裁判，我明白他們師徒二人的苦心，想幫我在美國以開武術學校闖下一片天地。是我心裡沒底，畢竟自己不是武術專業的學生，不敢邊闖邊學。

2012年初，吳彬（右四）來美國看望女兒同時也見到弟子-姜邦鈞（右二，世界武術錦標賽全能冠军）。車從維基尼亞州到我家，我

們再到紐約長島去見李泰良先生，他們有事商談，隨後，我們去李泰良的武館。

李泰良修練祖傳"形意拳"，我與吳彬這次來長島不是第一次見到泰良，早在六七年前，泰良在新澤西州的沃潤鎮中文學校教太極拳，他因事情太忙，時間有時安排不開想讓我替他代課，我推辭了，因我是業余水平，與他專業水平不是一個檔次，無法接課。幹我們這行有句俗話：行家一出手就知有沒有。

2019年5月底，因練習擊劍引發腰部老傷復發，李泰良老師發給我恢復腰傷的武術拳術鍛練套路，邊看邊學邊練，有益健身，當腰傷恢復我就沒再堅持練，非常感謝泰良的關心。

李泰良老師和吳彬、我不單單是校友也是同系同專業的學長和學弟關係，我們都是"武術系"的學生，只是主項不同，他們二位主項是武術，我的主項是擊劍，但武術系有五個專業-武術、摔跤（中國式摔跤和國際角力）、舉重、擊劍和拳擊。當年，你在五個專業裡選一項為主修課，我選的是擊劍，一項為副修-拳擊，其它三項是本系普修項目。也就是說與武術相關聯的項目我都學過，除舉重外，其它四個項目都與搏擊有關。

武術博擊項目是我來美國後才看到的新開展的體育運動，但為了生活一直沒有機會接觸此項運動，直到上世紀九十年代，北京自由搏擊隊來訪的時侯，李老師的學員曾與他們交過手並有勝紀。

2016年夏，李泰良老師邀請我去參加"世界武術博擊聯盟"頒發證書大會，同時，我還要替吳彬接受聘書－"美國武術博擊聯盟"副主席和段位證書；可是

讓我沒想到的事情，我被聘為"技術顧問組"副主任和段位證書；我自己覺得"受之有愧"，我自己明白，一是吳彬在國內國際上的聲望之光環帶給我的福音；二是泰良學弟給學長的一次學習機會。我領會到校友對我的關照，盡我最大的努力，學好做好推廣武術博擊這項運動的普及與發展。

雖然還有三周我的四年聘書任期到了，但是作為一名退了休的體育工作者來說，我們對體育事業的發展與普及永遠都是在"崗"上。

自校友會成立至今也是快四年了，轉年李泰良老師就辭去了副

會長的職務，我知道他太忙了，因他是武術專業出身，基本功扎實，加上祖傳"形意拳"的雄厚功底，而且又做過"散打"教練，他在紐約倍受官方警界重視，請他傳授武術中的擒拿格鬥的技術發展至今與官方、警察局合作開設學校培養官方和民間私人保鏢，爲保護人民生命與財產安全做出貢獻。

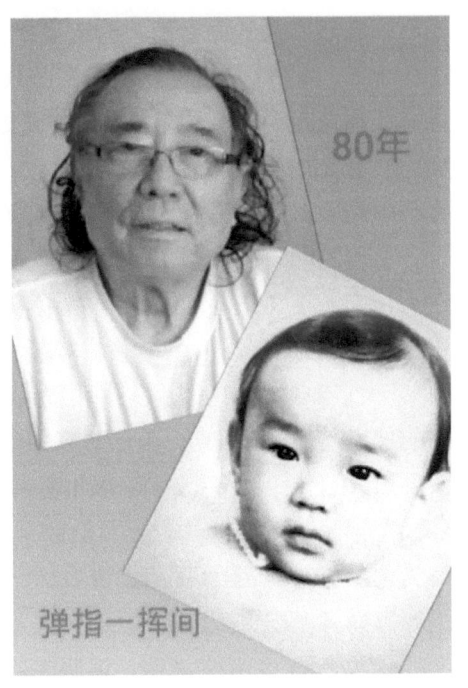

在當前疫情肆虐期間，一些歧視中國人的非裔美國人，常有無原無故的毆打國人，爲了自身防？，不妨去學幾招，少而精，爲了保命，不出手則以，出手就難保對方不殘即傷，考慮一下，如何？

夜半難眠時的遐想

我睡眠質量是比較高的，一是躺下片刻即可進入夢香，五小時左右會起夜去廁所一次，之後，有時可繼續睡，有時就一至兩個小時睡不着覺，這時就會胡思亂想。

夜裡做夢從來都沒做過美夢，因爲我白天把美夢都做完了，晚上光剩下咬牙放屁叭唧嘴了。在睡不着時想的問題都是自己在八十一年的人生路上所發生的一切事情，自己感覺到自己活明白了，實際上，到美國新總統-拜登上台後，讓我真正明白什麼是政治。

對政治的需要是不分社會制度，思想主義的區別大小與高低，政治對各國的人民百姓都一樣，是被動必須接受的，政治對所有國家的統治集團都是必須掌握的一門統治人民的有力武器，因爲無論哪個國家發生的任何事情只要是統治集團認爲對自己有利，發生的事情就可以脫離本來的面貌爾去假造事實，利用媒體撰寫假事實假歷史通過報紙、廣播、電視去欺騙和蒙蔽人民群眾。我原只以爲以蘇聯爲首的社會主義國家這樣，在今年美國總統-拜登上台，讓我清楚地看到，即使在世界上標榜自己是最民主、最自由、最平等的國家宣傳在我心中徹底破碎，民主自由平等口號在我腦中蕩漾無存。

上述的問題在富國，發展中國家和窮國都一樣存在，我在中國生活了三十五年（三十二年是新中國），在美國生活了四十六年，中國報導有關美國的新聞，我看後內容雖屬實但欠說明：(1)事情發生的地點-大多數發生在窮人區域即黑人居住區，西語系語言的中南美國家的移民，有數據表明，美國監獄中犯罪人數最多就是上述兩種人，而且黑人還佔絕大多數。(2)每年美國警察被黑人殺死的數字要高於美國警察暴力執法致黑人死亡的數字很多（數據來自"種族岐視"辯論會上）。(3)讓事實和數據說話，黑人在美國除體育、音樂、舞蹈等方面有做出貢獻。但90%的黑人是好吃懶做，靠吃國家補助過日子，不思進取，從總體來看，這個族群就是人類中的"毒瘤"，需要整治的。是個難題，因"種族岐視"是他們的"擋箭牌""護身符"。

但美國也有它的優點，生活環境舒適，生活質量高，政府的"食檢"和"藥檢"部門把關嚴格，不必爲食品安全擔驚受怕，兩國生活水平相差不是一星半？。居住地區很重要，不但影響居民的自身安全，而且，對孩子的成長和教育影響巨大，一定要生活在中產階層或富人居住區域，這也就是爲什麼我生活在美國四十六年裡，從沒遇見過搶劫與槍殺。

我本人就沒有什麼遠大理想和抱負，在新中國成長學習到工作的三十二年裡，我除做好本職工作，就沒有任何前途和未來，統治集團需要的不是人才爾是奴才，我喜歡的是無拘無束的生活，有自由自在的生活環境，所以我們全家移民到美國，只要不參予政治，資本主義國家是我的首選。

夜半失眠時的遐想要比政治課堂理解的深和透，遐想之余最好伴隨着美夢，那就可稱之十全十美了。

交友與擇偶的標準——"顏值"或"品質"

（這張拼圖裡的四張照片是 20-40-60-80 歲，顏值的保值期甚短。）

對這個題目的答案，自從高中以來到大學畢業這八年裡，有成功的經驗也有失敗的教訓，走進社會開始工作，經驗記住了可教訓一點也沒記住，這才有在"文革"政治運動中吃足苦頭。以後知道總結人生路上的經驗教訓，印證了古訓："吃一塹長一智"，俗稱"薑還是老的辣"，與前一句古訓同一意。

年青時交友和擇偶均以對方"顏值"作爲標準之首選，無論對方是男士還是女士，無一例外。因爲，給對方最直觀的第一印象就是"顏值"，因"顏值"不能接受就沒有後面的"之乎者也，你我他"。如果，"顏值"說得過去，人品諸方面也好，那當然是首選，"顏值"與"人品"都是先天性的，是由父母的遺傳基因帶來的，只不過"顏值"保值期短，也就十年到二十年的事兒，尤其是女性工作人員，顏值退化快，但人品保質期長，長到一輩子。

我已經走到"老人"境內，交友就是人品為主要標準，在這個年齡段我們需要的是"精神食糧""靈魂的交往"，一是人品端正，二是"三觀"相同，三是珍惜生命熱愛生活。

我想過的圓滿結局

人生的路很長，每件事都會有個結局，不外乎兩種：好與不好，滿意與不滿意。

自從六十三年前被錄取到"北京體育學院"後，選擇了擊劍和拳擊作為自己專業的主、副項，今天回頭總結一下自己走過的路來看，雖然坎坷不平、起起伏伏，入學不到一年，拳擊項目就被國家體委取締，認為此項運動不易在我國開展；不到兩年，擊劍項目又被調整掉（我們院 58 級擊劍專業沒有畢業生）。

自 1960 年以来，五十七年沒摸過劍，來到美國後因要掙錢養家糊口，沒有時間進行鍛練。直到 1995 年底換了工作，每天正規八小時工作，下班後可以到健身房鍛練身體，到了 2001 年我才開始恢復打乒乓球直到今日。

在 2016 年我第一次參加新澤西州"老年人奧林匹克運動會"的乒乓球比賽時，看到有老年人的擊劍比賽，從那一刻我就動了惻隱之心一定重返劍壇！

2017 年 5 月份開始恢復練習佩劍，師從原國家隊女隊佩劍邊訂 T、國青隊教練員-趙（雪）教練，經過一個多月的練習，主要是改正動作，熟悉新的佩劍規則（已改近三十年）。在她細心的教和練習下，于"全美擊劍賽獲得男子 70 歲以上組的第六名，轉年又在"北美杯"同年齡組獲的第八名。我真爲自己能在 77 歲重返劍道和首次登上領獎台而感到高興和驕傲，也給了自己參賽的信心。

自 2019 年于"全美擊劍錦標賽"前，六十年前的舊傷復發，至今已是兩年沒參加任何比賽，基本也中斷很長時間的練習，體力下降，技術生疏，我已從 6/15 開始，每天晚上或下午與教練一對一進行 20 分鐘練習，直到月底，然後，自己做調整練習，準備 7/6、7/7 的佩劍和重劍比賽（80+年齡組）。 有幸趕上末班車-參加 2021 年的"全美擊劍錦標賽"。

這次大會參加人數比疫情前的全美比賽人數減少很多，運動員和教練都需有"疫苗注射"卡方可參加。而且，這次比賽承辦單位又在疫情傳播時期加上經濟不給力，辦得有點寒酸。如"頒獎臺"太出格了，很多單位如體育場館或大中院校等處哪兒還借不出來，一般群體活動美國人不講排場，講究和追求實效與結果。

上面的拼圖是 7 月/6 日的 80+年齡組男子佩劍決賽照片，沒想到只有 Mr. Bianchini（卞欽尼）和我，他曾七次入選美國擊劍隊參加

"國際老年人擊劍比賽"，我們二人就直接在決賽場地進行比賽，教練-趙雪一直鼓勵我，按預定戰術比賽，一開始我還領先，但我的聽力很差，基本聽不見裁判員發出來"開始"的口令，起步總比對方慢而拿不到"進攻的主動權"，這樣原訂我打主動進攻冲對方的戰術打不出來導致輸掉比賽。最主要還是我對修改後的"佩劍規則"理解的不夠深透，對規則改後的技戰術練的還不到火候，可能以後我會繼續把擊劍當作身體鍛練的一項運動。

兩個人比賽得到第二，這塊獎牌的技術含金量的確可以說爲零，但對我來講這個項目對保持腿的靈活性是非常有利和有效，也能保持頭腦經常性的轉動不致痴呆，所以，二人比賽的獎牌只是面子上的事兒，好赖已是八十有一的歲數，收獲最大就是臉皮增厚，面子為虛，健康爲實。國內在北體大的學長和學弟擊劍技術優于我的大有人在，只是國內沒有為老人施展才华的平台，只能說句"遺憾了"！

今天七號，我的比賽項目是80+年齡組的重劍比賽，參加人數共六人，首輪循環賽，每人要打五場比賽。

我58年入學到60年人禍造成糧食減產，吃不飽肚子，58級的擊劍專業取消，也就是說我這輩子從來沒摸過"重劍"，第一次在2018年，美國維基尼亞州的首府-瑞奇曼的"北美杯"擊劍擊標賽首次亮劍，在70+年齡組重劍參賽共32人，首次亮劍有一勝記錄，排名第31名。到今天我是第二次拿重劍比賽，打了六場比賽，首輪比賽有一場勝利，我贏的對手就是昨天佩劍贏了我的卡欽尼（5；3）。在八進三的比賽裡，勝則進前三名，敗則退至第六名，這是我最有收獲的一場比賽，一生只打過兩次重劍比賽，從2018年的第31名到今天的第6名（自己給自己的安慰獎），三年參賽人數由32減至今天的6人，這是我更值得珍惜的成績。

我想是該說退出擊劍賽壇的時刻了，我的擊劍生涯可以畫上圓滿的句號，感謝俱樂部我的孫男滴女的劍友們和他們的家長對我的支持與鼓勵，特別要感謝的是我美女教練-趙雪女士，是她一直鼓勵我堅持不懈的練習才有了今天的圆满結局。謝謝各位的支持與鼓勵！

謝謝美女教練幫我畫一個完美的句號

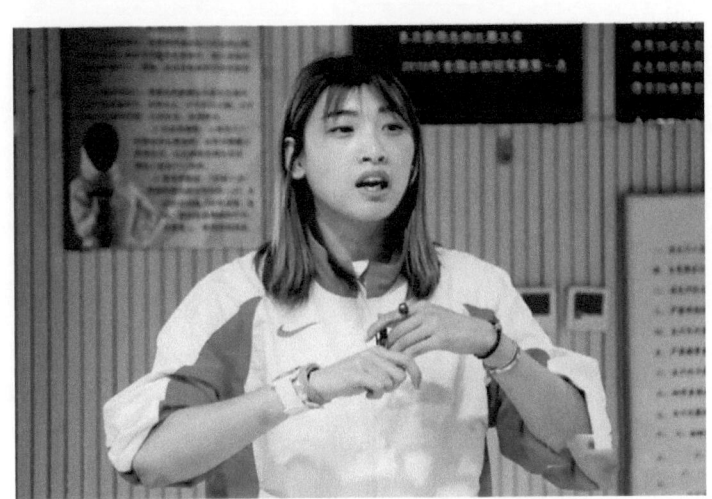

我自 1960 年暑假開始，就沒想過有機會再拿起劍，重返劍道登上劍壇參加比賽，並獲得獎牌，也就是說自己學過的專業，在美女教練的幫助和鼓勵下，最終於 2021 年 7 月 7 日在美國賓夕法尼亞州費城畫下了圓滿的句號。

我是在 2015 年 9 月份參加"新澤西州老年人奧運" 55-79 歲年齡組）比賽，獲得單、雙打的冠軍兩塊獎牌，在離開場地時看見有老年人身穿白色擊劍服拉着劍包走向停車場，我便上前詢問得知在美國有老年人擊劍比賽，也有擊劍俱樂部等情況。

我找到一家美國人開辦的擊劍俱樂部，與一撥美國六十歲左右的佩劍愛好者一起練習，佩劍規則于三十年前就做了修改，我六十年前學的動作如交叉步、沖刺動作都爲違規動作，他們非常熱情幫助和告訴有關新規則的內容，由於語言障礙使我對新規則了解不多的情況下參加了 2016 年的北美杯擊劍錦標賽前八名比賽時，我在 6:8 落後的時侯，我兩次進攻都是我的單燈亮，但裁判判我兩次交叉步違規，兩個黃牌兒，8 平的結果沒了，還變成一張紅牌兒罰一分成 6:9，真是回天乏術呀！當時我也不懂要求裁判看回放（我們學擊劍時還沒有電動裁判儀和電視錄像），就這樣沒進前八名，排名第十三，但讓我看到了我在劍道上的希望。

當我正在尋找有中國教練的俱樂部時刻，于2017年3月份在我住地鄰鎮開了一家"王磊擊劍俱樂部"，在這裡我遇到美女教練-趙雪女士，真是天無絕人之路。

我從5月份開始練習佩劍，做了一輩子的教師的我來講，她的教練課和教學課很有特點，尤其在短時間內，講清佩劍規則修改前後的重？何在？在技術上如何做好主動權的轉換、進攻失利與防守的轉換、進攻時機的把握與控制等諸多問題在她身上很簡練的語言與準確的示範動作解釋得一清二楚。到2017年7月4日的全美擊劍錦標賽這次有教練在身旁指導，心態就有底了，初賽基本還可以，以小組第二進入复賽，又勝一場進入到前八名，在進前三名的比賽裡，9

平後應該是我的經驗不足，最後一劍輸的至今都不清楚原因何在？

今天回頭看一眼我這四年走過來的路也挺不容易的，從七十七歲再重新當學生，被糾正動作，尤其做串聯動作有時會打結，會被美女教練吼訓斥責，全場數十人的訓練被訓斥最多的兩人就是我和她的兒子爺孫倆，這爺孫二人功底在趙教練精心、認真的教練下，功底增厚，她兒子目前在每次的俱樂部比賽時都能取得前八名或前三名乃至冠亞軍的好成績。我除技術有提高外，另一方面提高就是臉皮增厚，抗壓性強，我現在一天沒聽見美女教練的吼聲，就像沒吃維它命保養品一樣，總覺得生活裡缺點什麼。

我和她都是來自中國同一個地方-天津市，美女教練原為天津市擊劍隊的成員，自己苦練、勤練和用腦子練，成績出現迅速提升而進入國家隊，為國家爭得到榮譽。因傷退役繼續為國家培養運'84訂T而到國家青年擊劍隊任教練，後被聘邀來美到擊劍俱樂部任教練。我做了十八年教師，我感覺她的教練工作中帶有教學成份，尤其是培養青少年練習擊劍項目，是人體不同器官參加，要在同一時間裡協調一致完成一個動作。她是"教授型"的教練，也可稱謂"知識型"教練，應該說是現時代需要的教練。

我們上學時的教練和運動員文化水平都不高，80%的教練只有小學-初中的知識文化水平，高中畢業的都少見，對一項運動，知識很重要，它的歷史和發展史，以及與技術動作相關的裁判規則都是至關重要的因素。我們國家的運動隊員為了爭冠軍，隊員訓練都是早期專業化，教練員都是運動員退役專做教練，只有經驗而不能上升到理論高度再去指導訓練工作。

我看到過美女教練在一對一練習時，一個極其溫柔、母愛散發到極致的溫馨畫面，我忘記拍下這張"東獅怒吼之後舔犢"的畫面。一位七八歲的小女孩學佩劍，雖然，東獅嚴格要求動作質量，詞嚴話厲，但語氣和緩多了，中間休息時，美女教練蹲下來，面對面几乎是大臉貼小臉講解動作要領，畫面溫馨。

　　年齡過了八十後，記憶能力減退，每次的練習內容，到下一次課，有的就忘了，我從小記憶力就好，來我家的的國民黨空軍受訓駕駛員，進屋後，他們的軍帽給我放好，走時我再給他們的帽子時，從未拿錯過。上學期間，我憑自己的"小聰明"，看兩遍練三次就能掌握其動作要領，現在我這著稱的"小聰明"的"明"字丟到何處？我現在岂不是由三個字變成兩個字的"小葱"了，如果繼續練下去，很快就会變成一个字-您算哪根兒"葱"呀？

這次大賽 80+年齡組：男子參賽人數：花劍-0，佩劍-2，重劍-6。如果下一個大賽 8 月 27 日在亞特蘭大比賽，人數又是兩三人，除了幾百元的差旅費、報名費不說，比賽的尷尬局面讓人哭笑不得，還是就此罷手，臉上還能帶着微笑走下劍壇。

美女教練每天上課，練習真是很累，我有心幫忙但無從插手，目前，我能幫她的事，就是尋找人品端莊的人，把美女教練圓滿的嫁出去，能在她自己的人生路也畫上一個圓滿的句號。

沒想到，我也有今天呀！

過去，總說女人語言中樞神經發達，今天，我們都到了老年，豁嘴兒講話：誰也別否（說）誰。

自己年青時，有時與老年人說話就會遇到尷尬的場面，我着急有事要走！又碍着面子不好意思離開，今天我就變成了讓親朋友好處於尷尬地位的電話人。

對於我來講，與親朋友好講電話聊高興時就有收不住閘的現象，尤其是與摯友聊天，會講話時間過長。目前，我與國內通話較少，因爲通話時都有監聽，沒必要給國內的親朋友好惹麻煩，光說事兒而不聊天兒。也說明自己退休後有大把的空閒時間，二是說明自己精力充沛，精力與體能没能消耗殆盡。

這個問題給我一個提示，這也顯示一個人的修養和禮貌的問題，如果自己做一個換位思考，可能就會發現自己的問題所在。

其實，微信是一個很好的交流平台，經常在朋友圈發個"問候"，證明我還在呼吸，還在愉快的生活，我的心挂念着我的親朋友好。曾是發小、中小學同學、大學同學、工作中的同事、與教過學生之間的師生情誼，這些都是我心裡牽挂的事情。

一句話，年歲大了，盡量克制自己說話囉唆的習慣，注意用換位思考的方法處理和解決生活中的問題，這樣自己的生活空間和内容就會有突顯變化。

老頭和老太太們，老兩口之間的囉唆是正常互爲對方的出氣通道，千萬別堵死，否則，後果"嚴重"！

閒語與雜談——"我的老師"

題目的"我的老師"是用了括號，其意是說他（她）們不是中小學和大學的術課老師與教練，而是人生路中社會學大課堂的教師。

我的這些"老師"不論學歷高低，不論職位高低，不論經濟富與窮，每個人的家庭環境不一樣，所以，每個人都是一本書而且書裡都有非常精彩豐富的故事，故事的本身就是人生社會裡的最佳教材，當事人就是我的老師。

這兩張照片是與原女八中排球隊及同學的合影留念，上下兩張間隔十五年，2018年（上）和2003年。

例一：我的一位原排球隊的學生看過我的文章後，曾向我勸說一席話："您要放下，背着包袱過得不快活，放下並不是忘記（指我對父母慘遭文革無辜迫害一事）"。

例二：原女八中的學生和"天津教師進修學院"首屆畢業生（全部是老高二高三的學生）在學習上絕大部分同學非常刻苦認真，不論理工科還是文科，知識功底扎實，文革後恢復高考就顯露出來。這正是我的短處，我自己知道，我的悟性和聰明足夠讓我能取得好的成績，結果，我只憑自己的"小聰明"，滿足現狀的態度完成學業。我今天能寫出近三百篇自己走在人生路上的經歷，都是我這些文理科的學生的幫助和指導，今天我也明白了，可我也沒苦可"克"了。

這兩張照片是我和大學同學、籃球教練-石國今與"魯迅中學"男籃、與焦婭林老師及男女籃球隊的合影留念于2018年在北京。

例三：在男籃有位同學，在隊裡不是特愛說笑的人，功課學習我覺得屬于不太愛讀書的學生，五十年後一次越洋電話的長聊，讓我較全面的了解他的情況，讓我肅然起敬，他在對待人與事的態度上正是我缺失的態度。如他在工作上，多次担任經理、總經理一職，他只是認真去做，從不多講自己如何如何，而是完成之後報告上級，領導很驚訝怎沒聲沒響動這事兒就做完了！雖然我不是光說不練的主，但也不是甘願做"無名英雄"的人。也讓我認識到不光老三屆，69-72屆同樣能為我師的大有人在。

這兩張照片是"天津市教師進修學院"首屆畢業生聚會合影，兩張照片相距15年，上于2018年、下2003年。

學員都是從農村、兵團招回來的老高二高三的學生,功課底子扎實,而且學員中黨員佔一定比例,有的擔任學院的黨委副書記、常委和委員。恢復高考後,他們很多人進入大學深造,彌補文革丟失的一切損失,最讓我敬佩的是他(她)們的人品,素質和涵養。

例四:這些學員畢業後,都在自己的工作崗位,兢兢業業的工作,有的上學前當過領導幹部,畢業後就是教師、公務員等職務,他們都做得很出色,在校的被評上教授或高級教師職稱。

有的同學畢業後分配的政府機關權力部門,但他要求到基層單位,在他堅持下被分配到學校當老師,過着快樂的平民生活,我說的這位學生是幹部子弟,有良好的政治背景而甘居于自己喜愛的平凡生活。這是何等思想境界?對於如何適應社會和理解政治,他不是我的最好老師嗎?

這個班是我十八年教師生涯中,是第一次也是最後一次當班主任,是在2018年11月於北京聚會時留影。

例五:我是在被隔離審察後,定爲"516現反分子"時接這個班,

他（她）們是我作為教師在教書育人方面的見證人。我當時除體育課外，我還教過珠算課和代數課，起碼我沒有誤人子弟，我就以我自己的做人原則來教育和影響他們。現在看到效果了，最近幾年有微信後，我與有的同學在政治觀點上有分歧，他們豪不隱諱地提出退群，我非常贊成他們的做法，政治觀點不一樣是客觀存的正常現象，但要誠實，人品被肯定。

求大同-既師生情誼與人間大愛，存小异-即政治問題上的分歧，存就是我們把都無法看到結果先放下，存起來讓後人們來看對錯。

文化大革命的後遺症

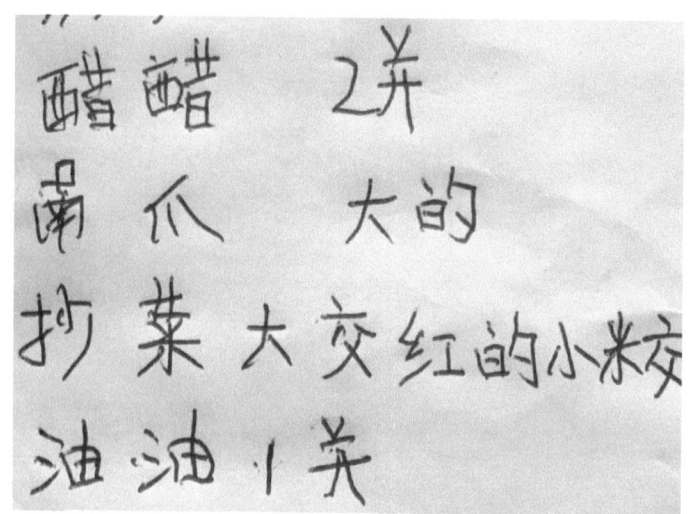

開始我覺得可笑、好玩兒，實際上，她是文革的犧牲品也是殉葬品，文革時開始只是小學五六年級的學生，這一代人基本被上層的個人權力爭奪給毀了，她今年六十八歲，這一代人如今已是祖父母級的人了，你說從遺傳基因的角度來看，他（她）們的後代會是什麼樣的結果？舊的文革流毒還沒肅清，新的文革又以標竪個人崇拜爲先驅試探其民意？不是目前的腦殘們一心，奴才們一心，他們是破壞和詆毀中華長城的蛀蟲。

不想多說了，人微言輕，說了也不算，算了，我也不說了，拜拜不您呐！

今日的天災人禍是人類自己作的

從 2020 年的"新冠肺炎"傳播肆虐全球諸國，到今年變异德尔塔病毒，毒性大傳播速度快，目前世界各國正面臨着第三波的衝擊。中國疫情近期加重，從 2020 年武漢市發現疫情開始，政府制定有效的防範措施，封城、封區、封街道、執行有效的隔離措施，這一切在全球各國有目共睹。但在五月勞動節的長假期旅游是錯誤決定，其次，各級領導幹部外行、草包飯桶太多，造成中國新一波的嚴重七省二十市的疫情。

疫情未過天災從天而降，美國西部地區的森林野火大面積燃燒，火勢兇猛，有的地區零控制，有的地區也只有 20%火勢被控制。

【#郑州通报11例确诊病例# #郑州通报16例无症状感染者#】今天，河南郑州市疫情防控新闻发布会通报：截至7月31日18时，郑州发现27人核酸检测异常，其中11人确诊，16人为无症状感染者。（总台记者王涛）

中國有的地區暴雨成災，城市下水道系統經久失修等問題，說是天災，應該說是人禍，是人禍造成的天災，是人類自己在追求先進科學技術，新式武器、導彈核武器，在開發和挖掘尋找新的生活資源及生產動力資源過程中，肆意摧毀和破壞大自然生態環境和資源。

我認爲今日的一切發生的事情，就是老天爺懲治全人類，凡是今天還活在世上的人都有份兒，無論是發達國家還是發展中國家及貧窮國家都一樣，破壞了大自然生態就要受到上天的懲罰。

我會想到有人說我的思想是迷信，我們沒有認識到事情並不等于沒有，我們過去只知道"嫦娥奔月"是神話故事，今天不是有錢人也可以去月亮上旅游一趟。宇宙之大，我們今天能知道多少？外星人究竟有沒有？傳說美國有外星人在美國幫助工作？想看結果嗎？今天能看到我這篇文章的人，都沒希望了！

一句話，人類對大自然生態要愛護，它們雖然不會說話，但他們是有生命的，它們需要一定的環境和空間，不要逼得動物搬遷植物枯萎。

人也一樣，做人要厚道些，給自己留後路，起碼我在新中國上學工作的三十二年裡，我看到在歷次政治運動中整人的人，都不長壽或是癱瘓于床幾經折磨痛苦而終，有的過世數日後才被發現，有的孤獨了其一生。今天說什麼也沒用，事情都是我們自己作出來的，有的人禍是用人不當，一幫無能鼠輩，有人渣也有官渣。既是人禍就很好反省自己，甭找客觀原因，資本主義國家反對共產黨又不是一天兩天，而是百余年，"蒼蠅不叮無縫的蛋"，找出辦法解決人民的困苦生活和生命安全。

我太太與同學相聚中的樂趣之系列（1）

前天，傍晚七點由我的朋友-沈有成夫婦做見證人和仲宇先生為公證人到我家，給我太太的委托書上的簽字，"遺囑"上的簽字作見證並在四份文件上簽字，最後，公證人在四份文件上簽字、蓋章、蓋鋼印才算完成法律程序。

我沒想到出乎我意料的事情發是在我的面前，去年做公證到我們賬戶銀行去做，我太太很快就簽完字辦妥，一年之後的今天，兩個"TC"英文字母，她用了2-3分鐘才寫完，好像她腦子雖然清楚，但手握筆已經和過去不一樣，基本上就不會寫了。

看她的神智清醒，我就找了很多回國探親訪友的照片讓她認照片上的人和名字，只有個別人想不起來是誰，大部分同學還都認識。

瀟灑退休篇（下）

　　這五張照片的拼圖裡的同學，基本都認識也能叫出名字，能說出當學生時的一些事情和趣聞。

她還真有一位老同學的名字沒叫出來,就是下排中那張裡的男生,我看著眼熟,我也沒想起來,她的記憶力確實有所減退。

這四張照片裡女生有的是預科畢業後沒上本科,我太太叫不上名字。

爲了讓她活動腦子，我在看奧運轉播時特意和她說些比賽的事情，以及哪些項目是中國強項，哪些是弱項等，以及一些新聞，她有時搭茬說幾句，有時光聽不說，總之，盡量讓她說話，對她是有幫助的。

這篇文章主要是照片，看照片會引起回憶，有誰想要照片告訴我，我會發到你（妳）的微信裡，祝大家在疫情裡多加保重身體，爭取明後年能與大家相聚于北京！

我太太與同學相聚中的樂趣之系列（2）

自 2003 年北體大五十年校慶聚會于田徑場，教學樓，聚餐時，大家暢談畢業後的一切，讓我們夫婦二人倍受感動，雖然學生時代結束了，分別幾十年，但留在心裡的點滴情誼却永存。

一次聚餐後，分手時老同學-崔麟夫婦向我們說：再回來就住我這兒，有地兒夠住，也有車出行去哪兒都方便。非常謝謝他們的熱情話語，並為我們回國探親訪友提供了方便。

傻帽兒的留影：

一見這張照片就想笑，不知當時是哪根弦兒搭錯了，你說他們兩口子在國家隊十餘年，退役後又到北京隊做教練。那時我家裡少說也有五六套，至今加上擊劍俱樂部、乒乓球俱樂部及美國運動時，不下十套。那天我們逛到原國家體委附近的體育用品商店街，我是想買乒乓球拍，不知誰揮的穿上試試，結果是一人一套，回來後換上留下濃墨重彩的一筆流芳千古的"傻帽"之照片。我想你們 61 級的同學都沒見過二位名人留給大家茶余飯後的"笑柄"吧。

逛頤和園和香山：

我們上次逛頤和園是移民臨走前和她姐姐我哥哥一起，二十五年後再次逛香山、頤和園的心情不一樣。過去是休閒玩兒，隨時可以來逛；今天再來也不容易，起碼是一年以上一次，更別說香山了。

今天回來不論走到哪裡，都是回憶和懷念，在來香山的路上路過她中學的同學在"農研所"，我們順便看望她的老同學。

真是崔麟的車給了我們巨大的方便，隨時可以起程去任何地方辦事；我們還抽空去看了他們 61 級的游泳專業的同學-劉蓉慶，可惜她已于前幾年去世。

有時晚飯後，閒得沒事幹，干脆開車奔王府井大街逛一趟，白天和活人又吃又說的，到了晚上找鬼聊天你都沒轍，說鬼話都白天上班。到王府井大街在那兒就和不說人話的銅像留影，其實也是一種享受。

　　我們都是八十上下的人了，尤其近來災情嚴重，微信有警告：如果傳播災情或疫情假消息一律封號。爲了不影響我家的自由自在的快樂生活，我記得出國前看過一部由潘虹主演的"傷痕文學"題材的電影，名字忘記了，主角有一句台詞讓我終身難忘："你愛祖國，但祖國不愛你"。

　　祖國就是大地上的高山、森林、河流、湖泊和生活在大地上的親朋好友，以及地下的寶貴礦藏。就因爲我愛祖國和我的家庭，我自己剝奪自己的終身政治權利，因爲政治本身就不是給我們平民百姓玩兒的游戲，政治權利有與無都不影響我家的自由自在幸福生活。

　　祝諸位老同學及親屬身體安康！微信上談"真情"、說"大愛"！

我太太與同學相聚中的樂趣之系列（3）

　　十五年前我們就踏上征途去當今的災區-河南新鄉市看望我太太同班同寢室的同學-宮漪琳、趙文祥夫婦，2003年校慶時在北京體育大學相聚，那次是他們畢業後三十八年的首次見面。

瀟灑退休篇（下）

我們從北京西站乘火車去河南，當年還沒有高鐵，只得坐快車，我記得我們是買的臥舖票，連侃帶聊，說說笑笑就到了新鄉車站，文祥兩口子親自接站，並去旅館晚宴。讓我們兩人真感到與美國待客方式有很大區別，這就是東西文化的差异吧！

照片裡的故事（下）

潇灑退休篇（下）

我太太和宮漪琳、楊鴻貞三人同學四年親如姐妹，我太太年齡最小，宮楊二位均與我同歲。轉天我們去景點"八里溝"參觀游覽，景致挺好，青山綠水環境衛生也不錯，超出我的想象。

在入口處我和崔麟都與這對姐妹合影留念，從照片看身後的山不太高，但我們只是稍微向上走一走，觀看一下周圍景色，真的挺好，那時的手機還不是智能手機，不能照相，所以，風景照片較少。

在家裡吃飯喝酒的感覺，很難用語言表達敘述清楚，一是家庭親情無拘無束，二是溫馨、溫暖，三是語言的放肆與流暢。在家聚會不但有家人，還有從焦作市來的同學，一年難得熱鬧一回。今天都是八十開外的人了，只有崔麟夫婦、二宇夫婦，近八十，真是聚一回少一回，你不知道意外和明天誰先來？珍惜眼前的人與事，明天的事情等明晨睜開眼睛後再說啦！

只剩下回憶了（1）——與中學師生聚會

自1961年高中畢業後，我考取北京體育學院後，寒暑假期回家與同學們聯係不多，在文革期間與何崇基見過面，這次與老師和同學聚會是高中畢業後四十五年的首次。

老師有數學孫（家麟）老師和兩位體育老師-蔡（宏遠）老師和王（曼珍）老師，一位同學-陳蕙萍是中醫大夫，對我的病痛解決了問題。

因我對她的同學不太熟悉（除陳蕙萍外），今天我拿照片讓她看，她叫不上名字，很可能我經常寫博客和短文，腦子總在"運動"而幫助我保持記憶能力（偏方：總看美女據說也增加記憶力），望同學們原諒她。

在最後兩張照片中，她認出三位老師和陳蕙萍、何崇基和田慶豐。祝她的所有同學和老師身體健康！精神愉快！

只剩下回憶了（2）——與親人過春節聚會

我們移民海外至今已經四十年，真正像樣全家聚在一起過年還是十四年前我們回國到深圳姐姐家過年，一共十六人，十四年後的今日，一個大家庭變成了三個小家庭。我的姐姐於 2011 年秋季去世，姐夫於今年大年初四去世，兩根頂樑柱倒了。我抱的是外甥孫子（老三的兒子）他抱的是外甥孫女（老大的閨女），這倆孩子今年都上大學了，老二的姑娘（上圖左三）四年前就結婚了。

　　這兩張照片是 2005 年 06 年照的，因我此時已因工傷退休，在家待著沒事就回國探親訪友，左圖在深圳姐姐家裡，右圖在青島照的。

　　中間和右圖是去嶗山旅游時留影，人已都走了，留給我們的只有回憶和懷念，兒孫自有兒孫福，我們把自己的日子過好了，就給子女減輕負担，還是那句話：珍惜眼前的人和事兒，其它的事兒等明天睜眼再說。

從電視看看東京奧運會

　　自東京奧運會開始至今，我家裡的電視機基本是二十四小時開機，客所的電視晚上睡覺就關了，卧室要看我太太的情況而定；我是睏了就關燈睡覺，如果她也睡覺就關電視。 這次是我看奧運會是時間最長的一次，項目最多，最全的一次，除了例行的體育競賽項目外，首次看到大街小巷青少年玩兒的滑板、大海裡的衝浪也成體育項目。 這次奧運會參賽的國家，怎過去的強國不知爲什麼不見了，出現一些新的對手，是好事兒，說明競賽項目的吸引力的增强，就拿我們中國自己來講，也是如此：中國重回奧林匹克運動會成員國并於 1984 年 參加美國洛杉磯至今已是三十七個年頭，由前輩短跑運動員

-劉長春于 1932 年在美國洛杉磯參加奧林匹克運動會已是五十二年前的事了，八十九年裡參加比賽的中國百米運動員都是"一趟活兒"即預賽就被討汰。可在八十九年後的東京奧運會。【1】蘇炳添百米 9 秒 83，一戰封神；王春雨 800 米決賽第五，創造中國田徑歷史；鞏立姣一投定乾坤，劉詩穎一槍貫長虹；王錚鍊球摘銀，朱亞明三級跳摘銀；葛曼棋闖入女子 100 米半決賽，謝震業晉級男子 200 米半決賽；男子 4×100 米接力決賽第四，平奧運會記錄。女子 4x100 米接力決賽第 6，創歷史最佳成績……【2】郎平與女排：世界冠軍小組賽三連敗出局，無緣決賽成為奧運最大新聞，不正常，肯定有內幕。

我的大姐與三哥（1）

我們姐弟四人是大排行，男女都按年齡長幼來排，大姐、二哥、三哥，我是最小（老四、四少）。

我姐姐-茂玲於上周六即八月七号上午過世，享年八十六歲（1936 年 8 月 7 日生于北平）。我姐姐生日與忌日在同一天，不知中國民俗有何說法講究？我姐姐這一生過得太不容易了，天堂地獄兩重天的生活都過過，我姐夫是中華民國外交部部長、次長的秘書，我姐姐隨公差到過五大洲數十個國家（共產黨國家除外），她眼界開闊，閱歷豐富，我姐姐為人善良、仁慈、忠厚，對爺爺奶奶姑姑們都很孝順。我姐姐一生最遺憾的事情是在三四歲時父親母親去美國留學和陪讀，八年後父母回到北京家中，姐姐已是十一歲，到十三歲1948年底全家跑到台灣，十三年裡姐姐從未享受過有父愛和母愛的家庭生活，我姐姐生下來就有奶媽喂養，三四歲後就被爺爺奶奶和姑姑們寵愛于一身，此時，發生一件事留在父母與女兒心中永遠不可磨滅的刺痛畫面：一日，母親管教姐姐，姐姐不聽話並頂撞母親，父親知道後，姐姐依然不向母親認錯，氣得父親回到卧室從枕頭下面拿出手槍就要去教訓姐姐（父親當年也只有三十歲），是我四姑用嘴咬住我父親的手直到咬破才將手槍奪下，免于一場災難發生，也是留在兩代人心中難以抹去疼痛和悔恨。

二十年後，與母親聊天時，說起過去常家大家庭生活的種種不易，母親與公婆的關係，與姑姑之間的姑嫂關係，在相處要格外小心謹慎，步步有雷池，處處有暗井。所以，姐姐與母親頂撞一事是讓母親心懷遺憾離開人世間，我想父母親今天在天堂可以見到最鍾愛的唯一女兒，但願他們再續前緣，冰釋前嫌。

姐姐到天堂後，如果見到姐夫，替我問候他并和他說聲："對不起，請他原諒我在話中有不敬不到之處。他是台海兩岸，國共兩黨農村窮人出身的政府官員，極個別在垂手可得數百萬美金而絲毫不動心，回到中華民國外交部如數上交，連沒用完的圓珠筆、打火機也如數上交。"所以，我姐夫在台灣外交部的清廉行爲，斷了所有具有貪念人的財路，這正是我敬佩他的原因，他更愛錢，但取之有道，他做生意即認真又刻苦耐勞，省吃儉用。他有句銘言：交朋友是要花錢的。的確，他是有錢，他的確沒朋友。

明天是"頭七"，因疫情的困擾，只得在异地祝福姐姐一路走好！到天堂就沒有人間的煩惱了，姐姐安息！

我的大姐與三哥（2）

上個月的07/18上午10：32接到我侄兒由國內內蒙包頭市打來的電話，告訴我他們的父親在昨晚睡後於轉天清晨睡夢中過世，没痛苦，没有任何病痛，没有打擾任何人，平平安安，静静悄悄地走完他的八十三年（1938年8月22日生于北平）的人生路。

我三哥小學畢業于北京育英小學，初中畢業于北京七中，在1956年參加工作，集訓後分配到內蒙包頭三機部坦克工廠，文革中因出身問題調到民用"第一機床廠"工作直至退休。我哥哥是不善言辭的人，性格內向但不木訥，也喜歡體育活動，可沒什麼擅長的項目，游泳、滑冰、乒乓球都可以是健身水平。

我三哥和姐姐去世都與他們的婚姻不"門當戶對"有直接的關聯，我姐姐就是大家閨秀下嫁一位穿西裝系領帶不拿鋤頭把子，性格怪異的農民，生活在兩個不同世界裡的人要生活在同一屋檐下，來美國後，我用自己的雙眼親眼看到的事實與我的判斷是一致的。

我三哥的前妻是因重病過世，她的名字叫孫豔琴，血統工人家庭出身，小學知識水平，常識水平低下，文化水平低，老實但很無知，很心痛我哥哥，也很無情趣，沒有共同話題也就沒有共同語言。

我三哥的前妻因沒知識沒文化，不知道如何教育和管理孩子，過于溺愛放任自流，結果兩個孩子吸毒、偷竊、流氓行為等罪，經常是拘留所的常客，我哥哥生活在這個環境中，能長壽嗎？1996年我給他寄了一萬五千塊，為的是讓我三哥改善生活，沒過幾個禮拜我三哥的一萬五千塊就花完了，都送到公安局撈兒子。

我沒忘記你工作後對母親的孝敬，你的孝順給我做了榜樣，我也沒忘記困難時期你每次回津看媽媽路過北京時都會帶我去"四川飯店"解饞。

三哥，走好，一輩子就是一轉眼的事，家庭和睦，妻賢子孝，是長壽的基礎和良好的條件，到天堂就能見到七十二年沒見過面的姐姐，請你們二人代我們孝敬父母大人，祝你們與父母大人同享天國之樂！

這份材料讓我想到什麽？

反复看了多遍，越看越明白也越糊涂，明白的是我過去的一些認識和言論是清楚的和正確的。糊涂是你越清醒的時侯，你越要裝糊涂，因爲政治本身就是統治集團用來欺騙和蒙蔽群眾維持統治的手段，也是掩蓋自己丑惡罪行的遮羞布。

全国七个省市的地厅级及以上干部个人及家属的财产，平均超过七百万元。全国党政干部已形成特权有产阶层，而地厅级以上干部已形成官僚特权阶层。公职人员薪酬极度混乱，2006四月初，国务院研究室、中纪委办、中国社会科学院，完成了《全国地方党政部门、国家机关公职人员薪酬和家庭财产调查报告》。

该报告中指出：公职人员薪酬极度混乱，有关规章制度早已名存实亡。公职人员薪酬混乱，已经造成体制内部矛盾激化、利益冲突，不仅影响公职人员队伍职责、专业精神，而且积压着政治危机。"特权有产阶层"和"官僚特权阶层"的形成，该报告指出体制内部最混乱的三大问题：薪酬、编制、晋升。

该报告披露：党政干部已经形成社会特权有产阶层，其中地厅级以上干部，已是官僚特权阶层。官僚特权阶层年收入是当地城市人均收入的八倍至二十五倍，是当地农民年均收入的二十五倍至八十五倍。七省市地厅级及以上干部财产超过七百万据该报告披露：全国有七省市地厅级及以上干部个人及配偶拥有财产超七百万。

電視裏的政治

從奧運會轉播中嗅出的政治信息：大家都知道美國在大型體育競賽電視轉播是出名的"愛國主義"，女壘美日爭冠，結果日本勝得金牌，發獎儀式只播美國隊領銀牌，日本隊領獎儀式没轉播。

但在中國優勢項目比賽全程直播，如乒乓球的男女團體決賽、男女單打決賽、男女混雙決賽，羽毛球的男女單打、男女雙打、混雙、舉重、還有跳水、游泳，有時不是中國強項也會給中國一個特寫鏡頭。

因爲現在中美關係從奧運會中美運動員之間的關係很融洽，這些溫馨畫面從美國 NBC 電視台轉播中屢見不鮮。原因：目前，不是美國妥協，中美會談就是一件事：中方要求美國取消"禁止中共黨員和家屬進入美國"這一條款。因近期美國報刊報導洛杉磯一些華裔的別墅被盜，那一帶居住很多國內的貪官大奶、二奶、三奶們，美國疫情嚴重都跑回國內避難，空房內知情人士便大肆盜竊室內美金首飾等財物。這些關乎着政府官員們的隱私見不得光的財產，所以，談判不談統一、不談南海海域問題、不談貿易，只談讓中國官員可以進入美國。

向中國所有參賽者致以親切的問侯，無論有無獎牌，你們數年如一日的幸苦訓練就是為了奧運一拼。在這兒我只想對他們說一句話：在你訓練期間，應該就考慮退役後的出路在哪兒？因爲中國是國體制，從小就早期訓練，既沒知識又沒文化，到退役時基本沒有單位能接收。

第一選擇是專業隊或業餘體校教練，根據自己技術和對訓練的認識水平來決定；第二選擇是體育老師，它的特點是需要體育項目技術全面和多樣化，但不管你選擇哪種職業，首先去專業院校本科學習，充實專業理論知識和其它理論課程。

今晚東京奧運閉幕了，2024 年法國巴黎見！

我們最需要的是深思與反省

我今天能有這樣的快樂和無憂無慮的生活，得濟于四个字－"深思"和"反省"，我從小身上最大的缺？就是一怕吃苦，二是"常有理"；自從上初二開始，由於父親的意外狀況造成父母的婚變，我不知真情而難以接受，經常逃學學習成績直線下降，幾乎大部分科目都不及格，後經補考才升如初三直到完成大學學業。從學生時代到走向社會，一直生活的太自我、太任性，讓自己在政治上"犯"了很大的"錯誤"，直到我六十歲時，我自己車、別墅、工作都有了，孩子們也都大學畢業了，身上的負擔與壓力也沒了，在工作空隙時間開始回憶我的前半生，深思與反省這四個字讓我受益匪淺，無論是對自己還是對社會國家問題的認識上都有和大的提高。

【1】文革期間被扣上"516 現行反革命分子"的帽子，就我的言論都沒有錯，只不過說的時間、地點，場合不對。說的也是，全校老師出身不好的比例很大，怎麼別人都沒事就我戴上反革命的帽子？想通之後，從 2000 年以後回國探親訪友，我都會與文革裡整過我的人一起聚會，冰釋前嫌。即使在生活中發生的事情也是一樣，有事發生就是矛盾的雙方面，我就反思自己是否有做得不妥之處，如沒有就不要去斤斤計較對方的行事方式和方法。

【2】作爲我個人從深思和反省有這麼大的收益，我怎都想不通，在共產黨百年大慶竟如此隱瞞歷史真像，自抗戰八年把自己打扮成中國抗日的主要領導政黨，自九歲新中國成立後撰寫的歷史教材、中共黨史都是假造的，我到五十歲才開始看到和聽到很多從未看過和聽過的真實歷史資料。

【3】自建國以來，隔三岔五的搞政治運動，直到 1966 年的滅絕人性的十年浩劫，又死傷多少人才。至今還有人認爲文革是對的，被壞人利用了。為什麼我們就不能深思反省，中國到底要走什麼樣的道路？

與社会贤达的相识和接触

上面兩張照片是參加2009年中國駐紐約總領使館的春節招待晚會。上一張是我們與總領使館的總領使-彭克玉先生的合影，下面一張是我們與中國駐聯合國大使-張業遂先生合影。

我在美國前後生活近四十五年，從未參加過任何國家政黨的活動，這是第一次。

美國著名電影演員喬•佩西，我工作的"聖巴納巴斯"醫院每年都以他的名字舉行為透析病人募捐的高爾夫球比賽并帶聚餐會。

右一给我签名的是原纽约"洋基"棒球隊的明星隊員，也是全美聯盟明星隊的隊員，雖已高齡仍然參加義捐活動，他就是-费尔若祖托。

左一是美國著名高尔夫球職業球員约翰•德利，1991年赢得高尔夫锦標賽的冠軍，1995年赢得英國公开賽的冠軍。左二就是著名演員喬•佩西。右一是演员-汤姆•锥森，在拉斯维加斯赌场的剧场演出单口讲笑话。右二是影视剧演员-凯文•詹姆斯。

张彌曼是中国科学院古脊椎動物与古人類研究所教授、中國科學院院士、英国林奈學會外籍會士、瑞典皇家科學院外籍院士。

2018年3月22日，82岁的张彌曼女士在巴黎聯合國教科文组織總部獲頒2018年度"世界傑出女科學家獎"。

這是1995年張教授來美國時到她的學生家探望，我們是對門的鄰居，便受邀一起聊天吃個便飯。

照片裡的故事（下）

　　这两张照片曾是纽约电视7频道和11频道主持人-董凯蒂，她是新泽西州"新中國日"邀請的特別嘉賓，她出生在中國山東青島市，一小就隨家長來美國，所以不會講中文，活動結束後送我一張照片並當場簽上她的名字。

　　左一是施敏先生，他不但在美國而且在世界也是名人，他是微電子科學技術、半導體器件物理專家。台灣中央研究院院士、美國國家工程院院士、中國工程院外籍院士。他寫的專業書籍已是等身之多，在國際上凡讀電子方面的博士，都必讀他的著作。他雖然退休，每年都會被邀請到中國大學講課。右二他的夫人-王令懿女士，他们夫婦既是我們的朋友，也是遠親，更是幫助我們在美國改變命運的貴人。

瀟灑退休篇（下）

我的學生-陳錚和雷恪生到美國旅游時曾來我家并和我的兩家摰友一起聚餐（上面一張）。雷先生和斯琴高娃的戲中（大宅門）的王管家和太監-李蓮英給我們留下不可磨滅的印象。

這是在2008年初，在朋友家與"海岸兩峽藝術工作者"聚會上與唐國強夫婦合影留念並和唐國強先生談有關連續劇"鄭和下西洋"的故事情節。

照片裡的故事（下）

我們與央視"話說長江"的解說朗頌者-陳鐸先生和夫人合影留念，陳夫人和我都是北京市西城區中學老師，在對方學校都有相識的人，所以談話內容更豐富多彩。

我們與台灣著名歌星-林淑蓉女士合影，她是受海峽兩岸歌迷都喜歡的歌曲-"無言的結局"原唱歌手。在聚會上，她還應大家的請求與唐國強先生合唱數首歌曲。

與我的教練-葉瑞玲女士的合影，在國內是廣東隊的主力隊員，廣東省女單冠軍。來美國後，曾代表美國參加過三次奧運，現在已退休了。

2007年，莊則棟夫婦訪美時來我家休息聊天，與第一次在北京與莊則棟先生見面（我第一次是1987年回國探親）相隔二十年。

照片裡的故事（下）

　　在廣東中山與原國家隊主力隊員-李鵬首次見面，他是莊則棟的學生，1973 年他與梁戈亮、许紹發、陸元盛重新奪回男團冠軍杯。2008 年運動會，我請李鵬幫忙給美國隊在中山市解決三天免費吃住和訓練場地，因美國乒協是業余組織，沒有太多的經費，只能幫忙到處找關系化緣了。

與梁戈亮的巧遇，第一次是在日本橫濱的世界老人乒乓球比賽认识，因他在北京醫學院當乒乓球俱乐部教練，正巧我大學同班同學是同一教研室，說好到北京去他的俱樂部練球并合影留念（上圖）後來，北京大学乒乓球隊來美國參加比賽，賽後，全隊來到葉瑞玲家與美國的球迷聚會，與梁戈亮再次會面熱情暢談（下圖）。

2008 年，北京央視五頻道乒乓球組的記者來美訪問，左三是記者-周到與我們一起交談。

照片裡的故事（下）

左一是中國乒乓球隊的專職具有國際認證的攝影大師-齊大征先生，女士是中國乒乓球三傑之一姜永寧之女-姜小英，曾為廣東省乒乓球隊隊員，右一是我好友-楊志强先生，自己俱樂部的教练。

齊大師來美在葉瑞玲的俱樂部裡給我們照了很多我和我的球友-沈有成先生打球的照片，我和沈先生一起打了十八年秋。

杨柳，現為北京大學金融專業的學生，原國家隊女隊隊員，曾獲全國乒乓球比賽冠軍，也獲得"朝鮮公開賽"冠軍。

與美國共和党華人總部主席-陳本昌先生和夫人在纽约的辦公室合影留念。

這是我的高尔夫球遮陽帽,诸位明星在帽沿上簽字,這是一項十分珍貴的收藏品。

有人覺得我們和名人合影留念會提高自己的身價,土鳖意識,古話曰:命中要有只须有,命中没有莫强求。簡練的說法就是:"命中注定",不如自己在與名人交流中有意識的去學與你有關或你需要的知識不更實際一些嗎?

我感觉與各界人士接觸是個長知識和學習的過程,因為我和他們專業不同,經歷不同,感受也不同。所以在交談過程你會從他人身上學到不同事物的不同應對方法,學到在不同環境如何成長,會讓我们的人生路上少走灣路。

聊天過程是增加知識最好的時刻,在教室裡和書本上學不到的知識。

窖藏五十年的酒——我的金婚

　　中國的白酒我最愛的是圖裡的"瀘州老窖"特曲和"杜康",我昨天去"Costco"買零食同時買了如圖裡的五瓶葡萄酒(產地有意大利,美國加利福尼雅州和法國),$9.00-$15.00之間,一瓶日本清酒和一箱荷蘭啤酒($28.00)。最上面的是法國白蘭地-XO,是我們的摯友-李德欽,韓馨茹夫婦送給我們的喬遷之喜的禮物,這瓶法國白蘭地到我手裡放到現在至少有三十年以上。如果當初來美國帶瓶特曲至今也存有四十年,我沒遠見卓識,一晃來美國已是四十年,一眨眼就到金婚之紀念日,用窖藏五十年的酒的醇與香來比喻金婚的情長意深也算貼切。

我們是在一場由領導者錯誤發動，被反革命集團利用，給黨、國家和各族人民帶來嚴重災難的內亂時刻"閃婚"。時間是1971年9月25日，地點天津紡織工業學院-單身教職工宿舍樓。我當時已經是"516反革命分子"按人民內部矛盾處理，爲什麼"閃婚"？

因過了"十一"國慶節我會被再次隔離審察，所以閃婚！在那個年代就是少說話，抓革命促生產，四年裡完成兩個"產品"，以今天的眼光鑒定，可說是"精品"-兩件珍品"貼身"小皮襖。"金婚"就是五個十年，第一個十年的前五年是文革走向失敗的五年，是唐山大地震天災人禍的發生給文革畫上了句號。後五年教學逐漸走上正軌，恢复高考，但文革流毒殘留在腦中即深又頑固，從評技術職稱和漲工資現場就看出每個人的嘴臉在文革中是何等貨色。第一個十年最大的收益是有了四口的人家和結識我岳父母仁慈善良的一家人。第二個是我人生歷程中作的最正確的選擇-移民美國，經過四十年的時間考驗證明了一切。

第二個十年（1981-1991）是在美國重新起步和開始認識資本主義社會的真實面貌，是孩子們完成小學到中學的學習和成長的階段。

我們夫婦倆是適應在資本主義社會裡生活和工作，我們從國內在學校當教師到美國成餐館的洗碗工、堂倌、縫紉工，要渡過這一關，我太太是用淚水闖過來的。

孩子們從小學一和三年級開始接受美國的全面教育，我們非常感謝美國的教育和大社會的影響，在她們進入大學前的思想已初步形成，他們基本上就是純美國思想及生活方式，並摻帶一些中國傳統思想和思維方式。他們接受美國思想與教育的成果在第三、四個十年體現得淋漓盡致。

瀟灑退休篇（下）

　　第三個十年（1991-2001），通過在美國第一個十年的生活體驗，逐步已經適應美國的生活步調，我們的生活也有了很大的變化，兩個孩子都完成了學業，都有穩定的工作。我和我太太的工作也都進入正式公司和醫療集團工作，都有很好的福利待遇，在朋友們給於上經濟的幫助下，在1992年6月份於好學區富人區（Millburn, NJ）買了一棟獨立住房。我們的生活走上正軌，時間每日八小時，超時有150%的超時費，下班後去健身房，把體重由90公斤降到75公斤，至今保持在75-77公斤。

但也有不幸的事情發生在我們的生活裡-我太太在 1996 年 5 月份上班時，清潔公司擦地時，沒有在地面上放置"小心地滑，避免摔跤"的提醒警告牌，我太太一起身往前沒走幾步便摔得四腳朝天離地近一米高再跌在大理石的地面上，造成左腿股骨頸骨折，經手術、復健、拄雙拐、步行器、輪椅等輔助器械幫助日常生活的自理，經過幾年的努力，在朋友的細心治療和中藥輔助療效顯著，數年後脫離輔助器械自行走路，重新找回過去的信心。

二女兒大學四年級時，她去比利時的首都-布魯塞尔，歐盟總部所在地，她的專業是-"國際關係"和"政治經濟學"兩個學科，所以，選擇到這裡實習和工作半年。

這是我們在百慕大旅游時的照片，太多太多照片，只隨意選幾張，這個島國非常漂亮，是以旅游業維持生活，它是英屬殖民地，英聯邦的一個國家。

在這個十年中，我們回國探親訪友兩次（97和99），還去過一次乘游輪到"百慕大"，是我們來美國後，首次去美洲和日本旅游。

我們兩次去日本，第一次是1997年，第二次是2006年，照片的左上角和右下角是2006年，是我的學生-方凱寧開車帶我們和孟老師一起去富士山。

另三張是1997年去日本與汪天介孟麗文夫婦逛東京的新宿、橫濱等地。日本到處都非常幹净，無論走到任何地方，都是井井有條，所有的產品包裝都那麼精細經緻，買到手裡舍不得吃也舍不得用，因爲太像藝術品了。

照片裡的故事（下）

2000年在夏威夷与当珠港在人合影

第四個十年（2001-2011），我們去了美國本土的夏威夷，我們只在這島的首府-亨那露魯的珍珠港，這裡是日美戰爭的起源之地。當年日本不可一世瘋狂至極，最後，美國兩顆原子彈讓日本安靜近一個世紀。

瀟灑退休篇（下）

愛尔蘭首都-都柏林的街道

都柏林市政府

　　愛爾蘭的首都-都柏林，是我們當年在天津時的朋友-王錚孫玉華夫婦居住地，他們在這兒已經行醫多年，有一定的口碑和聲望，王錚大夫是中醫世家，伯父在天津是中醫內科專家，王錚大夫擅長骨科、婦科、內科，除家傳還在中醫大進修。我們去除多年未見，同時也請二位給我太太的情況診治。在他們二位的針灸按摩和吃中藥的治療調理下，加上我太太回美國堅持游泳鍛練，最後，終於擺脫輔助器械自行行走。

　我們在美國認識的第一家中國朋友-宋全功女士和她的先生-朱大新，她是隨丈夫工作由美國調到瑞士，他們的孩子在美國工作，我們在瑞士就住在他們日內瓦湖附近的家裡，晚上想吃法式西餐，開車十分鐘就到了法國，很近。這張拼圖上面一張是日內瓦街心公園，下面是洛桑-國際奧委會總部所在地，跳高架子的橫竿的高度是當時的男子跳高世界紀錄-2米42公分。中左是路曾兒市，晚上喝冷飲，中右是日內瓦湖畔。

瀟灑退休篇（下）

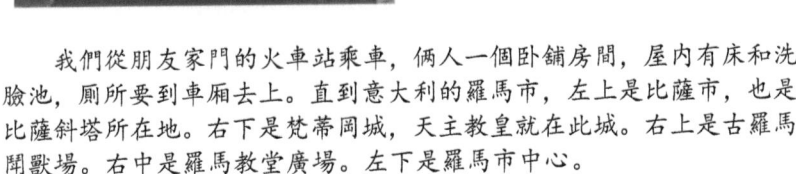

  我們從朋友家門的火車站乘車，倆人一個臥鋪房間，屋內有床和洗臉池，廁所要到車廂去上。直到意大利的羅馬市，左上是比薩市，也是比薩斜塔所在地。右下是梵蒂岡城，天主教皇就在此城。右上是古羅馬鬥獸場。右中是羅馬教堂廣場。左下是羅馬市中心。

左上我們的背後是巴黎艾菲尔鐵塔。左下是巴黎凱旋門。

右上在塞納河乘游河船。右中是在香榭力大道。

在她傷勢漸輕的這十年裡，旅游了歐洲的四國，再次去了日本，我們是在心情愉快到處逛，我太太還和 Lisa 劉、葉瑞玲等朋友乘游輪拉美島國玩兒一趟。

瀟灑退休篇（下）

　　在第四個十年中，我們的二女兒結婚了，右上我的大女兒是伴娘，右中是二女兒和女婿，右下是我們一家四口和我太太天津工業大學外語教研室張春生李貴華夫婦，他們現為"北阿拉巴馬州立大學"的常務副校長和教授。左上是外孫女和外孫（左下）。

　　我倆女兒到美國時是九歲和六歲，今天她的兒女都是十四和十二歲，比自己到美國還大六和八歲，我們能不老嗎？

　　金婚的十年（2011-2021），2011 年是我在醫院工作第十五個年頭，這一年 4 月 8 日集團董事長退休，我是他太太介紹來醫院給董事長開車，三年半後因我沒槍照不得攜帶槍隻，對董事長不能起保護作用，便轉回辦公室工作。我在醫院近十五年的工作基本幹得不錯，因是董事長帶來的人，總會給點面子，但董事長一退休，我的靠山到了，這點與大陸社會情況挺相似，于是做了膝關節置換手術，贏得半年術後假期，然後辦理退休手續，正式告別職場正式成爲自由人。

瀟灑退休篇（下）

　　這張拼圖的照片#1-#9 順序是由上至下，由左至右：這九張照片只有#1-#2 是 2014 年去美國的黃石公園和大峽谷，其它七張都是 2015 年我太太做完左髖關節置換手術後的照片，她再也沒出國旅游，最後一次是 2014 年回國探親訪友，至今她都在家休息，尤其近四年基本臥床，生活不能自理，食慾和思維語言都正常，尤其在 2015 年手術後到 2017 年生活不能自理，一直都是我在照顧她而且從沒有嫌髒嫌累，心情舒暢，此時我自己對我們之間的婚姻生活和家庭感情認知有了進一步的昇華。

　　第五個十年讓我很好的靜靜的回顧幾十年的婚姻歷程：

　　（1）我們雙職工，她帶孩子，做全家人的衣服（包括我岳父母的衣服），我負責做飯、洗衣服，過去我認為她是任勞不任怨，仔細一想，他比我累多了，因過去國內政策規定："分房以男方為主，入托兒所以女方為主"，您說政策的制定者是不是"絕戶"？口說為人民服務，便民，利民；實際就是滿嘴放屁，討好領導。我們在天津家住馬場道我太太每天騎跨斗自行車，帶兩個孩子，從河西區經過"大光明"渡口，乘擺渡過海河到河東區"程林莊路"的天津工業大學，一路要騎一個小時，一次她上班時過擺渡，因海河水位下降，自行車上渡船搭橋傾斜大，自行車向下衝我太太没那麼大的力氣拽住自行車，突然二女兒從跨斗車裡飛了出來，結果大女兒手快一把揪住妹妹化險爲夷，嚇得我太太哭了一天。

（2）我岳父是在我們婚期之前兩三周時得腦溢血，後右邊半身不遂，岳母是糖尿病重病號，所以，我太太下班回家路經岳父母家，她也有些累，孩子也愿意去姥姥姥爺家，她也看看父母有什麽需要，那時候縫紉機、電視機都是緊俏貨品，我家的這兩樣物件都是岳父母給我錢買的，在當年的價格也近三百余元。今天我自己到了老年，體會到老年時孤獨寂寞對老年人生活的傷害，是影響老人壽命的重要因素。尤其過年時，我太太姐弟如果都到齊也有十五口人，那連吃帶侃熱鬧非凡，岳父母是笑得合不攏嘴，像是一年的笑容都積攢在大年三十兒樂開懷。我婚後九年都是在天津度過的，雖然政治環境惡劣，但家庭生活氣氛濃，直到我們移民前兩三年，我岳父岳母相繼過世，二老的恩我還没來得及報答，唯一能做的就是報答在二老的家人身上。

（3）最應該感謝的是我太太，她與我結時是我被定爲516現行反革命分子之後，也多虧林彪在我婚前十二天墜機于溫都爾汗，此後，我再也没被隔離審察過，婚後一年零三個月我的工作調至天津，從此，不但有了家庭而且再也不過兩地分居的生活。

尤其到美國後，開始她不適應資本主義社會的關係和生活方式及生活習慣，每天以淚洗面，過一段時間逐步適應，加上生活也習慣了。後來，我們都離開餐館業，我開了十年的電召車後又到醫院工作十五年退休。我太太五年後就一直在時裝業工作直到因工傷退休。

我們能有今天的生活，我太太是首屈一指的功臣，她在公司（Nordstrom）時裝部門工作八小時後，再作私人家教-教授中文，回家晚飯後接私活替客人修改時裝，忙時一天幹三個職業，說句實話，我們今天的日子是我太太半條命換來的，我們應不應該感恩？今天由于她過多的付出而身體成了現在的狀况，我當竭盡全力照顧好她，報恩不分早晚，只要心到力到就是我該做的。

今天我能精力充沛的去照顧我太太，真應該說是得濟于四个字：堅持鍛練。從 1996 年 1 月 26 日開始在醫院上班，下班開始在健身房練習，五年後恢复打乒乓球至今堅持了 20 年不間斷，再加上從 2016 年開始恢复擊劍練習，除 2019 年和 2020 年我練習時老傷复發和發生疫情没参加擊劍全美競標賽，2017、2018、2021 三年我参加了三次全美錦標賽獲四塊獎牌，總算有所收獲。為了更好地照顧我太太，疫情期間不打乒乓球，不去練劍，每天走5.2公里，保持一定的活動量。

金婚一晃五十年沒了，我也不做鑽石婚的夢了，只希望隨心隨意的生活不管走到哪一站，老天爺說我到站了，該下車了，咱就快快樂樂的下車，漫步西行去也！

還是那句話："報恩不在意時間早晚和長短，而要始於心並立於行"。

致編劇、導演、演員們，別瞎編、胡導、亂演

在疫情這近兩年的時間裡，平時參加的體育運動走步（4.2公里），余下時間就是看電視連續劇做為消遣打發時間。

古裝歷史劇我不感興趣，距我的生活數百上千年，太遙遠和太陌生，只喜歡現代警匪、諜戰、民國時期社會生活、抗日戰鬥等題材的連續劇，因寫九十年代至今青年人的學校和走入社會的生活的內容都與真實情況有太大的差距，不是職場上勾心鬥角就是有工作的年輕人的住房和開的汽車與現實差距甚大。

【1】編劇：近十年，劇本內容的編寫有很大地改進，從過去脫離實際瞎編亂造，偽造和篡改歷史；一是八年抗日戰爭（7/7/1937-8/15/1945）改稱為十四年抗日戰爭（9/18/1931-8/15/1945）。二是手撕鬼子的荒唐戰鬥場面之劇情，腦殘編劇難道中宣部的審察官員也是超級腦殘？三是中國抗日戰爭是誰領導全國軍民進行的？？四是遵義會議後，紅軍二萬五千里長征北上抗日，試問：日本軍隊何年何月到過西北地區？希望編劇們在寫近代歷史劇時，最好寫真實的歷史，不要讓熱愛祖國的同胞連自己國家的真實歷史都不知道，別忘了，當今是網絡時代，你不寫並不等於海外國人不知道！

【2】導演：尤其五零以後出生的導演，對抗日戰爭和解放戰爭幾乎沒有任何認識和了解，把戰爭場面和諜戰中的戰鬥場面藝術化：陣地戰場面的拍攝在礮彈落下爆炸時，被炸到的死傷者都會做出屈體前空翻或直體後空翻的動作，人在死傷之時，人的大腦神經系統還能做出指令？讓肢體完成直體或屈體前後空翻動作？我的感覺是現

在的導演只有專業上的理論知識，生活及其它方面的常識有所欠缺，這也是新老導演之間的差距。

【3】演員：在五六十年代的演員拍電影，接到劇本後，開始認真閱讀劇本，了解劇情以及人物性格諸方面問題，根據劇情需要，還要去實際生活中去體驗生活，更讓自己的一切接近所扮演的角色。現在是追求票房，找什麼"小鮮肉"來演，男不男，女不女的，不男不女根本談不上什麼演技，所以，現代的職場內容的連續劇我根本不看，與實際情況相差太遠，看了只感覺挺噁心的。

疫情期間已經至今已有十九個月沒有去俱樂部練習擊劍和乒乓球，加上我太太的身體健康情況也離不開人，所以，就連高爾夫球也有幾年沒打了。反正是躲避"新冠"疫情，為了活命窩在家裡，管它瞎編胡導亂演，就當個樂兒來瞎看，我們也不想從中學到做人的道理，因為這方面我比連續劇裡演的強多了。誰也不知道這種日子什麼時候是個頭兒，為了消磨時光再湊合一年半載的吧！

寫給"常氏家族聚親情"諸位親人

我早些時間就想這篇文章給諸位親人，因手邊瑣碎事的耽擱至今才寫，寫這篇短文也不容易，咱高祖父-常殿元共有四子，這四位曾祖們的後代有幸相識相聚于今日，我不往咱群轉發自己或他人的文章：

（1）在群的親人絕大部分人都是年輕輩分大，所以，用詞稍有不慎就會成為對長輩的不尊不敬。（2）我們生活的大環境不同，生活經歷不同，對一些事情與問題看法不一樣，我不想給親人們帶來麻煩與不便。（3）我們常家的後代今日能相聚，應該感謝文革十年結束了，偽造的假歷史得到糾正，錯誤的理論被廢黜。（4）這個群只談親情不談政治，因為我們的長輩都是常家的後代，對親情我們的立場是相同的，政治立場可以有各自信仰的選擇自由。（5）墓園的建立成今日的規模，首先感謝政府發還常家墓園佔地，二是常焱朱星夫婦出資及常清輝的積極組織和熱心規劃與操持，讓我們常家後代有個集體寄托哀思和暢敘親情的園地。

最後，我聽取一些常氏後人的建議：可否在墓園入口加一塊"常家墓園"墓誌銘，說明我們常家這一支在祖先-常殿元和太夫人-張氏辛勤培養教育下，四個兒子成年後在政農商三界都爲東北的百姓做出貢獻。

我所寫可能有不足之處，希望各位長輩提出批評與建議。

請參考前文 《向常家列祖列宗說幾句"我的"话》

　　我是常蔭霆的曾孫-常叙庸，今天面對高祖父、母及四位曾祖父的照片，想説幾句真心話給如今安在世上的常家後人（包括我的长辈和所有親人），無論我的觀點對與錯，為什麼我選擇此時表述？一是近十年在親人不辭辛苦地努力尋親才有這麼多的常家后代子孫今日相認相識。二是我們的年齡都不年輕了，我不想留任何遺憾于世，所以，一吐為快，希望能與親人共享。

　　首先感谢我四叔曾祖父的後人-常焱朱星叔嬸（左四和左一）、常蟲叔嬸（右二和右一）以及常清辉（右三）等常氏家族的親人幫助才有"常家墓園"的今天之规模。

我們常家自己在當時社會大環境影响下，高祖父對自己的四個兒子的態度有所不同也就影响了他們後代人之間的來往。這些事情也是我來美國後，我二、三、四姑都在時與我們晚輩談論過老常家的上幾代的家事：高祖父對爲"官"長子和四子很爲重視而對在老家管理農田、學校和副業的二叔曾祖和在哈爾濱（或瀋陽）經商的三叔曾祖就有些輕視。其實，解放前，常家也没任何政治压力，大家是否有正常來往與走動？在北京的常家人少說也有一、兩個排的人頭兒，有多少走動？

　　話說："中國就是一盤散沙"，常家自然也躲不開這種局面，其原因除上述外，就是政治壓力和經濟即金銀財寶和固定資產所引發的問題。

　　（1）自解放后到我移民美国這三十二年裡，我从没見過除我父母之外的任何常家人，就在1980年我辦理移民美國時侯，突然，我爺爺的親侄子到天津找到我，此后时间不久京津兩地的常家親人有十數人或數十人蜂擁而至來到我面前。我一位也不认识，這是在政治高压下生活的结果。

　　（2）個別"貪"欲太重的親人侵吞他人財產的惡果：這故事是我來美前後才知道的，為什麽三十二年之間親人不走動的原因：哈爾濱的財產被侵吞，所以同住北京而没有來往。我爺爺與齐白石老人是挚交好友，白石老人曾赠给我爷爷不少字画，就放在客厅里门两侧的半高的大瓷瓶里，在全家遷往台湾前夕將所有白石老人的赠品存放在我奶奶的家兄（我五舅爷）家，親人再次到我舅爺家索取，多次無果我舅爺家实属无奈，只能將所有白石老人之赠品交與政府代管。誰都清楚這批畫的價值，少至上亿多至数亿，親人的"貪"欲不是一般的大，人品实属那种專幹"損人不利己"的事情。

　　政治是为统治者的需求所撰寫的，感谢正直的歷史研究人員與专家學者，更要感谢那些正直善良的東北老百姓們，他們能分辨出张学良不抗日的罪行，近十年也不再有连续剧爲张学良的罪行與纨绔子弟习气歌功颂德了。

我寫这篇文章就是一个目的：珍惜眼前这么多親人经过重重磨难走到今天的相识相認，这是多么的不容易，抛弃舊的與时代不相符的思想和认识，我们的长辈已經不在世了，他们的光荣事迹只能说是那个时代下的清官，是为平民老百姓鞠躬尽瘁的，是抗击外国入侵势力坚强柱石。他們应该是我們在世所有的後人之榜样。所以，我有一个提议：成立"常氏家族親人會"，首任會長請-常焱先生担当；副会长-常清辉、朱星；另外，還有哪些事情我没想到也请你们大家提出建议。

一句话："團結爲重，親情爲上"作为我们成立"常氏家族親人會"的宗旨爲盼。

祝诸位亲朋好友"虎年"阖家幸福、身体健！

今天阿姨给我理完发后，坐在卧室自拍两张照片，目前我们身体健康状况都挺好，美国疫情形势较为严峻，但我们比较小心，无事不出门，从 2020 年 3 月 5 日开始至今，几乎没再去俱乐部打乒乓球和練击剑，只是每日坚持在社区内走步约 4.2 公里（雨雪天除外）。

晚上就是看连续剧，其实，一天到晚基本都在看电视，除连续剧就是国内和国际新闻联播，有时也看美国的体育职业队比赛，我们看连续剧主要是解闷儿和逗闷子，什麽"这暖壶套是文革时才有的，怎抗日时期就用这种暖壶？"，看谍战片，突然发现敌情，怎么办？"打手机呀"！說句实话，连续剧的编剧真是浪费时间和才华，为了生活，要赚钱养家糊口，没辙，只能昧着良心胡编乱造历史事实，我们也只能当"白痴"，这也是疫情期间的一种生活方式吧。

这场雪不小，有尺八子深，瑞雪兆丰年呀！希望"虎年"万事如意！事事大顺！最大的愿望就是疫情能在"虎年"有个说法，让大家安心过日子。

在这儿给我们俩所有的亲朋好友拜年了！

人生警句就是打开自己烦恼之钥匙（之一）

既然无处可躲，不如傻乐；既然偏求不得，不如满足；既然没有净土，不如静心；既然不能如愿，不如释怀。

这四句话，即是自己人生的总结，也是人生路途的警句。不同年龄阶段，不同的政治环境，都会有这样或那样的的不同表现。

那年只有十三岁，刚上初中二年级。我自出生以来就从没离开过我的母亲身边，学前一直跟随父母身旁游走美国东西两岸，直到日本投降后回到中国住在古城-北平（今天的北京），此后七年里除北平外还随父母的工作去过东北的抚顺，后又于1948年冬随祖父母去台北临时避难，没想到竟是一生中再也没见到我的曾祖母和祖父母及三位姑父等亲人。我和母亲、舅舅和三哥于1949年夏季从基隆路经香港回到北京找到我父亲准备再去台湾，此时海空交通完全断绝，只能留在北京了，开始上小学四年级。

1953年夏季，我父亲的工作由天津开滦矿务局调入北京矿业学院基础课部任化学教授，此时并与我母亲离婚，我与三哥随父去京读书。十三岁的我自幼已被母亲的关爱没有锻炼自我控制力，独立生活能力。一到北京就住校，吃集体伙食，饭菜味道奇差而难以下咽，自己洗内衣裤袜，经常忍饥挨饿，对父亲与母亲离婚心怀不满，对继母品德性格满腹怨恨，当时发泄这些不满与怨恨只有两条通道：一是逃学，回天津去母亲处吃喝和发泄不满，二是在学校与同学之间稍有矛盾就会大打出手，虽然没有混流氓，但也属思想落后学习落后的学生。初中二年级结束时，我的成绩单是"满堂红"，可能也就是体育及格数理外语都是红色，当时我要是股民就发了。没办法，只有临时抱佛脚突击一下，总算补考及格有惊无险的升入初三，在初三我遇到了我人生里改变我命运的挚友、球友，初三我们一起从踢小皮球开始了我们的足球起步阶段，这一年踢下来战绩可观，以全胜无败绩结束了初中学生生活，而且在我即将毕业前夕（也是即将超龄的前夕）第一次混进党的政治组织-中国少先队的队员。

每个人都在生活中遇到不顺心的事十有八九，都需要发泄，但选择对发泄通道很重要；我选择体育运动项目在平日锻炼和参加比赛来发泄自己的情绪。另，也可选择出外旅游，国内外根据自己的时间和经济条件来定。

高博禹（右一）和我初二和初三都在一班，關宏凱（右二）初二和我，高都一班，初三就和湯志永（左一）一班，我们四人的关系一直保持至今。高中他们三人都是 65 中少年队和校队，我是踢一年 24 中少年队后就不踢了改打篮球。

这张照片是去年（2018 年 11 月份）在北京的朝阳门内的"東興楼"聚餐时的合影留念。以上两张照片相差七年，这张里有两位新人是大学的同学，王德泉（左二）和石國今（左三），他们都是球类系 58 届篮球专业，王德泉毕业后分配到北京宣武区業體校篮球教练，改革后改行当了中国的保龄球的教练。石國今分配到北京西城区業體校篮球教练，我称呼他是我党的贵族和绅士，技术好，工作踏实认真，不图名利，让他做体育系统的管理职位他坚决推辞，只做一件事，教小孩儿学篮球和更重要的是育人。他们二位是我敬重几位中共党员中的两位！这张照片有几个特点：1-除了石國今，我们五人都是北京市25中（育英中学）初中同学。2-我们的共同爱好都是球类（足篮球）。3-我们的友谊长存（从相识至今，年头长在61年到70年，1949-2019）。4-这张照片里的人都是"学而有成"在業内都属顶尖人物或是专家级人物，无论是在市级还是国家级。只有我例外实属另类，我是少壮不努力，老大图奖杯（牌）。少不更事，不成熟还不能约束自己，做事欠考虑，年岁大了，自我总结人路上的对与错，制定出我的人生新的战略战术，就是凭兴趣爱好进行锻炼。等到熬到大多数人能吃不能动，或是每天靠轮椅晒太阳，我这时再准备稍露峥嵘，来一下满足自己的虚荣心就收场谢幕了，掩盖一下少壮不努力的丑闻就行了，我也就舔着脸下台。我们一起几十年，是一拨儿待人诚实厚道，心地善良而且有良心知道感恩的人这绝不是自吹，而是事实。

　　所以，在自己的人生道路选择朋友和同路人很重要，你身边的人是为你解忧还是为你添堵，均在影响你每日的发泄方法与深度。

交朋友——诚信+包容（秘诀）

"在家靠父母，出门靠朋友"这句话流传于民间已有很长时间，究竟起源于哪个朝代已经无从查起，从我踏入社会至今使我受益匪浅，在当今谎话连篇假话满天飞的时代里，不管你有多大的本事，首先是"作人"，做人最重要的两个字就是-诚信，即作人要诚实要讲信用，这样别人才能走近你，

是否能成为朋友自己还要具备吃亏既包容的心，就是别人有困难你要伸手帮忙，去付出，不论是精力体力财力都要毫无怨言地去付出而不讲回报，否则那不是友谊而是交易。

高中同学，六位里只有两位是走读生，但与他们两个联系直到我移民美国，后来回国探亲还有联系，只有李增寿（下张左一）失联。刘焕文（下张右二）直到去年过世都有联系。余下就是我们四个人同居一室的住校生（上张三人加下张左二），直到1963年大学毕业后，李文尧（上张中间）分到沈阳部队"抗敌文工团"就再也没联系了，后来我再回国探亲访友得知周寿华，吕岳二位已经去世。周是我的篮球师父也是生活中的大哥，我们四人在高中的生活，他们都比我年长，的却在自我成长过程中，他们是我的良师益友。

1981年全家移民美国后，每日都在为一家四口人的生活打拼，后来认识了施敏、王令懿夫妇，其实我们的长辈是朋友，也有亲戚关系，我应该称王令懿为表姐，她的父亲-王铁汉（原国民党青年军司令）老前辈与我爷爷是好友，施敏先生与我们家也有远亲的关系（施敏、王令懿夫妇照片里的左一和右二）。

在1991年我表姐考虑让我们买房子，当时美国的房价在高涨十年之后开始下滑回落，这是买房子好机会，表姐借给我首期款，她的朋友-陈太太帮我找房子外还借首期款给我，曾在经济上帮过我们的还有万其昌、喻丽萍夫妇,朱大新、宋全功夫妇,徐祖文、凯夫妇,李德钦、韩馨茹夫妇,杨祖时夫妇等人。

万其昌、喻丽萍(右一、二)夫妇,陈太太(左三)参加我二女儿的婚礼时的合影。

如果没有朋友的帮助呵护而且是来自精力体力和财力上的支援,我不可能走到今天立足美国有房子汽车而且退休后吃喝不愁。在和朋友一起聚会聊天时有人问我:老常,你怎有那么多的朋友?。我想是我的性格决定的,我自认为生性率直性格开朗不会用心计(这样活得太累),有的人就说:和老常交往心里不用设防。要说与人打交道用心计,我还是屡战屡败,我的心计都用在打球上了,技不如人时只能靠用心计(即战术)来取胜。因为我的学生曾给我下过断语:常老师,你不适合搞政治也不适合做生意。所以,我自认为我不是个"帅才"而是"将才"。个人浅见让大家见笑了。

牢记三戒,過世外桃源的生活

通過一年半的疫情期間,中華民族的五千年的歷史沒變,過去是一盤散沙,今天仍是一盤散沙。讓我很難接受的是腦殘式的愛國主義觀點,既然我改變不了他人的觀點,只能自我约束,我的微信本着三戒的原則與大家交流:【1】戒發不戒寫：我今後所寫的文章，如果感覺有點敏感，都不在微信的"朋友圈"裡發表，對不同的觀點不爭論和發表任何看法。【2】戒轉發任何觀點文章，只轉體育、文藝、小品、魚鳥花卉一類節目。【3】戒看與己不同觀點的文章。免得生氣，與腦殘人盡量不交流，一不傷感情，二不浪費時間。

現在我居住的社區環境非常好，地廣人稀，每天走路多不到二十人少至不足十人，人之間的距離短有二十五米前後距离爲一百至兩百米，被傳染疾病的機率幾乎爲零。

我每天都在小區裏圍繞這條馬路走一圈。不管是否是在疫情期間，我居住的小區環境就是世外桃源，周圍環境非常安靜，過往車輛少，走路鍛練的人也少，一般少有是人多至二十人左右。我們小區对面有藥房，有銀行，有加油站和修車廠，離小區一和六哩處都有美國大型超市和美東中國超市，1/2哩處有中國餐館、外賣餐館和日本餐館各一家，也有美式快餐店，意大利餐館，總之應有盡有。世外桃源是指你居住地區客觀存在的自然環境和社會環境，真正能過上"世外桃源"關鍵是看"室內桃源"的環境如何？

顧名思義就是家庭生活裡成員之間是否和諧？一句話，就是家庭主要成員-男一号與女一号兩人搭戲是否默契？可以說我和我太太結婚至今四十九年，雖然"世界大戰"沒爆發過但游擊戰截長補短會發生，都是因爲對生活里的瑣碎事看法和處理方法不同引發的，所以就像中药-没有後遺症。

因為我是政治上的"智障兒"，我太太是政治上的"神經麻痹"加"腦殘",我們倆駕轅的馬車,在大道上一直是平穩向前,因爲我們夫妻二人生活方向、路綫一致,我们家的這輛馬車从未脱過轨今天我是"世外"和"室内"的桃源之優勢都具備了,我會充分享受上帝給我如此豐厚的禮物,我可以無愧的說:這禮物是我全家用自己的良心、善心積。

日常生活記錄

吃得要有营養、可口、適量。

【喝】-午前喝咖啡,午後喝茶,晚上睡前偶爾喝個小酒(半兩);

【玩】-打球練劍外加高尔夫球，開車旅游；

【樂】-每天都愉快放松的生活，自己的家庭歡樂，與親朋好友相聚歡樂，助人爲樂。

我對政治真是一點興趣都沒有,那不是我們平頭百姓該玩兒的游戲,我們即沒資格也沒資本,別給政客當棋子被任意擺布,不如自己瀟灑走完自己的人生路才是最最最現實的事。

與世無爭,快樂瀟灑走完人生路

这篇文章是我看完了【疫情下的"撕裂"现象】的观后感,我这一生里在六十岁时,第一次比较平和地认真地系统地对自己六十年的成长过程做个总结，对过去的对与错有一个清晰的认识，在处理问题和事情上也不象过去那样冲动和感情用事，脾气急与暴燥也改正多了。从此以后，我与亲朋好友一起相处，交谈都非常和睦友善，即使过去有过误解也都說开释怀。

在这场瘟疫到来之前，也有过对一些政策，政治运动以及个人崇拜等问题有过不同的看法，大家基本上是谈观点认识，没有过人身攻击，用词低俗污秽，因大家都明白我们活不到所争论的问题有正确答案的年月，感觉得到的情谊更为珍贵。可这次新冠肺炎来势迅猛，讓大家措手不及，

多亏及时做了封城及在家隔离的果断措施，使疫情传播的速度控制下来。在此期间，微信内容除了各地医护人员前往武汉参加抗瘟疫的英雄事迹报道就是新冠肺炎的源头问题，各派言论争论不休，而且消息来源的真伪又无法判定，再加上被隔离时间过长，人们的精神都快崩溃了，这场抗瘟疫的战争變成了中国人民对美国政府的"战争"，中國人民对旅居美国华人的"战争"，这样的导向是错误的，当前的主要问题是全国人民和全世界被瘟疫肆虐的各国人民共同抗击瘟疫，其它问题在抗击疫情取得胜利后各国自議。现在的微信群基本上没有三观絕大的分歧！因在文革期间已经按出身划分了中国公民的阶级层面，原来的一盘散沙到现在即使加入洋灰派到用场也是豆渣工程，為什麼在疫情中出现如此的"撕裂"现象，其根源就是建国后的历次政治运动直到顶峰的文革所遗留下的后患。长时间的恶劣大环境造成了很多丧失观察力的"脑残"們，他（她）們是这场"撕裂"的基础力量和高手（脑残级）。

试想一下，如果我们是生活在一个任何事情都要和政治挂钩的环境里，生活会有乐趣吗？我们都是七老八十的人了，过去挺水灵挺聪明的人，怎就活到今天没成老年痴呆却把自己變成脑残同志了，實在为这些曾为我的好友感到惋惜，人各自有命，听天由命吧！

"生命诚可贵，人间大爱价更高"，我们还有大好的时光等待我们尽情的去沐浴，眼前每天都有很多让我们老人能愉快的健身活动，也有学习各種技能的手艺班，何必浪费时间和脑残們制气呢。我就遵

照自己的想法去做:"与世无争,快乐潇洒走完我的人生路",所以请我的亲朋好友协助我完成我的心愿。

(1) 微信上与大家交流信息,只表述自己的观点,不要求他人接受或同意我的观点,只是不与任何不同意见者争论问题。或是你把我踢出群或是我把你请出群。

(2) 即使有不同觀点的信息发到我的微信也可以,内容词汇不要低俗,不要有脏字,不要有人身攻击。

希望大家保重身体,尽早完成抗瘟疫战斗。

在美国对照看孙男滴女新认识

2007年外孙出生,我太太在我女儿歇完半年产假上班后,帮助照看了半年到一岁送进日间托儿所。

在美国生活了三十余年,我们所看到和接触到的美国家庭,老人基本是不替子女带孩子,有时会因子女临时有事短时间的照看一下,为什麽中美两国老人对照看孙男滴女有着不同的观念?我想是两国生活方式与文化背景的差异,中国自古以来都是大家庭一起生活,老人都讲什麽三世四世同堂。而美国基本是以小家庭为单位的社会组合，只是在重大节日到老人那里去团聚。又比如生产后坐月子，美国女子不讲那一套，生完孩子就喝冰啤酒吃皮萨，我女儿也是生完就吃冰欺凌，我们跟她讲坐月子的注意事项，她有她的一套理论（产前有育婴学习班及阅读有关育婴的书籍）。

美麗的晚霞

　　這張照片是昨天傍晚用手機拍攝過數千張裡我認爲是最好看的，同時也是最有景色的一張，金色的陽光余輝映在白雲上，再晚幾分鍾出來，這景就沒了。剛要吃晚飯，一看窗外雪停了，馬上打開車房門搶拍到此景。

對"無產階級"的認識

"無產階級"這四個字是從1949年暑假之後昇入小學四年級才開始認識這個詞,以後又學到以這個詞組成的新的詞和口號;如:"無產階級聯合起來!""無產階級大團結萬歲!""無產階級專政"等詞彙就不一一例舉了,但其含意是經過七十二年至今才逐步認清。

從字面意思很容易理解,就是什麼東西都沒有-窮人,但這樣的認識是膚淺的,這個"產"字我認為應該包括兩方面:一是物質方面,二是精神方面。而精神上的"無產者"比物質上的窮人更可怕、可恨、更無人性而且極為殘忍。二次世界大戰後,由無產階級組成的社會主義陣營是如此的強大,經過四十五年左右,走上分崩離析的結局,堅持馬列主義的只有大陸中國、北朝鮮、蒙古、越南、古巴等寥寥無幾的個位數了。

社會主義陣營是想當世界的老大,但其最大的弱點是"貪""搶""霸佔",他們除了在物質貧窮,最主要的是文盲太多,知識水準面就低得可憐,就更談不上文化水準了。窮人的思維是受馬列主義思想的影響,一是"仇富",二是享受搶奪富人財產。我有一個問題一直困惑着我,世上究竟是先有的窮人還是先有的富人?

世上的富人是從窮人通過幾輩子的辛苦勞動,勤儉持家,省吃儉用,幾代人下來積攢的錢買田置地,逐漸成為生活有餘糧,生產有牲畜,手裡有存錢。大陸中國的"土改政策"就是消滅農村優秀農民個體戶,初期的農會的干部,自己本身就是二流子,為了證明黨的政策是正確的,讓御用文人撰寫"白毛女""地主莊園-劉文彩""半夜雞叫"掩蓋錯誤政策的實施,造成農村大量的冤案。下面我僅舉一個真實事例:我在1966年春天,我在北京西城區劉蘭朔胡同24號向賈姓房東租了兩間小房(一間西房八平米我母親住,一間南房三平米我住),文革開始後,不知從哪院來的一位馬大媽,一口的鄉音還雜帶髒話,一進我們這院就匪氣十足的吼道:"姓賈的搬出北屋住到南屋",讓我從南屋出來與我母親同住西房。我的那間小屋是給跟隨馬大媽一起入住本院的跟班隨從，這就是"無產者"一朝得勢，雞犬升天。

馬大媽是街道的小頭目，與39中學紅衛兵勾搭一起，將賈姓房東押解回原籍-北京通縣，並讓兩個兒子（二兒子-賈貴誠'工廠工人，三兒子-賈貴良，39中學生）陪同押解。後來，貴城和貴良回來後與我說了當時現場實況：當他們娘叁剛到通縣老家一進村，就被一群手持鋤頭、鎬、鏟的中青年人將兄弟二人與母親隔離開，把老人圍在當中就你一鋤我一鎬，片刻就將老人家打得血肉模糊後斷氣。聽得我汗毛都豎起來了，一是農村裡的中青年人，有多少人見過賈姓房東本人，房東本人是解放前就在北京居住了，他們聽風就是雨，哪來的如此之大的仇恨？這就是"無產階級"天生俱有的慘無人性的細胞。文革十年上億人被整並有上千萬被屠殺，一個沒有知識、沒有文化不懂科學技術的无产階級的人能治理好國家，鬼才相信！

馬克斯主義在祖國-德國都無人信仰，其它國家就不可能接受其理論，經過近百年的實踐證明，世界大多數國家都不接受馬克斯主義，社會主義陣營的老大都不信馬列主義，及早回頭還來得及，不要一路走到黑，撞到南牆不回頭。

中國的無產階級只是披着馬列主義的外衣，來實現當皇帝的美夢。我只想借用我同學的一句簡而明、深而透的話做為我這篇短文的結束語："封建王朝從未壽終正寢，溥儀也絕不是末代皇帝。"

劍道上的過去和未來

自1958年高中畢業，我選擇從事體育事業而考入"北京體育學院"，我的專業是擊劍。沒想到是個"短命"項目，1960年暑假我們58屆的擊劍專業就被調整了，只學了花劍和佩劍，直到五十五年後於美國新澤西州的"老年人奧運"，點燃起重新回到劍道上的希望。

潇洒退休篇（下）

自 2017 年 6 月起師從"美女教練"-趙雪，學習新規則新技術至今四年，參加五次全美比賽，獲得四塊獎牌（1次第八名，兩個第六名，一次第二名）。是在"美女教練"的鼓勵下和幫助下，總算圓了擊劍的夢想。自 1960 年起被迫轉專業直到 2016 年 76 歲再次重新拿起劍，回到劍道從規則，基本技術動作練起。我是"美女教練"教過的年齡最大的學員，也是聽話的學員，雖已是進入 80+的年齡組，我還有再走上劍道的衝動，實在摟不住就練重劍吧，反正我聽力減弱，在佩劍比賽時，我聽不見裁判員的比賽"開始"口令，總沒有"主動權"，重劍無所謂主動權的問題。

在我的心裡總有一點不太自然，不太心順，憋憋屈屈的感覺，其實這根兒就是跟隨教練寄他人籬下，沒有自己的-教練與老闆于一身的"根據地"。

2021年11月"美女教練"、老闆于一身的"白金擊劍學院"成立了，開始正式營業了，我作為中國第一代擊劍專業學員，能在异國他鄉，繼續作一名中國教練的學員，也是為了個人的興趣，我會經常來俱樂部與孫男滴女們練劍，盡力能為自家人的劍館做些義工，即滿足自己的愛好，又鍛練了身體，豈不是一舉兩得？

目前，趙教練的佩劍分小、中、大班，基本按技術和年齡分，每周一三是小班和初學班，二四是大中班（提高班），周五是全體學員共同練習。每次大課之前與後，都是趙教練一對一20或40分鐘單獨訓練，這是屬于"精雕細刻"提高佩劍技戰術最佳手段。"生意興隆通四海，財源滾滾達八江"，這兩句話是給公司商號新張對聯的內容，趙教練經營的業務是"白金擊劍學院"，不是純盈利為宗旨的單位，它是培養體育專項優秀技術人才的場所，自小就通過體育專項練習，提高身體健康水平和本身的靈巧、柔韌、力量、速度四大素質，同時，也為他（她）們走進"長春藤大學"積累了資本，這是多方面受益的選擇。

在我移民美國之前，我做了十八年的教師，業餘時間做過教練，以我個人的經驗與體會，趙教練具有豐富的國際比賽經驗，做過多年的專業訓練的經驗，對基本技術練習要求嚴格而且細緻，戰術上的技術組合，簡單、實用、靈活、多變。她是我從事體育工作以來，遇見不可多得的好教練，時間和孩子們的戰績就是最好的證明。

原北京体院武术系学生对老师仙逝感言

58届击剑专业学生-李孟华于六十年北体大校庆时合影（2013年）

五十年代王守刚先生的英姿

王守刚先生和黄占鳌先生在比赛表演中的一个冲刺进攻动作

李孟华：想办法把这两张照片加上，冲刺的那张是黄、王二位老师。

北体大六十年校庆（2013年）56届和58届击剑专业同学合影留念（右三为鲍隆威同学）

鲍隆威：惊悉敬爱的老师过逝，悲伤！

鲍隆威：感念，感动你对中国击剑运动发展历程的情怀及对两位先生的恩爱，敬重之情！同时，从中也感受到了老弟超群的记忆力，感悟力，和活动能力！兄自愧不如……

常叙庸：谢谢师兄的夸奖，记忆力已经减退，文章发表后，睡觉半夜醒来突然想起，还有一位前辈的人名忘记写进去，她就是倪珍珠老师。

我和56届击剑专业学长-刘中立与王守刚先生一起合影留念

刘中立：沉痛悼念王守刚老师：为击剑事业贡献了一生精力。万古常青永垂不朽！中立叩首！

体操武术系的同学与王守刚先生一起合影留念（左一是武术专业58届的吴斌）

吴彬：北京体育学院武术系张文广、林仲英、王德英、王守刚几位老师教授撑起了这几个专业的大牌才能使我们武术系所培养出的师资能在全国名列前茅为国家体育事业的发展做出重大贡献。我们应该衷心感谢和纪念我们伟大的老师！

（我为吴彬的感言做注解：因吴彬的感言里提到四位导师的名字，不是体院人人都知晓他们的功绩，就是武术系的学生也要是1965年以前的毕业生能熟知四位导师的功绩。吴彬只是替我们这一代从事武术和重竞技项目的教练员和教师说出我们心里对他们崇敬和感恩的话语。下面我就自己所认识的这四位导师情况向诸位介绍一些：【1】张文广教授是武术系系主任，在中国武术界是名家，擅长查拳，在1936年参加德国柏林奥运会的中华民国的体育代表团里有张文广先生。他培养的学生我只能说我们58届武术专业的情况，我们58级武术班的成员有两位一入学就在全国比赛中曾获得过名次，一位男生是门惠丰，一位女生是伍淑清，其他学员都是第一次接触武术项目。在毕业后，门惠丰留校任教，退休前已是中国武术十大名教授；吴彬毕业后分配北京什刹海业余体校，武术教练，后为北京武术队总教练，在中国武术比赛中连续十年荣获全国团体冠军，并培养出全国冠军-李连杰，吴京，甄子丹等明星级演员和世界武术锦标赛的冠军-姜邦军，因他们师徒二人前几年来过我家，所以认识。他是中国十大名教练之一；陈家珍毕业后分配到北京医学院体育教研室，是全国武术比赛的国家级的编排记录长和裁判，也荣获中国太极拳百名名教师的称号【2】林仲英教授曾是举重运动员，也是1956年中国奥林匹克体育代表团的举重运动员，他曾培养出的学生除留校任教的彭可光，裔程洪，万德光，李维善外，我们这届的刘福荣分配到黑龙江省体委任省举重队的教练，还有其他学员任省市队的教练。【3】王德英教授是我院和北京市摔跤队（包括中国式和国际的古典式，自由式）的教练，王德英教授曾获中国式摔跤的冠军，也是国际角力自由式摔跤的冠军。56级的蔡寅宝、吴振海、57级的章守律都是全国冠军，同时也是省队和国家队的教练。我们58级的摔跤班除一人受伤转到武术专业外，全班同学都是全国比赛的冠亚军，全班同学都获得

"运动健将"称号,林昭还是国家队的教练。【4】王守刚先生这里就不再多讲了,我前一篇文章已经介绍过了。)

右三是吴彬教练和他的弟子-世界武术锦标赛冠军姜邦军(左三)在美国的合影。

老頑童的雜談之二

談感恩

人這一生走的路是平坦還崎嶇坎坷不能說是定數,但有三件事情是任何人都會遇到和必須做的,就是"報恩":

【一】報答父母養育之恩:自我們出生之後,父母的撫育及教育,直到長大成人走向社會。孩子自小除父母遺傳基因是骨血裡先天帶來的,其餘就要看父母的教育、父母的自身修養、教養、文化水平,這是打地基而決定樓房層次的高低。

【二】報答老師傳授知識和育人之恩:從小學開始到大學畢業須十六七年,如果再念碩博士二十余年的學生時代生活凝聚了多少老師的幸苦傅出。我今天能頂天立地戳在這兒是條漢子,多謝數十位老師對我的淳淳教導,尤其成年後的大學老師、教練-黃占鰲老師、穆秀蘭老師、樂偉老師和龐志忠老師。就因對老師報恩的問題與同學有分歧,至今我不與他聯係來往,起因是我從美國回國探親訪友,與同學約好請老師吃飯敘舊，這位同學剛買一輛汽車，周末全家外出旅游，說好吃完午飯他們全家再出發，當我們從老師家下樓往餐館走時，沒來的那位同學打來電話說他們已經開車離京去旅游的路上。一個連答謝恩師都不懂，他還在意同學之間的情意嗎？

【三】感恩助於人生路上的貴人：我們家在美國四十年，如果沒有這些貴人的幫助，我們不可能有今天的小康生活。

照片中的施敏（左一）和王令儀（右二）夫婦是在經濟上幫助我們買房借給我們首傅款，房子的地址是富人區而且也是好學區，在這地區住了二十年我才退休，將住房賣時比買時漲了近三倍，否則，怎會有我們退休後的今日小康生活？

下面一張照片是我的學生-陳錚（後左一）和演員-雷恪生先生來美旅游時到新澤西州時，與我們另外兩對幫助過我們的貴人夫婦-萬其昌和喻麗萍夫婦（右二和三）與李德欽和韓馨茹夫婦（後前右一）一起聚會。他們都是在我們經濟遇到瓶頸時出手相幫以解燃眉之急，還有楊祖時夫婦在我向銀行貸款時給我做擔保人。至今已有十六年之久，一直幫忙給我們做股票的詹先生，使我們能一直保持小康的生活水准。

　　一句话：能活到今天，过着无忧无虑的生活，不能不提到我刚步入社会时，在北京女八中教书育人的九年里，经历了我这辈子最无人性的政治运动，多亏几位长兄大姐般的老师在政治上和生活上的帮助，他们有恩于我，我将永生记住他们於心里-还炳文老师、遲祥熙、陈志云老师、何艾生老师、譚英华老师等，也有老师的帮助是让我免于牢狱之灾而保住性命，只救命之恩能不终生以报吗？

　　"恩"對于我們來講，是終生要記得施恩于我們的人，要永生永世不得忘記，感恩謝恩都是永生永世，一輩子不夠就連下輩子，讓孩子們及後代懂得何謂"恩"？知恩才會感恩才懂報恩。

感恩節——闔家團聚

　　美國的"感恩節"有點跟中國的"春節"一樣，全家聚會，主餐是烤火雞，火雞價格不菲，但在十一月份的感恩節前在美國超市（ShopRite）買够$400食品就會得到一隻免費火雞，我們不吃火雞，就拿了火雞放到捐給窮人的食品箱裡。

　　明天是感恩節，今天孩子們都回來了，因孩子們學校不上課，早晨起來就跟平常上班一樣，開車回家，在路上吃早餐和午餐，下午兩點就到家了，平日三個人一下就是八個人，人氣十足，與過大年一樣的氣氛。

今天是感恩節，我已經沒有太多的精力做飯了，決定以從餐館訂飯菜為主，我大女兒炒三個菜，其中雞肉炒麵條和咖喱雞肉是兩孫男滴女的晚餐。我們大人享受：北京烤鴨、乾煎龍利魚、清蒸龍利魚、椒鹽肉排、XO醬炒豬頸肉、乾煸四季豆、豬肉炒酸菜粉兒外加鴨架熬的濃湯做的鴨湯白菜粉絲。

家庭自助餐，自選食品，自找地方，自挑飲料，一切從舒服、隨便、自由自在地品嘗，一切規矩禮數全免。

飯後，看電視、在手機上玩游戲、休息說話、淘氣的外孫女讓大姨用網子給吊起來在架子上。

兩年沒見，孩子們變化不小，外孫的身高已經超過我，他只有十四歲，說話聲音已是瓮聲瓮氣猶如大老爺門兒，再過八年外孫大學畢業，我就九十歲整，不知有否福氣走到那一天？何日還能看到他們，我看最快也要了明年。

難忘的回憶

今天收到我太太"天津工業大學"同事-周身健、王惠珍夫婦（左二、三）發給我們二十三年前，他們來新澤西州到訪我們寒舍野餐于後院的照片，我們因移民已有十七年沒見面了。

1976年唐山大地震後，因房屋被震壞，大家搭建臨建棚於校內，我們當時大家都住在一起，一幫活寶住在一起，加上文革压抑感，大家住一起真是其樂無窮，驅散了文革強壓在我們精神上的痛苦。

周王夫婦都是六零年畢業於"天津南開大學"，我於1972年底拿到調令到天津報到，也碰巧天津市業餘體育開展冬季冰上運動-冰球項目。頓時，所有的天津市冰球運動愛好者蜂擁而至在冰場上大展身手，有過去天津冰球隊的成員，有高校的師生，有工廠的青年工人及各行各業的冰球愛好者之盛大聚會。

周老師高中就讀"北京二十五中"（原育英中學），他那時就與他堂叔-周乃揚一起打冰球於"北京隊"，1956年考入"天津南開大學"，又成為"南開大學"和"天津市冰球隊"的成員。就因冰球運動的復活，周老師由工廠調入"天津工業大學"，他的到來對天津工大的冰球隊奪冠於天津市起了舉足輕重的作用。

瀟灑退休篇（下）

王老師一直都懷念二十三年前的那次聚會，因我太太是于 1996 年工作時摔傷手術後恢復時間較長，王老師來訪時正值拄雙拐助步行，我們抽時間陪他們去紐約市，那時世貿中心雙子座大廈還安然無恙的矗立在那兒，三年後的"911"夷為廢虛。

　　我們于周末開車去首都-華盛頓參觀游覽，白宮、國會山莊、林肯紀念堂等地，華盛頓與紐約商業城市有很大區別，畢竟是政治、文化中心，不同于其他商業中心給人們是五光十色的廣告，晚上霓虹燈的閃爍讓人看得眼花撩亂。

　　二十三年前，我們一生能有幾個"二十三年"？希望是在四個以上，我們已經走完三個半了，應該珍惜當下。"何日君再來"一起小聚，"美酒加咖啡"慢飲小酌怡情，很多值得回憶的往事：馬場道我家小屋每逢冬季的晚飯後，諸位聚在我家磨冰刀，最有趣的就是冰球比賽前和後的"鬥嘴"，那是在文革中最能解決"精神空虛"的美味佳肴，也是最有保留價值的回憶。

自製"聖誕節"賀卡

"聖誕節"在西方國家裡是一年中的重要節日,每年的十二月二十五日這一天就是"聖誕節",一是全家人聚在一起吃飯喝酒,也可以親朋好友在一起。

過完"感恩節"一進十二月,各家都忙于準備賀卡寄給家人以及親朋好友,因科技的發展至今,大家基本都會自己作賀卡,我二女兒很早就自己設計孩子的生日聚會邀請函和節日的賀卡,我女婿的父母每年都與我們互寄賀卡,今年的賀卡是他們-布朗家的"全家福"(下圖)。

左起四人是女兒一家4口,我女婿的父母,我女婿小弟弟一家4口(雙胞胎),最後是我女婿大弟弟一家4口。

这兩張是我二女兒"聖誕節"賀卡的前後兩面的家庭生活照片的組合。

下面六張照片是按"品"字型組合的圖片,最上一張是照完我女婿家的"全家福",没動地方就照了我二女兒的"全家福";中間是我女婿劃八人單漿賽艇(左);余下是孩子們"鬼節"和度假時的照片。

下面這張照片是一家四口爬上山峰頂時的留念合影,下左是小外孫女海灘休閒美拍,右是外孫參加暑期"野外生活"夏令營。

什麽是正确的"師生情谊"

難得今天早上七点钟醒了,八点钟便到厨房去"天天煮",之后,边喝边与国内亲朋好友童话问候,到近十一点时,饭没吃完就开始打瞌睡,只得上床睡午觉,可躺下又睡不着,只好起来接着混吧!今晨在与原来"鲁迅中学"男籃的同学聊天时,我们都感叹地说:"没想到一转眼的工夫我们都是退了休的老人了"。回想五十三年前新三届(69、70、71)进校,"复课闹革命"的口号下湧进学校大门,那年头哪能上课呀!"复课闹革命"就是瞎扯蛋,中央领导为了鞏固自己的权力而进行祸国殃民的政治运动。

这一代学生毁了,学生家长受到政治运动的摧残,老师同样也遭受迫害,大家在同一个没有理性、没有人性的社会环境里,作为老师已经不能正常上课,我只能凭自己的良心,憑自己老师的职责,我不能让孩子因家长被关进"牛棚"而无人管理走向邪路,我就是他们的大哥长兄,用我会和擅长的项目-籃球把学生吸引到我的身边,带他们打球,课余时间都用在球场上,使他们走在正道上。

照片裡的故事（下）

這张照片是我2018年11月回国探亲访友时，與男篮的学生和我大学同学-石國今教练（前左座）的合影留念。

这张照片是2012年左右，当时文革期间什麼都看出身，我招收隊員基本上都是出身"黑五类"的子弟，但他们都很规矩，懂礼貌，品质好，出身在我所管理的球队无效，这点上使用我自已應有可支配的权利。

2018年11月男女篮球队是相识五十周年后的第一次聚会，第一次集体出游是1971年夏，男女篮一起去"颐和园"，除爬"排云殿"走长廊，还畅游"昆明湖"。

在北京教了九年书，像我和焦娅琳老师（前排左三）这样带球队的，大家一起像兄弟和姐妹一样，教会他们一种锻炼身体的技术，也是正常使用业余时间，又可以不犯错误的发泄怨气，是那个错误时代使我们可以生活下去的一种是师生相互支持、相互鼓励，共同渡过精神上的"牢狱之灾难"。

在文革中曾有人说我们的师生关系不正常，我可以武断地为我们这种师生关系下一断语："新中国成立七十二年以来，我们这种师生关系可以说是绝版，也只有我们这一代人可以做到。今天回头看一眼就明白了，我们做老师的用体内仅存的贵族精神，激活了我们师生体内残存的绅士和淑女的细胞，共同脱离错误的阶级斗争路线，筑成了一个保持五十余年纯洁地师生情谊結晶"。

我们这一代人能较好地完成教师工作，首先，感谢父母傳给我们的优良基因和给予良好的家庭教育；二是要感谢文革前"十七年资反教育路线"的教育。文革前的毕业生在人品和道德素质諸方面水平高于当今，该骄傲就骄傲，这是我受到的教育-家庭教育、学校教育、社会教育的结果，值得骄傲。

為纯洁的師生情谊永存点个"赞"！

合理投资与最佳选择

"合理投资"对我来说是新课题,所谓投资就是如何合理的使用自己的工资裡积攒的余款,我由小到大真正开始接触"资"是从1953年9月上初中二年级住校直到1963年大学毕业分配工作后,我才开始接触到如何合理分配使用工资,

到我考虑"合理投资"已经是我参加工作50年后,退休了,过着无拘无束地自由自在的生活,政府给我们的退休和工伤赔偿金已经够我们的"吃喝住",可"玩儿乐"的钱从何处来?掏腰包花老本儿?

即又想玩儿,又不想掏腰包,只能找另外财路,我很幸运选择请到朋友帮我做股票,十余年来,90%都是赚钱,只有两年赔了钱(万余元至两三万元),有钱要用的合理,我投资在"吃喝玩乐"上,也就是参加体育竞赛而且自己有兴趣的项目,"吃喝玩乐"是最好的养身,我从不看电视的"养生节目",我也不受微信的养生文章影响,我就按自己定制的养生内容来生活。

"吃":猪鸡鱼虾牛和各种青菜与水果(苹果、橘子、香蕉、梨和枣),另补有维他命:A、B-12、B-2、C、D-3、E,做到各种维生素

均衡攝取。

"喝"：不喝各种汽水，每日早晨一杯濃咖啡，其余时间都喝茶（綠茶和花茶）。酒-我喝酒是有条件的，必须有我喜欢的下酒菜，没有下酒菜我不喝酒，可以说没有瘾，每次只喝一种酒，啤酒-只喝荷兰啤酒"汉尼坎"一小瓶；葡萄酒每次只喝一小杯（4盎司）；白酒每次一盅（半两）。

"玩"：在这方面我只喜欢体育运动项目，击剑和冰球另加足篮排三大球，我到美国后，真正参加体育锻炼是从工作变更为一天八小时工作制开始，1996年春季开始恢复锻炼，直到今日。开始只是走步练习，后来又改为到俱乐部利用器材练习力量，走步和慢跑，有时也去乒乓球俱乐部打球，2001年在俱乐部遇到北京来的球友，我们俩一直打到现在（二十多年，疫情期间停止活动）。击剑是从五年前（2017年开始参加美国击剑锦标赛）至今，疫情期间也停止了练习。

每年四次家庭医生签约服务-验血、常规身体检查，一次心脏科检查，一次眼科检查。这些年来我基本上没得过病，要感谢自己的生活比较规律，运动量适宜的体育锻炼。

"乐"：借用我太太的一句话："你是在美国过中国的日子"，这句话的中心内容就是我不吃西餐，只是吃中餐，不看美国新闻，只看体育职业队的比赛。

我必须移民到美国，理由如下：（1）我们常家二十口的大家庭，分居海峡两岸，十五口人在台湾，五口在北京，七十年代我家台湾亲人全部移民至美国和加拿大。（2）政府不喜欢我们这样家庭的人，要想活得好，离开大陆是我唯一的出路。（3）我不适合生活在大陆这种制度的国家里。

我生活在美国，等于生活在一个与世隔绝的环境里，我基本不关心美国的政治，在美国生活四十余年，我只参加过一次总统选举，每届新总统就职典礼后，我只记得总统的名字，副总统和其他政府要人的名字我一个也不知道，我与他们无关。中国跟我的关系也没什麽大不了的，对国情不张口，不评论，各自过好自己的日子。

一句话："没心没肺，活着不累"。

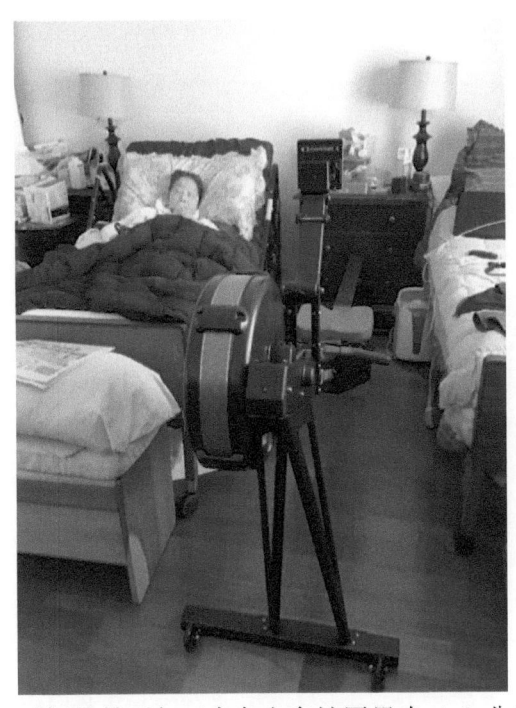

因我太太近五年身体健康狀況有所下滑，2014年最后一次回国探亲访友，至今只能靠人照顾每日的饮食起居，我每天起床后，煮完咖啡后就回卧室陪同我太太看电视-"北京你早"和国际新闻节目和连续剧，从我起床至晚上之间十五个小时都要陪我太太看电视、説話、她随时会要喝茶或是咖啡，尽量满足她一切生活上的要求，真正我的时间就是下午三点左右在社区里走4.2公里（須50分钟）。我想一个办法，买一个体育器材-划船练习器，近三米长，放在我们二人睡床之间（如图），边锻炼边陪伴，这样我的身体健康情况大有改进，由疫情期间增加到178磅的体重，经过一年多时间坚持不懈的锻炼，现体重已下降到163磅，身体感觉很好。

我感觉自己给訂的很适合自己的养生与健身计划，待今春疫情有所好转后，恢复正常锻炼，身体健康状况会更上一层楼。

"人贵在要有自知之明"

人生〈上〉（1940-1981）

到今年4月8号我们家移民来美已是第四十一年了，从两千年（即2000年）我六十岁开始在工作中的空余时间，在业余休息时间裡，我会经常自我反省-三十五年在国内的人生经历（1946年夏至1981年4月8号，有三年是在中華民国时期生活，有三十二年是生活在目前的大陆中国），十四年的学生生活时代，十八年的走进社会在九年中学和九年大学完成我这辈子最喜爱的公职-"人民教师"。

实事求是地讲，在大陆十七年的"资反教育路线"（1949-1966）培养出来的大学生，就以今日的眼光来评价，不论是业务和人品、道德素质、各方面都是高水平，我能有今天的一切，首先是感谢我的父母亲，我的优秀基因来自于他们；二是感谢所有教过的老师，他们不但教授了知识和技术技能，还在如何做人方面给我很大很好的影响。我这一生走过来是坎坎坷坷，在国内我是死路一条，没出路-出身"黑五类"，无产阶级掌权，我的出身是资产阶级即为"天敌"，"天无绝人之路"正当此刻移民美加两国的姐姐、哥哥和姑姑们找到我们，一年后于4/8/1981我们一家四口顺利移民美国，重新开启了我后半生的新命运。

人生〈下〉（1981-20XX)

来到美国后，见到了在美国的大姐、二哥和二姑及居住加拿大的三姑和四姑，與家人相见无比兴奋和高兴，倾诉分离三十二年来的一切家庭变革与遭遇。

自来到美国后，首先是适应资本主义的国家生活方式与习惯，同时也和姐姐二哥及姑姑们谈论了很多常家的事情，並从老家吉林梨树县档案馆的材料显示，我家这支从高祖父-常殿元，他有四子即我的曾祖父兄弟四人，我的曾祖父是大哥-常蔭廷、二叔曾祖-常蔭敷、三叔曾祖-常蔭恩、四叔曾祖-常蔭槐，到我的祖父輩的人數我都数不清楚，因除我的曾祖父没娶姨太太，其他三位曾祖父都有二房三房，所以各支確切人数各支自己能清楚。

四位長輩中，兩位為官（我的曾祖父和四叔曾祖父），二叔曾祖在老家掌管常家产业，三叔曾祖父在沈阳（或哈尔滨）经商。常家在中国近代历史有记载，主要是记载我的曾祖父和他的四弟二人事迹，主要是写四叔曾祖父-常蔭槐與张学良之间的问题以及被张学良谋害的前因后果。

來美后逐渐了解常家从高祖到我們這代五代人家的数十年的经历和变化，对国内为什麽给张学良如此高的评价？还写剧本拍连续剧宣扬张学良的所谓功劳？

随着时间的推进，有些历史的假象浮出水面，说是揭密也好，纸里包不住火也好，總之近几年更正几十年以来教科书里的错误历史资料-真实的历史资料是中华民国总统-蔣中正先生领導国民党軍隊取得八年抗日战争的胜利，"国民党蒋介石从峨眉山下山与我们抢夺抗日战争的胜利果实"，欺骗中国人民几十年的假历史资料，到最近几年才颠倒过来。

张学良一个吃喝嫖赌毒都俱全的纨绔子弟，为什麽在新中国被如此捧為座上宾？这位花花公子此生可能就做对一件事-发动"西安事变"活捉蒋介石促成国共两党联合抗日！

张学良刺杀他父帅-张作霖的身畔重臣及杨宇霆和常蔭槐一事，在历史上称謂"杨常事件"，但这段历史只有在东北地区，尤其是辽宁的沈阳，很多人记得这段历史，现在已无人能说出当年"常家"的事情了。我回忆起两件事可以说明东北人大部分人都知道"杨常事件"：(1) 1958年，我在北体大上学时住在南一楼，临进出口把角的一间房子是邮局办公室，当年的那位职员姓吳，一次我去邮局取汇款时，他问我一句："你是东北人吗？"我答："是"，他又问一句："常蔭槐是您家人吗？"我答："是，是曾祖父（我从没见过我的曾祖父，也不知道他的名字，故此回答有误）"，他急忙抱歉地说："冒犯了，我曾是铁路局他老人家的职员"。(2) 我毕业后在北京女八中工作，一次校办工厂的金培远老师在去食堂的路上相遇，他问了我一句："在沈阳我们家的邻居有位常蔭槐和你们家有关系吗？"，我说："是我的曾祖父"，金老师站在那儿两眼直视我，还微微摇头说："不会有你这么大的曾孙"。

这段历史已经过去快百年了！我都是听长辈说的，今年我过生日就八十二岁了，虚岁就八十有三了，我自己的孩子都不知道这段历史，今天几乎没有人还关心"杨常事件"及"西安事变"，長辈的辉煌是他们的人品素质与智慧并存在人与事上的具体呈现，與我们晚辈没有任何具体关系，要说有那也是经过几代人的基因遗传，祖辈的优秀基因传至我们这代人，我们如果做得好，会有人说"祖上有德"，如果做得不够好，也会有人说"上梁不正下梁歪"。

我们自己的祖辈辉煌年代都已是百余年前的事，今天我们只能凭自己的本事"吃饭"，我们的祖辈与当今的圣上不同种不同根，没有任何披陰留给我们来乘凉。

百年之后的今天，切记走吃技术飯这条路，任何朝代都需要技术，同时也需要"奴才"，但"奴才"表面上看光鲜亮丽，一但站错队，马屁拍错地方，马上滚犊子乃至丢命。在美国这四十一年让我的思想逐渐清晰透亮，而且懂得什麽才是真正的人生，什麽是幸福？什麽是自己人生最大的追求？

常家的过去就是政治棋盘的一粒棋子，时间过去了就变成了"弃子"，后代的我们今日都是凡夫俗子，就要按着"凡夫俗子"的思维方式去考虑自己的人生路应该如何走？我们活着的根在哪儿？在自己的家庭！我们活着就是要活得幸福、快乐、健康！我家过日子不是给别人看的，那是无产阶级穷人的思维方式，把北京城搞的成"四不像"，北京人提意见，无产阶级领导说："我们建设是给外国人看的"。

我清楚自己的路走对了，爱恨自己做主，没人可左右我，即使我太太近几年身体健康情况不太好，但孩子们的关爱给她巨大的精神力量！

常荫廷，光绪初年随父来到奉化（梨树）县刘家馆子屯定居，清末举人，曾任龙江道尹、黑龙江省政府参议等职。常氏祖先早年由云南迁入山西，后又迁至山东青州府寿光县。家族先人在北魏时期就入朝做官，唐朝官至宰相。

常家辈辈习武，老祖宗常凤鸣、烈祖常汝现、三伯祖常汝理都在武术学校受到过专科训练。"科第联绵，声名洋

我的曾祖父——常荫廷之遗像

溢"，常家先人武功得到国家的认可，获得荣誉证书。常大成也身怀武功绝技，是侠肝义胆之人。在《绥化县志》中对常殿元这样介绍："公弱冠随父适奉省梨树县，因而卜筑焉，松茂竹苞，室家宁谧，椒实瓜瓞，嗣续蕃昌，戚里啧啧羡之"。

常荫廷是高祖常殿元长子，二弟常荫敷、三弟常荫恩、四弟常荫槐。常荫敷在家乡经营家业；常荫恩在哈尔滨开设钱庄、商号等；常荫槐，奉天法政学堂毕业，曾任东北陆军总执法处处长、京奉铁路管理局局长。兄弟四人生育13名男孩，17名女孩。男孩中常赞彝、常宗彝曾任陆军营长；常炳彝（我的祖父）曾任密云县知事；常焜彝（我的叔祖）曾任直隶省长公署秘书；常鼎彝亦为军界人物；还有常端彝、常宣彝、常栋彝、常林彝、常桐彝、常溥彝、常俊彝、常忱彝。孙子常伦五、常伦典、常伦政、常伦夏（我的父亲）、常伦厚、常伦序等。

常家在黑龙江讷河县拥有大量土地，相传"日初骑马出发巡地查地号，直到日暮天黑尚未到达边界。"可见常家土地面积之广。常荫敷及后人在刘家馆子务农，其余子孙在外地，或读书、或工作。

解放前夕，常家大少爷常赞彝和六少爷在刘家馆子守祖产，两个侄女在公办小学教学。1947年3月，梨树县土改工作队用手榴弹炸

毁了常家大院西侧的老爷庙，把在国民党军队里当团长的"常五大刀"常鼎彝押回本地正法。常赞彝及妻子、儿子常伦建、女儿常静怡被赶出常家大院，后安置在村四队一农户家的西下屋。常伦建因腿脚有残疾，后在村服装加工厂做裁剪，文革后期被批斗。

北京体育学院体操系不平凡的58届

韩桂兰

2014年在韩桂蘭（左二）家后花园合影

我们都是1958年考入"北京体育学院"，她是预科，我们在校有五年时间是共同训练和生活，但相互不认识。我们首次见面是2013年的"北体大六十年校庆"，也是我们58届毕业50周年，会后，我就和我太太（61届）年级的同学聚餐。我太太同班同学基本都是58年考进北体的预科，1961年基本都升入本科，我们在学校西门的"天外天酒楼"吃饭，正巧，包间里是58届预科的同学聚餐，我太太的同学-于芳宴告诉我说：我们预科有一体操留校老师在美国，这样我和韩桂蘭有的初识并交换了电话号码。

我们在八年中的交往，基本上是靠微信，有时通电话，尤其是2014年春季，我太太的跳高班同学-白二宇夫妇来美国旅游时，到赌城-拉斯维加斯时，受邀到韩桂蘭家聚会。在她家我看一本刊物，上面介绍中国首次参加奥林匹克夏季运动会，我才知道她是中国艺术体操队的教练。

通过八年多的时间交往，大家彼此之间有了进一步和较深刻的了解后，我感觉到她很低调，也很谦虚，我就上网查有关她的材料，结果没有，让我很诧异，一位国家队的教练，居然没有任何资料？我打电话询问此事，这才引起我对她的事情越发感兴趣。我也有在体育新闻界的朋友，我便向他们询问，与此同时，韩桂蘭的女儿和外孙女也在网上查找有关自己母亲和姥姥的信息。结果是参赛的运动员的名字是对的，但教练员的名字是张莹？我就直接向她索取有关她的一切材料，才知道她就是一位不可多得的好老师和优秀教练员。

我只能用"概括"二字来介绍一下北体大成立近七十年（1953-2023）而少见的这位女才子：从 1958 年考入预科，她实际上就是保送进入了预科，到本科 1965 年毕业，七年系统的术科与理论课训练与学习，1958 年入学时还是体操白丁，到 1961 年取得体操"运动健将"的称号，真是"天才"细胞加后天的努力结出的硕果。

现在我就综合述说一下韩桂蘭的成绩，可以归纳为：（1）她是中国艺术体操首次建队的三位教练员之一。（2）1980 年她首次带队在全国艺术体操比赛中获得团体和个人项目的冠军，才夺得走出国门去参加世界比赛的权力。（3）1981 年带领中国艺术体操队首次赴德国幕尼黑参加第十届世界艺术体操锦标赛，我们第一次走出国门，在比赛中，队员-邵佳与 99 名国际运动员竞争取得第 24 名，从而踏上了国际比赛舞台，（4）1983 年带领队员们在法国第十一届世界锦标赛上队员-邵佳取得了个人全能第 21 名首次夺得了我国艺术体操进入 84 年洛杉矶奥运会的参赛权。

参加第十届世界艺术体操锦标赛:纪念章

此两张是她1980年首次夺得全国冠军，1981年在德国慕尼黑比赛中获得全能下24名，并首次为我国在世界锦标赛中夺得参加洛杉矶奥运会的参赛权。照片是她在国际比赛中的照片。

（5）她是北京体育大学第一个带领队员进入奥运会的艺术体操教练员和艺术体操项目。

（6）为我国艺术体操培养了很多优秀运动员和教练员，为我国艺术体操的发展做出巨大的贡献。

（7）在国内外重要比赛上我的运动员共夺得41枚金牌、29枚银牌、19枚铜牌（共94枚獎牌）。

（8）在国际重要比赛中为我国升起五星红旗十一次。

潇洒退休篇（下）

1984年十月在美国明尼苏达波利斯比赛时获得团体冠军，我们三个运动员在领奖台上，紧在一起的下张照片是我拍的入场式时的中国队。

（下图）92年在武汉的大学生运动会上我们代表体育大学比赛获得冠军。

一个做彩带的女孩郭莎莎在四大州锦标赛中获得四块金牌。

她与集体队员七名在体育馆外训练表演后时的一张合影。

潇洒退休篇（下）

这位运动员-夏燕飞，83年她母亲来找我说如果认为她女儿不能出成绩就诚实告诉她，她要把女儿接回湖南队去！我告诉她，不要着急，再过二年她一定会夺冠。果然于1985年获得全国锦标赛全能冠军！还有在全国运会及其他比赛中获得多枚金牌！国际比赛中多次获得银牌和铜牌。自我移民美国之后她出任中国艺术体操队总教练多年。

這是夏燕飞在一次国际比赛中获得二银一铜牌时照的照片，左边是李燕右边是教练-韩桂蘭老师。

韩桂蘭老师1965年毕业于北京体育大学，副教授，体操协会会员，体操运动健将，体操国家级裁判，艺术体操国家级裁判。艺术体操国家队教练，曾帶队参加1984年美国洛杉矶夏季奥林匹克运动会。她在八年的运动员生涯中，曾获七枚金牌。在十四年的体操教学训练工作、国家青年队教练二年、艺术体操教学与训练十六年、任艺术体操国家队教练十三年，她有丰富的工作经验，培养了一大批优秀运动员和教练员。并于 1978 和 1987 年援外任泰国和埃及国家体操队，艺术体操国家队教练，并参加了第八届亚洲运动会，任第八届亚运会委员会副主席一职。

中 国 体 操 协 会
ASSOCIATION DE GYMNASTIQUE DE LA PEPUBLIQUE POPULAIRE DE CHINE
9, RUE TIYUGUAN, BEIJING
TEL: 86-10-67156797   FAX: 86-10-67156795

韩桂兰女士系北京体育大学副教授，中国体操协会会员，1961年获体操运动健将称号，1963/64年全国及全国体院的体操锦标赛上夺得七枚金牌，从事体操教练工作14年；从事艺术体操教练工作16年。她教的队员在国内外比赛中成绩优秀，如81－85、90－94年全国锦标赛连续获全能冠军；在92年北京四大洲锦标赛夺得个人项目四枚金牌。84年为中国奥林匹克艺术体操队教练。以下是她近30年及在中国国家艺术体操队所取得的教练工作成绩。

1978年 泰国国家体操女队教练和第八届亚运会体操技术委员会副主席。
1980年 全国体育院校艺术体操比赛获集体冠军和三项冠、亚军。
1981年 第十届世界艺术体操锦标赛全国选拔赛（全国锦标赛）
　　　　　个人全能、棒圈三项冠军、个人全能、集体二项亚军。
　　　　　第十届世界艺术体操锦标赛（德国）个人全能24名。
1982年 中国第一届"百花杯"艺术体操比赛（上海）二项冠军
　　　　　全国艺术体操锦标赛全能冠军、亚军。
　　　　　"兄弟杯"国际艺术体操邀请赛（日本）个人全能第14名。
　　　　　中国、加拿大艺术体操比赛个人围操冠军、全能第三名。
1983年 中国第二届"百花杯"艺术体操比赛三项冠军、二项亚军。

还在报刊杂志写文章搞调研，对专业和普体的工作开展有很大的推动作用。并于 1990 年出版了自己的著作－"人体律动的记忆"。而且，她除普通话还会说广东话、英日俄语，像这样的成绩和业务的"人才"，你们大家说评一下，够不够读"硕"念"博"？但为了国家的体育事业，而牺牲了"学位"，有人为你鼓掌喝彩吗？

我写的都是看来和光鲜的一面，实际光鲜的背后是流着止不住的泪水，有才华的人遭她人的羡慕嫉妒恨，"不是被泪水淹没，就是熬干泪水重获新生"，想知道我将要说什麼值得深思的事吗？用材料为证，便可回答和弄清问题与疑虑。

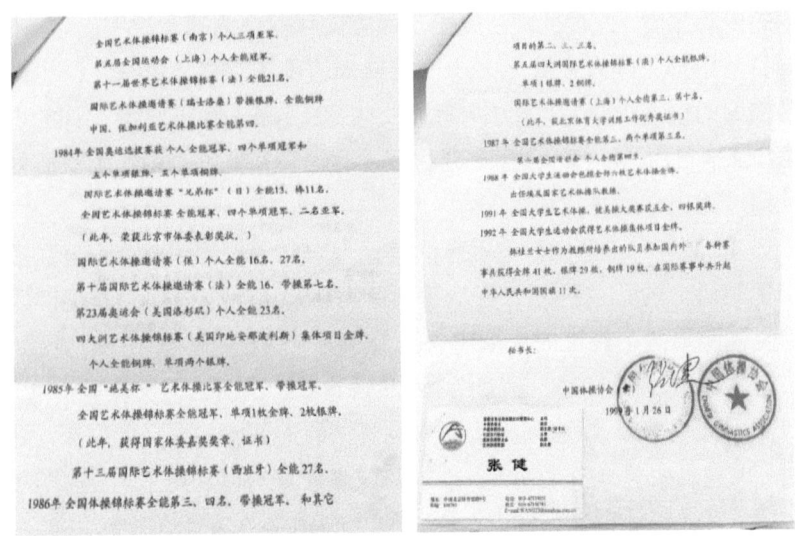

用三份材料为证，就更有说服力，证明她是一位从优秀的学生走上工作岗位，而后又成为优秀教师和优秀教练员，都已是颐养天年的年龄，伴有体操专业高管和主管的推荐信和自己的著作为证，不必在意他人的不实直言，只要对得起自己的良心、上对得起天，下对得起平民百姓就算我们这一生没白来一趟！我们本身就是生活在一个嘈杂的环境中，不必理会周边的"噪音"，按自己的生活既定方针愉快地走完人生路程。

《打賭》與《情人》讀後感

退休後的人手中有大把大把的不是金錢，而是比金錢更有價值的-"時間"。

一個月前，剛過完"感恩節"，孩子們大大小小全回來團聚過節，目前美國疫情形勢稍加嚴重，孩子們就不來回跑了，避免有被傳染的可能性。我依然和往常一樣，起來後，首先是"天天煮（咖啡）"

"看微信""吃首餐",與文革的每日老三篇(天天讀)一樣,我這是現代版"包(爆)三樣"。邊喝咖啡邊看微信,花了半個小時看完了《打賭》《情人》,感觸良多。

【1】正值國際宗教節日-聖誕節來臨之際,與往年不同的是從微信的內容來看,大有批判聖誕節是西方文化對中國的腐蝕與侵略,不知目前中國大陸有百分之多少的人能知道中國有部"憲法",也就是國家的根本大法,"憲法"裡明文規定:中國公民有宗教信仰的自由,言論自由。目前,社會上究竟有沒有信仰和言論自由?大家心知肚明,說出來就犯"忌"了。

【2】看完《情人》你就會清楚地理解到過去的歷史有百分之多少都是偽造的?說百分之百是誇張擴大化,但有很多關鍵歷史問題就是隱瞞事實,偽造歷史欺騙人民群小?

【3】不跟沒知識、沒文化、人品素質缺斤少兩的人交流與溝通。我想用德國總理-默克爾女士對馬克思主義的解讀做此文的結束,她說:馬克思主義本身是空想,被野心家歪曲並加以利用了。它的階級鬥爭、專政等都有暴力傾向,是反人類文明的。它的公有制或共產主義更是虛構,只能通向奴役之路。壟斷一切生產生活資料再剝奪個人私產,公權就可以為所欲為,人們無法反抗。前蘇聯正是典型,集舉國之力與文明對抗,他們注定會失敗。

北京体育学院体操系不平凡的58届

我在大约两年前左右写过一篇"北京体育学院武术系不平凡的58届",最近我得到有关体操系58届(本科和预科)的同学在职时的一些优秀事迹,因我们的年纪都不年轻了,很多同学已经驾鹤西游去了,我非常愿意把他们为祖国体操事业做出贡献的优秀事迹展现给校友而不愿意为他们写悼词和追思回憶。

我第一位要向诸位校友介绍的是贾志一（左三）老师，毕业后分配到东北的北体99名毕业生之一。

(1) 贾志一

在去北体前我在北京什刹海业余体校学习三年体操。上图为在什刹海体育馆前合影。

哈尔滨第五十一中体操队于 1964 年 11 月参赛市少年体操比赛时，荣获男子团体和女子团体亚军（上图）。

分配到哈尔滨五十一中任体育老师，于 64 年 9 月组建体操队，11 月参赛市少年赛时，分获男女团体亚军，65 年参赛分获男女团体冠军，下面照片为参赛后师生合影留念。

1966 年 3 日 2 日刊登在体育报上，头版头条，有编者按语。

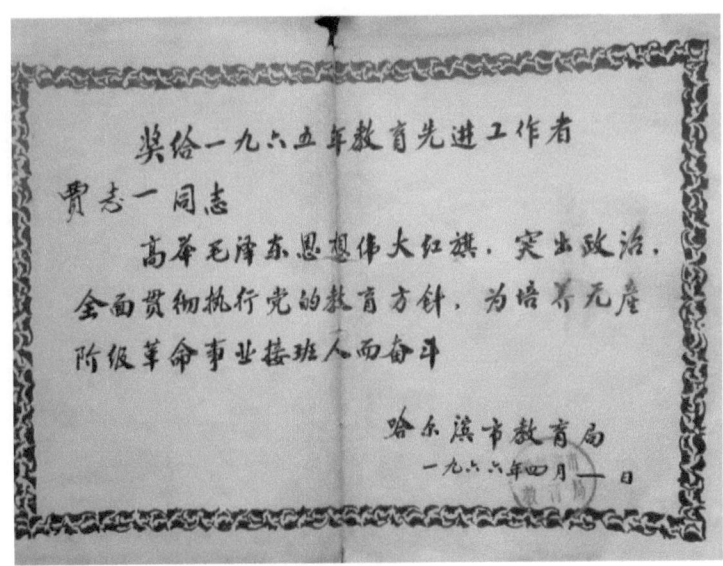

获市教育局奖。

1972年黑龙江体育运动学校成立，为了自己学的体操专业，贾志一调到该校。开始做近一年的排球队的身体训练老师，后他组建了体操队。

1977年第一次在长春参加全国少年体操比赛我们男女队都获得了团体第二名，吉林第一，北京第三。

后来他又带领队员参加了杭州比赛、广东江门的世界中学生体操选拔赛，可能是由于成绩突出，体操素质强，整体超过他们许多，于79年我们被省体操队接收了，我留在省体校变成了教务科科长、支部书记，兼师资班体操课。外面是每年两次全国体操才判工作。

照片裡的故事（下）

十四岁的体操国手——左 虹

左虹是我市继幸奥华、张艳云、赵秀琴、孙小珠、张珍之后，第五个女子体操国手，她今年十四岁。今年2月，在苏联举行的"里加国际体操邀请赛"上，她获高低杠第四，在刚结束的全国体操锦标赛中，她又获平衡木第四、高低杠第五名，全能成绩进入了今年十月在南宁举行的全国体操锦标赛甲组比赛的资格，成为我省唯一进军南宁大赛甲组的运动员。

一九七〇年，左虹出生在我市动力区，父亲在船舶工程学院任教。她从小天真、活泼，能歌善舞，在幼儿园时，她才六岁半，她聪明伶俐，接受能力强，调到省体操队后，这棵幼苗更加茁壮成长，一九八二年，她已晋运动健将。这年，被调到国家体操队。

左虹在国内外重大比赛中曾多次取得优异成绩。一九八〇年九月，全国少年业余体校体操比赛在我市工人体育馆举行。十岁的左虹喜这次比赛中崭露头角，她和伙伴们一起拼搏，夺得女子团体冠军，她的精彩表演，给家乡人留下了深刻印象。

一九八一年五月，在法国举行的世界中学生体操比赛中，她勇夺金牌，一人独得平衡木、高低杠两块金牌，并和队友一起获得团体冠军。一九八二年九月，在澳大利亚举行的"太平洋沿岸国际体操锦标赛"上，她获女子全能第三名，五年来，她获得我省和国家共奖二十九块金牌。一九八二年，被评选为我省"十佳"之一。

（武文）

体坛家乡人

79年我隊被省体操队全员接收 80年左虹获全国少年体操冠军，81年在法国的世界中学生比赛中获得团体、平衡木、高低杠冠军。上图为在法國得冠时的照片，下面为报纸的报导。

这是在沈阳全国第二届青少会做才判工作住地门前留影。

这也是全国体操赛会上，北体老师和同学在赛场留影。

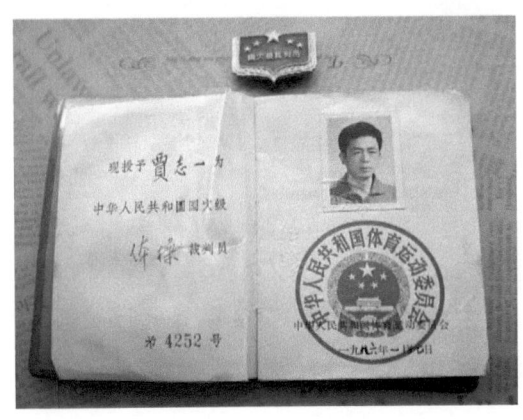

这是国家级体操裁判证章和证书。

这是全国优秀才判员证书和省教师荣誉证书。

退休后，我到北戴河由中央民族学院退休教师主办的舞蹈学校教了一学期半的课，后又在北京朝阳区体操学校教了一年半，同时利用课余时间，兼职中央音乐学院附属舞蹈学校教学一年，最后回哈尔滨在星萝芭蕾舞学校教学两年。

"这一辈子也就这样了"。

最后这句话，说出心里憋屈的话，光鲜的背后是不为人知的黑暗，数日后，我们接着说。

北京体育学院体操系不平凡的58届

（2）宁重君

重君学友是我们58级毕业生被分配到教育战线上所有优秀教师的代表，自1953年建院到1966年文革，在这十三年里，1958年招进的预科和本科生，無论在专业技术水

平、专业理论水平，就今日回头检测评定，也得說就平均水平來讲是高水平高质量的一届，但也有在校厮混五年，当老师也是没正形，一句话：就是一名人生里遇到过路的小丑，混子一个。

珍贵的回忆

这是一０一中第一批体操队员，从63年组建训练三年就文化大革命啦！66年就上山下乡了。至今还珍藏着当年的照片，当时有高中男，女隊和初中男女隊，在海淀区竞技体操均获团体第一名。今天大家团聚回忆当年。无限感慨，时间过的太快，永远记住在体操隊训练的日子。

昔日的师生"情"而如今的朋友"誼"

近期因疫情造成大量得闲时间，微信的内容没有什么可看的信息，都是不疼不痒的问候，每天千篇一律不咸不淡的人生警句。真不如活动活动我自己脑子的思维能力，避免老年痴呆找上门来，在学校教课的时候，我教了三年那倒霉催的"文革"就来了。

我 1963 年 9 月 30 号分配到北京西城区第八女子中学，直到 1972 年底这九年先女八中，1968 年改称为"158 中学"，后又改称"鲁迅中学"至今。

我在北京和天津各教九年书，学生的年龄是 1946 年-1956 年之间出生（七十六岁-六十六岁之间），与她（他）们相处分三个阶段：

上图是小学到初中的同学，下图是高中同学。

暑假女排集训，讲解下手发球动作要领。

〈1〉武松与虎（1963-1966）：我从小学到中学共十二年都是在"和尚"学校念书，虽然在大学五年经过了"大老虎也挺可爱"的阶段，毕竟那是单兵作战"一对一"，按程序规矩走也不犯错误，一下掉进狮虎山裡，我自己言行諸方面小心謹慎还是被"特务"背后打小报告给党支部，与几位年轻新分配来的女老师说笑聊天。

<2>人魔共舞（1966-1968）：在人民日报社论发表后的一夜之间，原清纯可爱的少女，骤然变成青面獠牙满脸横肉的魔鬼，手持木棍或挥舞武装带，毫无人性的抽打出身黑五类的所谓阶级敌人。她（他）们的父母遗传给他们的"匪性"基因此时剧烈膨胀，使她们丧失理智，撕下遮羞布再也不需要遮掩，獸性大发毫无人性的结束他人的生命。没想到时至今日，不是楼房蓋多了，是为他们和他们的后代蓋的牢房蓋少了。

鲁迅中学男篮和男女篮聚会于 2018 年 11 月-北京

〈3〉良心与人性同在（1968-1972）：文革在这几年里已经失控，大批的家庭被文革整得四分五裂，家长被送到外地劳改，孩子留在家中无人照看，哥哥姐姐照看弟弟妹妹。我被隔离审查后，定性为"5.16现行反革命分子"，按人民内部矛盾处理，我又开始教课并课外带男生篮球队，我招收队员是家长被关进"牛棚"受审查的学生，出身所谓"黑五类"的学生，让他们学习篮球基本技术，在篮球场上发泄够了，让情绪平静下来而不要犯错误。他们即是我的学生也是我的兄弟，我也是替他们家长管理他们，不要走错路而误入歧途。

1972年底我的工作为了照顾两地分居，调到"天津教师进修学院"，第一批学员都是文革时的老高三和高二的学生，而且党员人数占很大的比例，这批学员的人品素质、知识水平、文化水平都很高，几百名学员工作至今，我只听到有两三位学员犯错误。

这两张照片是"天津教师进修学院"于1972年招收的第一届学员来自各地的兵团知青，两次聚会相隔十五年（上-2018年11月、下2003年10月）。

这一届学员是"天津教师进修学院"空前绝后的一届,也是唯一的一届,学员年龄 24-25 岁,不但知识水平是高中毕业生,而且体育运动水平也很高。

1973 年"天津高校排球联赛"中,进修学院男排在决赛时负于天津体育学院男排获亞軍;进修学院女排以全胜战绩荣获冠军(上图照片是获得冠軍後合影于教学楼前),篮球男队在与河西区 1972 年前六名比赛时,已战胜第四至第六名,因毕业就终止了参赛。足球是同学们自己组织一支球队与天津体院足球队約一场比赛在体育学院,结果进修学院获勝。

后来进修学院与天津师范学院合并组建而成今天的"天津师范大学",文革后,这届学员基本上都参加了 77 和 78 届的高考,现都已是教授、工程师並退休,与他们一直保持联系至今,他们也是我所保持联系的文革后唯一的一拨大学生,而且是我人生中非常敬重的学员。

他们就是:昔日师生的"情"而如今朋友的"誼"最佳人证。

这两张照片间隔十五年,下图是2003年在北京崇文门外的"钱柜"聚会;上图是2018年在北京南池子与东华门大街交口处西南角的一家自助餐厅聚会。

2003年秋季,与我当年做班主任的71届六班同学合影

潇洒退休篇（下）

这张照片是 2006 年在北京隆福寺的"娃哈哈"餐厅女八中老四届（65-68）运动队（乒、排、篮球）同学和老师聚会。

2017 年秋季，69 届学生-扈宝年及黄芳芳到美国出差时，同时到访我家，他家堂兄和弟弟都是我的学生。

2018年11月与六班同学一起在北京聚会-涮火锅

与 69-72 届的学生相识至今已有五十四年,他们也都是祖父母辈的人了,经过文革的冲击,经过几十年生活的磨练,他(她)们都经历了社会各种污秽感染，也加强自身"免疫力"，终于没有进入"老人变坏"的队伍裡。

经得起时间的考验，让我这当过老师的人，可以骄傲地说一句：我对得起学生的家长对老师的信任，我也对得起自己的良心。他们也终于在时间的考验下，明白由我们之间的"情"冶炼成我们今日之间的"誼"，是我们共同的愿望，祝愿我们大家"虎年吉祥、身体健康"。

最后，我个人最深的体会就是自己活得明白了，我活得好与坏，不是为了给别人看的，就像我写自己的人生经历，我知道自己吃几碗干饭的，我写文章是为了让自己的思维能力保持经常活动，我的记忆能力强，成为我太太攻击我的目标：他的脑子好使就是记女孩子的名字。我说：这辈子妳记男孩子的名字永远都赶不上我记女孩子名字的1/3！开心，逗闷子，找乐子，孩子孝顺，我们夫妻之间从不谈政治，因政治不是我们平民百姓所能玩的东西，你永远也做不了国家的主人，家庭和睦、快乐就是国家的平静安稳。

戴口罩——中国国际电话线路"疫情"严重

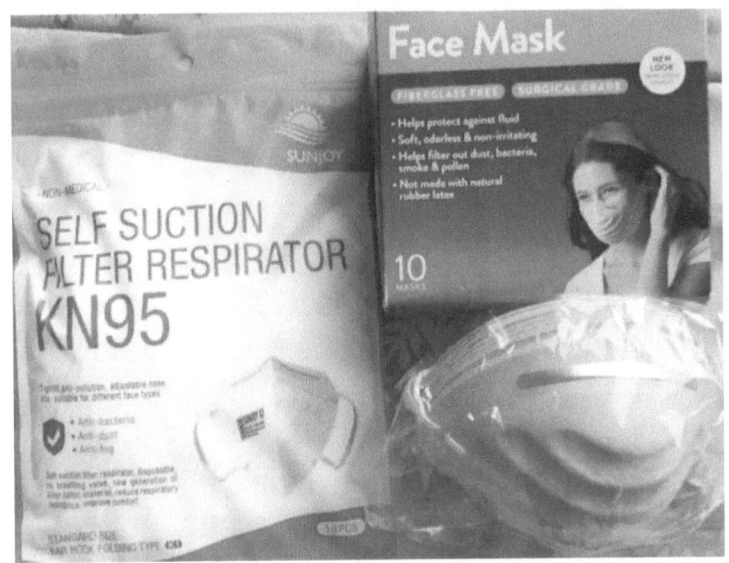

下面这段话是我国内亲朋好友发给我不接电话的原因,在此我表示深刻的歉意,给朋友们带来精神上的困扰与压力,我等待解禁自由时刻的到来,畅谈于大洋两岸。

"谢谢您的理解!有什么需要我的地方您尽管说!我定全力去办!吸取当年反右斗争的经验教训。不上当!什么大鸣大放?言论自由?那都是妄议党和政府的罪证!不是不报,时候未到!我们政策是秋后算账!您在文革还少让他们秋后算账啦吗?吃一鉴长一智!是这个意思吧?(没事儿!就是被网警警告了两次!不让接境外电话。被监听了!)"

> 提醒:您刚刚接听的电话0019733788891为境外来电,请注意辨别,防范风险。取消该短信提醒请回复"9"。
> 短信/彩信

我今天才知道自己有这么大的威力,我一个"体轻言微"的平民百姓,与朋友在电话里交谈时,说到一些社会的不良现象表示气愤!试问:我们说话内容有反党反社会主义内容吗?二是对社会不良现象的问责是爱国还是卖国?三是想问一下,你们喜欢是奴颜婢膝会查颜观色的奴才,还是说实话的人民?民间俗语:"不做亏心事,不怕鬼敲门"。我的电话说不垮"无产阶级政权",除非你们自己争权夺利,贪污腐化,自己做垮政权,你们用枪顶在老百姓的脑门上,政权再垮了真是老天爷开眼了。

从今以后,我不再往"朋友圈"裡转发他人的微信和我自己写的文章,我写的文章会选择性地发给亲朋好友,欢迎大家到我的"朋友圈"观赏他人的微信信息,有的内容真是值得一看,盼望"鬼可以再次上户敲门"的日子早日到来!

这是我在与朋友通话时,他的电话就出现警告提示!

我們的好教練、老師、大姐穆（秀蘭）先生

穆先生是天津著名游泳世家的長女，一家兄弟姐妹八人（四男四女），在五六十年代有六名子女都是我國冰泳雙壇的名將，名教練員和裁判員或體育工作者，也有百米蛙泳世界紀錄創造者。

穆先生（12/6/1929—12/22/2019 享年九十歲）是 1953 年北京體育學院成立時，由北京師範大學體育系畢業前夕調入北京體育學院直至退休，把畢生精力獻給我國的體育事業，我國以最短的時間從東亞病夫而成為世界體育強國，老一輩的體育工作者是我們的榜樣，他（她）們太累了，祝愿他（她）們在天上樂園安靜地休息吧！

我們是 1958 年考入北京體育學院，當年中國正處于頭腦發熱的狂熱時代，我院也進行了改制，由原來的體育系和邊西蹈某砂磴 I 成立六大系，即田徑系、體操系、球類系、水冰系、武術（重競技）系和體育理論系。我們 58 屆冰上專業前後共七名（六男一女），我是在困難時期武術系的擊劍專業被取消後于 1960 年 9 月轉到水冰系的冰球專業。當時滑冰班的教練是穆先生，我因不能約束自己，生活上較為自由散漫，我挺怕穆先生，雖然練習還是刻苦認真，但因她是黨員，也可能是那個年代經常搞政治運動留下的"後遺症"。的確，穆先生對我們要求比較嚴格，我感覺是對我們思想上的要求，也就是世界觀是否正確。

自我們全家移民美國後，前二十餘年忙于奔生活，直到孩子大學畢業，工作穩定之後，我們無論從精力上還是財力上都允許我們到各國去旅游，所以，2003 年參加體院五十年校慶之後，幾乎每年都會回國探親，也就與穆先生接觸交流多了，也讓我感到她除了在教學過

程中嚴肅不苟言笑的一面，還有生活中的大姐與小弟情誼深深的一面。與穆先生除了聊學生時代思想不成熟和成長過程中存在的問題，也談到當前學生與我們那個時代之間的差异和存在的問題，通過二十余年的無障碍交談，我們與穆先生不僅師生情誼更深，而且也是亦師亦友，不僅聆聽老師的教誨，時而也與穆先生開個生活中的玩笑，她就是我們的良師益友。

1997年回國探親訪友時，到體院看望穆先生和她的先生-賈世儀院長，并一起共進午餐。

讓與穆先生歡樂的時光影像永遠留在我們五八屆滑冰班每一位同學的心裡。

五八屆滑冰班：穆余劉鄭馬臧常
　　　　　　　秀志長大維士叙
　　　　　　　英和江成善達庸
　　　　　　　12/26/2019

敬請摯友、兄長葛立斌老師一路走好！

請葛新全家、葛育全家和葛鳴節哀！

葛老師為人厚道，凡是天津工大（原天津紡織工學院）認識葛老的教職員工，說到葛老爺子時，都會說，那可是好人一個呀！他是一名虔誠的天主教徒，他的人生歷程，可以說是成功、幸福、圓滿，我們將永遠的懷念你-葛立斌老師！

永遠記在心裡的人——陳卓昭

"天津市教師進修學院"成立于1972年春末,為天津解決中學師資問題,從老高二高三的下鄉知青招生,有數學、物理化學、中文、地理、政教幾個專業大隊,陳卓昭就是被招來的學員,我工作調到"進修學院"時已是1973年1月份,我與陳卓昭一直是同事關係,沒經歷過師生這段關係,他基本在"保衛處"工作,他的工作從始至終可能都受他父親的工作性質影響-天津高等法院院長,所以,從留校的"保衛處"到師大"法學院"的副院長,都是與政法界有關的工作,陳卓昭對這種工作環境毫不陌生,加上他性格成穩,為人處事甚為低調,所以,他獲得大家的一致好評。

從知道陳卓昭病逝的消息至今,已經五天,可每天都是陳卓昭的影子,與他交談不多,確在一塊踢過足球,他挺喜歡體育活動,踢球時,他跑起來追球全身緊張,非常認真。本來首屆學員最大特點就是黨員多,猶如在中央黨校教課,與學員相處沒有感覺到誰是黨員,文革前在媒體上曾介紹優秀黨員幹部-焦裕禄,雷鋒、歐陽海等人,畢竟是經過筆者潤色修辭加工寫出感人的文章,我沒親自見過也沒與媒體報導過的人接觸過,但在我的現實生活裡,我遇到的是全都生活在我的周圍,每天接觸得到,有語言的交流,他(她)們的言行讓我心裡舒服，讓我從心裡佩服，没有黨員的架子，我接觸較多有感覺，讓我敬佩的：郭進軍、宋長霖、陳卓昭、呂永泉、文秋、韓天錫、張楠、喬麗娟、賀慧玲、徐伯良、任玉辰、馬占魁、張書田、張盛力等，有的同學名子一時想不起來了。他們每一個人的事蹟寫出來，也都够模範人物，我就是每

天都跟模範人物在一起工作，從各方面都會受益匪淺

與這些楷模的學生相比，我們"進修學院"的黨委成員裡除韓天錫、喬麗娟和宋長霖是學生外，余下幾位都是參加革命于建國前的老同志，呂國忠書記和一位王姓七十歲左右的副書記，二位老同志每日兢兢業業的刻苦工作，平易近人，説話態度和靄，在文革中，態度鮮明與群衆緊密團結。我從進入"進修學院"始至文革結束，我幾乎就没見過高寳山副書記的模樣。首次語言交談是"唐山地震"後於師院的六里台北院，凸顯此人既没知識又没文化，怎會在文化教育機構"混飯吃"？怪不得一直在家泡"病號"！

明天就是卓昭兄弟的"頭七"，我與他同事多年，對他的人品、素質、涵養我們大家都有共識，這樣優秀的同事以後就少見了，我還是那句話："十七年資反路線培養的學生要比改革開放後培養的學生品德要高尚得多"。

讓卓昭兄弟的一切永留我們心中！祝我們"進修學院"首屆同學們保重身體！

老頑童的雜談之一

自 2011 年以來已退休十年了，這回有時間玩兒了，前五年打高爾夫球和乒乓球，後五年着迷上擊劍加乒乓球，體育活動讓我身體一直保持健康，精神愉快。

2015 年前，我太太的身體健康狀況一直挺好，我們基本回國探親訪友多，2015 年我太太做完左腿股骨頸後，基本上沒有再做國際長途旅行。

2014 年回國探親訪友時，遇到亦師亦友的 69 屆學生－扈寶年和黃芳芳二人，並邀請我們去"釣魚台"國賓館轉轉。（下張照片）

我與我的小劍友賽後的合影，年齡差距為 70 歲

2014年在北京通縣，我們58屆六位（我太太是61屆）北體大的同學聚會，去年關宏凱（前左一）王子琴（前左二）因病去世。

近七年裡，只有我於2018年11月回國內一次，何日還能回去看看？翹首以待，希望還有機會。所以每日大家在微信上的信息量增加，互通疫情防控"情况"，以及親朋友好的一些生活狀況，相互了解大家放心。

與此同時，自有微信以來，過去一些偽造的歷史浮出水面，但對信息的發表內容相對比過去管制要嚴格多了，即不得"妄議"和"敏感話題"不要碰觸，因為大家生活環境不同，政治環境不同，所以要格守當局的要求，不得趣綫。我轉發的盡量是文藝體育、幽默段子為內容的信息。所以，我很理解為什麼我寫的文章都沒評論，不找麻煩。文章就是為了看，寫的人就是為了遛遛腦子，看的人高興就看完，不高興就不看，各取所需。

何谓智者？即在人生路上隨時調整自己的思路與腳步能與社會相符而形成保護色，在這方面，我的學生是我的老師，也為我做出了榜樣，我充其量也就是個說實話的傻子而已。在現實生活中學習如何保護好自己，實際上就是在生活中不斷總結和檢察自己人生路上的思維與步伐，無論對錯都要及時修正，最主要學會用"忍"字控制自己，學會即為"智者"，否則，永遠當一名說實話的"傻子"。

老頑童的雜談之二

敬佩？同情？憐憫？

美國的"感恩節"即將到來，因疫情關係與外孫和外孫女都兩年沒見面了，這倆從女兒發來的照片看，已經長高了，估計可能超過我了，十四歲就有一米七的身高，成年後必定是一米八的個兒。

"感恩節"在美國是家家吃烤火雞大餐，我們來美四十年只吃過兩次（自己只烤過一次），吃不慣，後來，在孩子和洋女婿的要求下，乾脆改成吃"北京烤鴨"持續至今。

在積極準備過節時刻，在我家照看我太太的阿姨請我們幫忙給國內寄錢，因兒子再婚急需用錢，在辦理電滙過程中發現的問題，真是讓我起敬、同情、無奈、憐憫。

<1>這對夫婦是來自山東省農村，她說他們是文盲，不識字我開始不相信是真的。從美國電滙到中國需要：需要中國銀行的名稱、銀行代碼、城市和地址、郵政編碼，客户名稱及賬户號碼等一系列需填寫的問題，就這些問題在兩國之間的電話通話數次加上時差，兩三天過去了，錢還是滙不過去，阿姨急得流淚。

<2>像他們夫婦都是五十年代生人，竟然還真是（半）文盲，我

簡直不敢相信新中國成立至今的七十二年，吹已掃清文盲？難到吹牛和假話真能讓我國成為世界強國？這就是我們的"中國夢"！

他們夫婦二人因女兒在美國定居才來美國，經過六年打拼的中英文盲不但有了居住綠卡，還掙錢養活兒子，兒媳死于癌症，留下兩個孫男滴女，為了兒子再婚急需￥40萬，所以，錢滙不到中國母親當然心急如焚，她的淚水喚醒我的同情心而又讓我很無奈。

<3>同情與憐憫只能表示自己的心還是善良和仁慈，但對阿姨這樣階層的同胞，他們需要的不僅僅是同情與憐憫，而是實際生活中的幫助。她是來自山東濟南地區農村，與我家祖籍同為山東（壽光縣），都是山東老鄉，能幫就幫一把。她對我太太的照顧很認真，吃喝方面都挺周到，在做飯菜方面稍差手藝，兩全相比取其重，能吃飽就可以了。

四年多的時間，請過數位阿姨來照顧我太太，因照顧生活不能自理的老人，需要是有耐心，加上作兩餐，我請阿姨的條件：一是大城市（直轄市）的居民基本不請，二是四川的成渝兩個城市郊區的阿姨可請，肯幹，做的飯菜好吃并合我們的口味。

我們是請阿姨不是雇傭阿姨，不存在雇傭關係，和對待朋友一樣，即使阿姨有什麼地方做得不到位也只是提醒，遠離家鄉來美國就是一個目的-掙美金。她付出勞力，我們付出美金，相互是平等互利，相互尊重。

老頑童的雜談之三

周末調侃科學帶給我們的未來-悲哀

每逢周末必定和校友、老同學、老朋友聊會兒天，因都從事體育這行，只不過他是畢業後進了專業隊，退役後又做專業隊的教練，所以，侃起大山的內容不外乎都與體育專業有關，因我移民海外脫離體育這行已有四十年了，對目前國際與國內的體育發展形勢與狀況已經不是我能想得到的局勢，如果我寫這方面的問題，一定會被視為"吃飽撐得沒事兒幹"，所以，免談！轉舵！

那我們就祖國高科技發展到今日，天上飛的地上跑的，宇宙飛船、登陸月球、洲際導彈、無人駕駛飛機和汽車、聰慧過人的機器人等等不一而足。科技高度發展對人類究竟能有什麼好處？這個問題我自己問我自己多次，但結果都不理想，總覺的等來的結果是人間"悲劇"，諸位不覺得世界和祖國的人與人之間的情誼越來越薄，除了金錢利益之外既沒人情也沒人性，"真是火箭上天，民族素質落地"。

展望高科技的未來：（1）利用機器人純潔黨政領導隊伍-各級領導人都由國家統一配發一名异性機器人，多功能即秘書-來訪領導人一律由機器人接待，來訪者的所有言行均被機器人記錄在案，事後統一交給紀委保管。一切不法行為都逃不過機器人的電子設備，可幫助領導人不犯或少犯罪；出外應酬可為領導擋酒免于酒醉時違紀犯罪，應酬後安全將領導送回家。（2）機器人可設置多種類型、多種功能以及主人所要求的效果，如：厨師、清潔工、管家、情婦（夫）、生活秘書、陪睡丫頭、應召女郎等等不同需求的角色，這樣領導就不會犯生活作風的錯誤。

這是我對高科技未來發展的調侃，就當幽默的笑談而已，不必在意，也不必聯想，疫情期間缺的就是樂趣，哈哈哈大笑三聲，有益身體健康。

北体大58届不平凡的本、预科各专业

从2021年至今，我曾写过武术系的各专业的优秀58级之精英及体操系58级学员的优秀事迹。我只是在校五年与各专业的同学都有过接触，所以我想把我知道的58届各专业成绩优秀的同学介绍给大家：先説一下球类系的58届不平凡的预、本科生。

那个年代国家队是体院一队，国青队是体院二队，北体是体院三队。

我们体院在六十年代初，于各系专业课程外，在院内成立运动部，各专项运动队的队员来自各系里成绩最优，身体条件最优，各项素质最好的被选入运动部训练，也就是说体院三队各专项运动队的

基本成员都在运动部。

三队男足：58级的只有一人入选-侯秀群，身高约1.73米，左边锋速度快，绰号-"嘎弗利"因他是印尼华侨，毕业后分到福建省足球队。在全国足球联赛时，体院三队会向球类系足球专业58级借调两个队员-关宏凯（右边锋）和孔繁林（左边锋），二人毕业后分到丰台区和海淀区业余体校足球教练。

三队男篮：杨春元、严哲英、刘玉林三位，毕业后有留校任教，有的去省市专业队，具体情况不详。

58级篮球班：李刚-北京景山业余体校篮球教练。石国今-北京西城区业余体校篮球教练，从1963年开始直至退休，坚持教青少年打篮球，文革后也曾当过成人残疾人篮球队的教练，文革后，曾被聘为北京手球队教练，但被他谢绝，后让他做行政管理-区体委负责人，他也婉言推辞。王德泉-北京宣武区业余体校篮球教练，文革后换跑道改专业曾任保龄球国家队教练，北京保龄球协会秘书长，宣武区体委主任。陈自安-文革前北京崇文区某中学老师，文革后，北京手球队教练。张小弟-湖南省长沙市业余体校篮球教练。刘宜田-湖南省男篮教练。王明亚-毕业后分到天津业余体校篮球教练，文革后曾任天津女子篮球队教练，后任天津女子手球队教练。

三队女篮：有三名58级的队员是赵佩芝、刘绍兰和赵桂香，我只知道赵桂香分到北京什刹海体校做教练。

三队男排：曾克力，徐炳民，王兴华，张连全：毕业后，曾克力到湖南省排球队运动员，徐炳民留校任教，王兴华为浙江队运动员，退役后到浙江大学任教。

三队女排：58级的运动员不少，梁思莹、郑慧琴、刘筑、史琴英、刘赉、谷文英。梁思莹毕业后留校任教，文革后调国家体育局球类司排球处。郑慧琴到湖南省女排队员，退役到长沙市业余体校排球教练。刘筑北京什刹海体校排球教练。谷文英北京东城业余体校排球教练。史琴英和刘赉在天津新华路体育场排球教练。

北体自1958年开始按专业分六个系，三个大系：田径、球类、体操，学员人数多；三个小系：武术、水冰和理论系。

田径系学员最多，专项也多，但我认识的同学却很少，因我不喜欢田径项目，太苦太累，是"吃驴料干骡子活儿"。但自北体建校以来到文革的十三年里，男子百米院纪录应该是11"-丁酉生，可能是55或56级的学员。可58级短跑班就有三个人成绩破11"（10"8和10"9）陈一平、刘安华、郭汉新，只有是陈一平在运动部训练，刘安华和郭汉都在系里短跑班上课。

毕业后郭汉新分到北京市体委后到海淀区业体校，陈一平不知分去何处？刘安华分到东北黑龙江省，到齐齐哈尔市中学任教，因1965年第二届全国运动会在京召开，刘安华借调到黑龙江省田径队两年，全运会结束后，省队要留刘安华，齐齐哈尔不放人，省足球队也要刘安华，省足球和田径队要人未果，刘安华在学校教课直到退休。

58级有三位女生通过女子五项运动健将标准：周运闿、沈丽、郁薇我只知道周运闿分到天津业余体校工作，沈丽和郁薇分到何处不知晓？周运闿运动成绩与技术水平都挺高的，但她的身体健康状况使她过早地结束了自己的人生路。

水冰系：游泳专业：1963年毕业分配方案已公布，全体58级的同学目光都转向我们水冰系，因为近90%的同学分配到东北工作（基本都在黑龙江省），我们水冰系没有东北名额（28名上海、6名北京、2名天津、2名浙江省〈游泳教练〉、2名贵州省〈游泳教练〉）。黄仁荣、郑毅贤-浙江省游泳队教练。黄梦晋、高济参-贵州省游泳队教练和领队。上海只有任起民在业余体校做游泳教练，其他人都在当大、中学的老师。做教练的同学都取得好的成绩，培养出国家队的运动员和教练。也有的同学通过"国家级"游泳裁判，但大多是同学都做了无名英雄。

冰上专业六名毕业生，东城业余体校游泳教练-刘长江，后转为短道速滑并获得短道速滑"国家级"和"国际级"裁判。臧士达-天津河西区业余体校游泳教练后到高校任教，退休于天津医科大学。郑大成因夫人分配到黑龙江省哈尔滨市，只得随夫人去东北先在中学任教，文革中调到哈尔滨市体工队速滑队任女队教练，培养出女子速滑全能冠军-杨可欣。按惯例规定，参加世锦赛的队员由自己教练跟随，郑大成本应随队指导自己的队员，但大成的名字被原速滑队的老运动员、教练-郑弘道通过关系給顶替了。郑大成又是北京体育学院毕业的，"地方主义"加"人际关系"就是当今各行各业的黑暗。大家勸大成找市体委主任反映情况，大成这人耿直的可爱又可气，他就不找说："我凭本事吃饭又不靠溜须拍马，我才不找领导那"。我就佩服他，这才是"汉子"！我们四零后的人像大成这样的"汉子"是多数人，不会因为了名利而出卖自己的良心、人品素質和尊严。我们是 58 届的汉子！

老骥伏枥志在千里呀！

致谢给鼓励和支持我的学妹——何兰英

后排：何兰英是右三，我是右六，前排右五我的教练-黄占鳌老师，右六是王守刚老师。

1960 年何兰英考入北京体育学院预科，这一年正是人祸造成饥荒餓死人，在院系调整时我们 58 届的击剑专业被调整也就是变相撤销此运动项目。因此，我就转到水冰系冰球专业，所以与何兰英（她选项是击剑）没有见过面，我1963年毕业离开体院，她这年升入本科，我们首次见面是四十年后的"北体大五十年校庆"活动，这张照片是击剑专业师生唯一的一张照片留念。

在有微信之前，我在博客上也糊涂乱抹的写一些自己的人生中的见地与趣闻，自有了微信后，首先，将博客上发表的文章移到微信，因自己正处退休后有大把的闲时间，除了玩-打乒乓球、练习击剑，就是在空闲时回忆过去，分析过去并把想过的事情用文字记录下来，自己越来越感兴趣，近六、七年裡加上原来在博客写的文章共有三百四十八篇。

我转发的信息或是我自己写的文章，不是人人都喜欢或是接受，但何兰英对我转发和写的文章都会点开，有兴趣就看完，没意思的看个题目或是大致溜一眼，反正是我发的写的都留有"何兰英"的名字。

"何兰英"这三个字对我来说就是一种鼓励，一种鞭策，也是我胡涂乱画的动力，正因我知道自己吃几碗干饭，肚子里有几滴墨水，靠大家支持捧场，我就有坚持写下去的勇气。

我与她在北体大虽然没能成为剑友，但在相隔万里之遥的大洋彼岸，我们却成了相互理解、相互信任、相互尊重的"微友"。最后，祝福兰英学妹身体安康！精神愉快！向支持我的、鼓励我的兰英学妹致谢！

展望未来——"干媳妇儿"

（疫情期间，正常生活不正常，靈感十足活跃，就产生了一篇我的"照片里的故事"中之最短的一篇文章。）

每周六晚九点半是我与崔麟（右）-"每周聊侃"时间，崔麟说了一句："我干闺女。"，我接他的话茬："何时香港认干爹和干女儿至今已有大陆版的了，照这形势发展，我是否能赶上认几位干媳妇儿？哈哈！

难忘的会面

非常高兴于星期三（3/30/2022）去费城看望表姐夫妇，他们是西岸加州飞过来看儿孙们，我家与费城也就是一小时十五分钟的路程，上次他们来费城看儿子已是五、六年前的事儿了，活到今天这个年龄，才感觉到失去最快的是时间，最应该珍惜的是时间，被浪费最多的也是时间。

见一面少一面，也可以理解为见一面多一面，我与表姐夫妇是来美後就认识了，但我们两家很早就认识了，表姐的父亲-王（铁漢）伯父是国民党东北青年军总司令，与我爷爷也是好朋友，我们两家就是"远亲与近友"的关系~我表姐的母亲家与我奶奶家有亲戚关系，表姐夫的母亲家与常家也是有亲戚关系。

我能有这样一家"远亲近友"，在初到异国他乡时，无论在生活上还是环境改变的认识上都给了我们很大的帮助，最让我觉得可惜的是我所学的专业不是理工，身边的"远亲近友"-表姐夫施（敏）先生是位国际著名微电子专家、半导体器件物理专家，可我学的专业是体育，守着科学家浪费自己的生命时光，抱着"金佛不会念经"。

我们虽然专业不同，但通过聊天知道作为学者和科学家对学术研究的一丝不苟的精神，施先生所写的书用句成语-"著作等身"。各国念电机专业的博士学位的学员都要念施先生写的教材。因为科学在不断的发展和进步，他所写的书每年都要修改和完善内容。自1961年結婚后，我表姐雖然取得化学硕士学位，一天都没工作过，一直是施先生写书的得力助手，把所有的著作用打字机打成稿件交付出版社印刷成书，"相夫教子"我表姐一把抓，直到今日工作量减半，只有"相夫"而无"教子"了。

这次见面也真是难得，尤其是"疫情"期间，他们从西海岸-加利福尼亚州飞过来，我们在一起吃了顿午饭，看了他们"钻石婚"的纪念相册，一起聊天，会想四十一年前刚到美国时的情景，感慨万千，今天他们都已是八十五六岁奔九十岁的老者了。有幸的是我们身体健康情况良好，心理年龄优于生理年龄，加上生活规律，居住地环境优美，一切对于我们养老来讲非常适宜，但对于施先生来说，完全休息时不可能的，科学研究不断出现新的发展，理论也要不断地有新的论证，所以，科学家是生命不息，科研不止，让我们祝福中国的科学家身体健康长寿，造福于世界热爱和平的人民。

好心不见得办成好事

本周六（4/9/2022）的大来宾-瞿弦和、张筠英夫妇。

近几年，天津电视台每周六晚都有一档节目-"你看谁来了"是由王芳和王为念主持，节目内容很好看，有很多事儿都是历史的回顾，通过看节目回忆历史，让我们不要忘记历史和在历史发展过程中所犯下的错误。

这期节目是瞿弦和夫妇"绿宝石婚"（结婚五十五周年）纪念日，来宾有张凯丽，张涵予和张光北、陈炜夫妇。在节目中几位来宾都称瞿弦和夫妇为他们的恩人，原来几位来宾都是"煤矿文工团"的演员，从进入"煤矿文工团"到他们成为国家影视界的著名演员，都是在瞿弦和夫妇精心培育呵护下成长起来，並在有机会获得演出坚决支持放人，给予他们创造机会在演艺路上闯出成功的事业。

看"鼓楼外"连续剧的感受

"鼓楼外"连续剧中的主角于钟声（右）和尹东义。

两年多的疫情裡，中文机顶盒给我们提供了与疫情抗争的最好伴侣-连续剧。如果生活中没有它的"陪伴"，真不知道如何度过这两年多的时光？

最近，国内的朋友和同学们以及台湾外省人朋友都跟我说国内有两部挺好看的连续剧-"在人间"和"鼓楼外"，"鼓楼外"已经全部转播完毕，我从昨晚开始看，连续看了五集才睡觉，是挺好看吸引人。今天是越看越觉得心里不是滋味，为了达到目的不择手段，人与人之间的关系就是相互利用和金钱关系！无情无义，新中国建立时我才九岁上小学四年级，今天我已是八十二岁的老人，想当初我也是满腔热血沸腾，今日"沸腾"谈不上，起码还没有到"冷血"之列！

这部连续剧很难找出谁是真正的热血青年和心术正直的行商之人，这部连续剧就是以著名工匠-易大船的五名徒弟，其实就是大师兄与二师兄之间的生死争斗，当双方都败落身无分文，倾家荡产之时，亲人之间也无亲情可谈，整个剧情所表现出来的内容就是中华民族伟大的"传统"弊病-"一盘散沙""内战内行,外战外行""窝里斗,心狠手辣"。中国长此已久的发展下去,试问:中国的出路在哪儿?真希望中国能成为世界和平的卫士,而不是目光短浅只见眼前利益看不到前程。为了我国能成为真正的世界强国而不是被脑残们吹出来的"强国",必须有思想准备做新的"百年长征",以重建"农业强国"为基础,以建立正确的"教育制度""医疗制度"和"司法制度"为手段,用适合中国的国情和民情及符合世界形势发展的治国思想为指导,为我们的子孙后代创建一个新兴强盛地"东方巨龙",这样七十二年死在历次政治运动中的父母及兄弟姐妹亲人也算是个说的过去的交代吧!

连续剧的结尾是圆满的结局,知错认错,受害人最后原谅知错人,希望现实社会中发生的事情也能像剧中的结局,有利于中国,有利于人民。

想说点儿我想说的,大不了也就是个"无期"唄!

从疫情开始至今已进入第三个年头了,对"新冠"肺炎的病源与传播以及病菌的形成諸问题对我来说是极为生疏的,真是隔行如隔山呀!两年多的时间基本进行在家自我隔离没去俱乐部打球练剑,除每天(雨雪天除外)坚持走步约4.5公里外,就是看电视和微信,每天都看的同一句问候语:"祝各位健康快乐每一天",这句中性语言已经看了近两年了，恶心的都快吐了，这是聪明人之举，也是奴隶之举，但好过奴才之语。

因目前国内就是奴才（即脑残）过多，即无才又无德，他们就是党和国家的蛀虫。

〈1〉"奴才"是当今社会的最大败笔，可当今社会各级领导身边都不缺的就是"奴才"，官与奴才同时昇迁，小官昇大官而奴才昇任小官，建党一百年，建国已七十有二年，正是这种恶性循环造成今天贪腐官员有如蝗虫之多。

〈2〉以我的个人经历来看，我今天就多余写这篇文章，谁让咱是中国人哪！可我又没有生活在中国的资格，我处在今天这尴尬的处境是历史造成的：1938年我父亲就读于北平"燕京大学"化学系，在由家（西直门内大街，后公用胡同8号）回"燕京"时在出西直门是被日本宪兵抓捕，说我父亲有亲"抗日分子"的嫌疑？經我爷爷的努力总算把父亲从牢狱救出，马上办理出国留学手续到美国加州斯坦福大学读化工专业，转年我母亲与我堂叔同船去美国，我堂叔去留学，我母亲是陪读，所以，我是于1940年7月14日出生在美国加利福尼亚州奥克兰市，於1946年6月持美国政府发的公民护照回国到当时的北平市（如图示）。

1948年9月30日至1950年6月12日是我美国护照签证有效日期 美国驻北平市领事馆总领事来

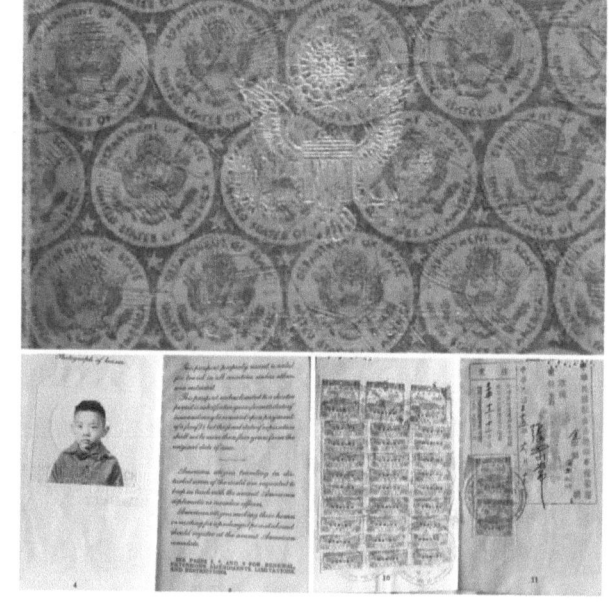

家让我（凡是美国公民马上撤离回美国，因我未成年，我的父母和我哥哥姐姐全家一同六口人回美国，机票由美国国务院负责出资（如图所示）。

1948年底我们常家（除我父亲外）在爷爷统筹安排下，曾祖母、祖母、姐姐、大姑、二姑、三姑均坐飞机一起飞往台北（因我二姑父三姑夫都是总统专机组驾驶员）。我们哥仨和母亲、四姑和爷爷一起乘坐四姑父空军四大队的运输舰，起航於塘沽港止于台湾基隆港。

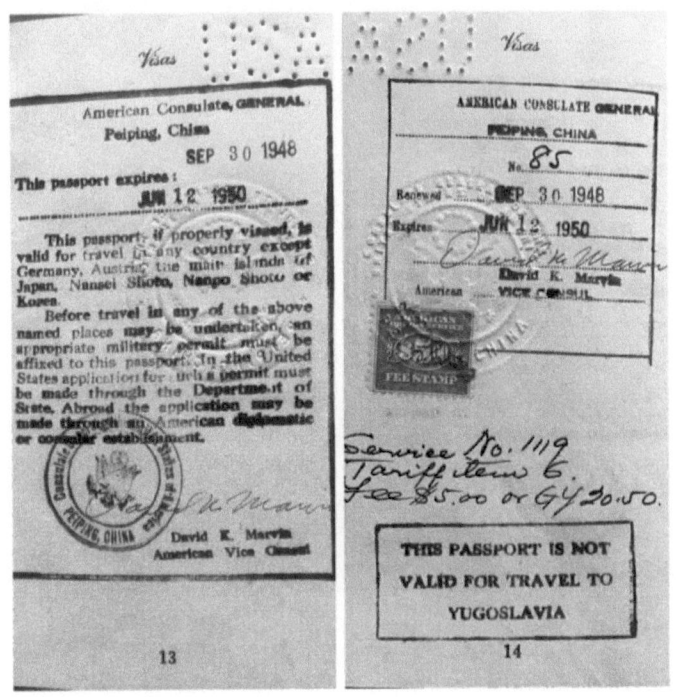

1949年夏，因我父亲没与我们同期去台湾，留在北平处理财产等善后工作，我母亲得知香港有船通天津，便带领我和三哥与舅舅从基隆到香港转船回天津。在等船的排期时，好容易排期到了，结果我们四人只有三张票，还要等下一班，差一张票确救了我们四口人的命，那搜轮船起航的头晚，所有乘客都登船入仓，等候清晨起航，谁想到半夜三更，停在浮漂的轮船突然大火烧起，甲板被烧得通红，全船無一生还。回到北平找到父亲，此时，从大陆到港台地区的海陆空交通全部断航，我也就被困大陆 32 年，到 1981 年 4 月 8 日才离开社会主义的大陆，飞向资本主义社会-美国（我在美国驻北京领事馆从新领到我的美国护照，入境美国使用，离境中国我用的是中国发的护照）。

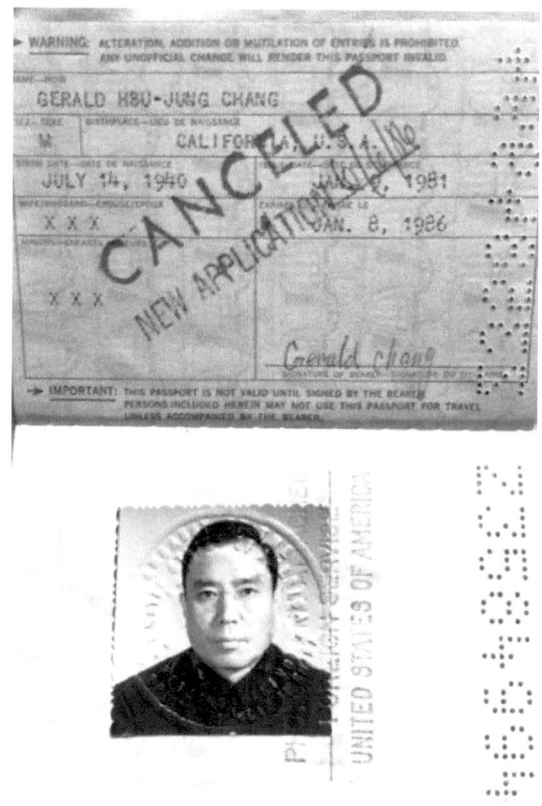

上述的事情经过，只能说明一点：人生的命，生下来时就有了定数，命格是死的，运程可变，所以，我们人生里从来就没有"如果"，只有"结果"。

<3>对"无产阶级"和"全世界无产者联合起来"的认识：我是曾在三种不同社会制度的国家生活了八十二年，可能比同龄人对一些问题的认知上有些不同的理解与看法。

我在中华民国里生活过三年；在中华人民共和国生活过三十二年；在美国生活过四十七年，我除了有亲身经历也有亲身体会，虽然

我不是文科历史专业，也不是政治法律专业，我只凭自己支撑一个家庭的经验，经历了残酷毫无人性的政治运动，综合各方面亲身体验与经历，以及国内外的历史与现代的资料来分析，有如下新的认识：
（一）无产阶级绝对不能作为一个国家的领导阶级！从物质方面来讲就是穷人，他们仇视有钱人，有偏见，一个穷人见到钱是什麽反应？就是贪、偷、搶、拿。从精神方面无产阶级基本上没机会也没条件上学，当今是要有知识和文化，用具有科学头脑去考虑和思考治国安邦政策与实施办法。从"遗传基因"的角度来审视"无产阶级"本身存在的短板是经过几代人能改变的吗？我记得广东名菜譜有一道菜-蜜鼠（现在已失传，据说吃相很残忍），小白鼠出生后就喂食蜂蜜，用此方法直餵到第三或第四代时才可食用，何况人乎？餵蜂蜜要三四代，人是有思想有语言的动物，建国都近七十三年，如今的领导阶级素质如何？有目共睹！就节约些文字和语言啦！（二）"全世界无产者联合起来"这句口號不是正确的口号，只能造成各国和世界人类的动乱不安，以中国为例，还不是以受蒙蔽、欺骗的农民为主，加上地痞流氓进行了革命运动。实际上就是犯上造反，以抢劫为生计。（三）在无产者取得政权后，几经政治运动的权力之争，为了维持欺骗愚昧无知奴隶的效果，为了制止所写的假历史假党史被揭露，採取对知识分子无情的打击和残酷的迫害，今日已见成效，我国知识分子已经闭口无言，一旦世界局势有变化时，我国十四亿人的粮食从何处来？生活用品从何处来？动力资源原料从何处来？（四）但问题是我国在国防工业有否某项成果具有注册发明权？中国是农业大国，为何成为粮食进口国家？猪肉进口国家？诸多问题的出现，只能说明制定的政策欠妥，既不懂经济又不懂外交，既不懂生产又不懂生活，政治队伍越来越腐败。（五）二次大战结束后，以苏联为首的欧洲一党执政的社会主义国家为主组成社会主义阵营，阵容强大不可一世，苏美两大阵营冷战对峙半个多世纪，最后是以社会主义阵营土崩瓦解而告终。今日社会主义阵营是谈不上了，剩下几个国家嗡嗡叫而已。历史的实践证明，社会主义和资本主义两个社会制度，哪个更受欢迎，没有再争论的必要了。

〈4〉中国就目前的这样的局面，不做任何修正继续走下去是否有出路？是做决定的时刻了，我们已经浪费了数十年只注重国防科技工业的发展，而忽视人民生活水平的提高。是否可考虑如下浅见：（一）彻底改变一人当政，一党执政的腐朽封建主义皇权体制。（二）允许不同声音和意见存在，前提是取消一党执政的社会制度，民主选举，取消主席终身制。（三）必须对欺骗蒙蔽中国人民数十年的假历史改正过来，要对建国七十三年以来，历次政治运动和经济建设所制定的错误政策及所造成的不良恶果认真检查并问责！必须给人民群众和受害人有个明确说法与交代。（四）其实以上三条能做到，我认为第四条还是再强调一下为好，因为几千年封建主义遗留下来的残余思想不是马上就能肃清的，必须再立规矩，"人民公仆"必须人人遵守执行，否则拿下！

我一生固定职位就是老师，算个知识分子吧可又没什麽知识；自己要说爱祖国吧，可从出生就没中国籍，等移民出国后我的回忆总是三十二年（49-81年）的学生时代、步入社会当老师、文革期间隔离审查戴了顶"5？16现反"的帽子直到文革结束，1980年从新领到美国护照和申请拿到中国护照，於1981年4月8日由北京飞到纽约与亲人团聚。确切的说，我的爱祖国是具体学生时代的同学、老师，我所教过学生之间的深厚友情，再有就是祖国的大好河山，名胜古迹，上学和工作过的地方和家乡的故土风情。

"人世间"——可与北京题材连续剧"比美"

近三年的疫情裡，在"家里蹲大学"正在"硕博"连读，主攻专业"如何观赏连续剧"。其实与疫情没任何关系，退休人员最富有的就是两手攥着大把的时间，让你可以任意地享受与浪费。

似是发生在东北吉林省长春市，时间是文革及改革开放这一段时间发生的事情，虽然我学生时代、步入社会工作、成家立业就在京津二地，但吉林省梨树县刘家馆子镇必竟是我的老家（我高祖那代人就生活在这里），我这辈子只是在2014年首次回老家祭祖，后因我太太健康状况变化及目前近三年的疫情，就再没有机会回乡祭祖。所

以乡音聽起来雖土但还是很有亲切感，再加上故事非常接地气，而又是自己经历过的时代，熟悉的環境和事物，此剧对我有异常的吸引力，晚上睡觉时间已推迟到十一点关灯睡觉。我刚写完一篇文章，名为"想说点儿我想说的，大不了也就是个"无期"呗！"其内容许多处都与这剧相似，分析其原因，涉及到的问题有些敏感，不易发在微信裡就放在"优盘"裡自赏了。

"人世间"是我写的文章所叙述问题的源头，祖国发展到今天已是第七十三个年头，剧中每个画面都能引起我的回忆。

回忆就要有参照物做对比才能看出是进步还是退？才能看出社会的稳定性？

自建国初期到1976年共二十七年的政治运动，基本上都是 M 先生为了打垮自己的政敌、整治给 M 先生提过不同政见的知识分子，让他们闭嘴当奴才、1958年大跃进的人祸造成数千万人饿死、直到1966年的十年浩劫的文革几乎造成亡党亡国，从初期的土地改革及以后的历次运动的扩大化造成冤假错案所造成死亡人数应是数百万计。

剧中的主要角色群体是新老三届的知青们，如周秉昆的父母及兄姐一家人为代表的老工人家庭的政治觉悟及生活状况，工农大众"当家作主"就是耀眼的幌子，今天究竟谁做主？谁富有？谁贫困？剧里唯一让我感动的是这批知青之间的淳朴感情，有难同当的相互帮助，今天已经是利益和金钱关系了，无情无义。

看完"人世间"说几句心里话

十天前,写了一篇题为"人世间"-可与北京题材连续剧"比美",因为要避开敏感话题和字眼儿,所以那篇文章写得"鸡猫狗不是",既不敢指出问题的存在又不敢说事情的对错和产生的根源所在,这时我感觉到祖国"治理"知识分子的政策取得伟大的胜利。就连我这生活在海外的华人也不想沾祖国"妄议"的光,就以上图画面说一下我们这一代知识分子仅剩下一点对情谊的认知,写出自己想说的话,不留遗憾在"人世间",毕竟已是起步八零后奔九张的人了。

这张画面是"人世间"的第 58 集(大结局)裡的发小相聚,这撥在快到退休年龄时的聚会,本剧的主角-周秉昆夫妇原谅写匿名信诬告大哥-周秉文一事的发小夫妇二人。此事引起我的联想,我也遇到这种处境,借此机会也说说我的看法:

我们高三(3)班有个微信群,是在 2008 年高中毕业 50 周年首次於北京聚会,当时来了近二十来人,十四年过后的今天,已有十位走完人生路驾鹤西游而去,有的人经过人生历练,大家不是同路人,就分散各自走自己的路。

至今我们群中六人(年龄 81X2、82、3、4、5 各一位),只有一位同学出身"紅",从高一开始怎就成了"抹泥"之交还真记不清了?因为我是体育活动积极分子,高一踢了一年学校(少年)足球代表队，高二开始转项-籃球直到高三毕业。业余时间除了体育就是看电影，胡同口就是"大华"电影院，高中三里，除了戏剧片不看，所有中外各国的电影故事片不落一部都看过。高中三年，他是功课成绩不错，身体健康情况一般般，体质虚弱，但爱看电影，由高一到文革前，我们俩是几乎所有电影都是一起看的。

他的家庭成员都是党员，哥哥是北平地下党成员，国共谈判时是共产党代表-叶剑英的交通员。他二哥和姐姐，两位嫂子也是党员，他大哥是标准的、纯粹的、忠实的中共党员，他大哥一直教育他在家看"毛选"，不要和我一起玩儿，说我的家庭出身与他们家有根本区别，我一直想不通一个问题，他大哥怎就知道我家解放前的政治状况？来美国好长一段时间才搞清楚：1938年我们家来一位锅炉工，冬天燒锅炉供全家百余间的暖气取暖，他本人姓李，直到1948年11月全家逃难去台湾，李先生才离开我家，直到1950年我们搬到北京东城区新开路胡同时，解放前在我们家燒锅炉的李先生到访，才知他是中共地下党派到我们家卧底十年，所以对我家与国民党政府官员交往情况了如指掌，他大哥也是地下党成员，知道也在情理之中。

三四年前因为我们在政治观点上产生重大分歧，出现在语言和文字上的争论，因此产生了不快，我决定退出，不影响其他同学交往。

（这张是高中同学，其中前排左一、二和后排右一仙逝）

静下来仔细思考，再换位思考，尤其是看完"人世间"的大结局，促使我要写出自己心里话：从上高中（1955年）至今已六十七年之久，就是有分歧也是近几年的事情，我记得我们俩争论时他说的一句话："要不是共产党来了，我们家能有今天的日子吗？"，这句话是他的真实想法，共产党是救了他的全家，起码他"知恩图报"，一是"孝子"，二是"知恩图报"，这两点是做人的基本准则，他有这两点就是好人，也是我交朋友衡量对方的准则。

朋友之间的情谊保持至今 67 年，产生政治信仰分歧很正常，宗教信仰基本上没有改变，可政治信仰在被蒙蔽是忠于信仰，一但事实真相大白，发现自己受骗，自然而然就会改变自己消除分歧。

尤其是政治上的分歧而引起的不快，是最不值得的，大家宽容一点就都过去了，每天舒舒服服、快快乐乐的过日子比什麽不强，争本身就伤身毁气，人生在世转眼就是百年，最有价值的是情谊，最没价值的就是政治，政治本身就是统治阶级为了维护自己的利益和权力，用来欺骗和蒙蔽人民大众的一个手段，有的国家组织游行抗议政府的错误政策，有的国家用坦克强行制止群众运动，强制性推行错误政策。

实际就是一句话：国家之事，匹夫无责。摆正自己，你永远也不是接班人，也当不了家做不了主。

气得我忍无可忍

说句实话，我在看"当畜生披上制服"时，就对社会上的"城管"印象深刻，因我出国时还没有这类行政职务，后来看到太多有关"城管"的恶劣行为的报道，简直就是城市裡的地痞流氓混子。

本不想写自己的看法，如果没有三年疫情影响我们的正常生活，也就看过算了，"事不关己高高挂起"如今已替代了国民党执政时期的"莫谈国事"，平头百姓在世界各国都是一样，议论国事都不可能改变任何国家发展势态，但作为国家的执政者也要给自己的臣民一条生活出路。

因为他们是帮助执政者夺取政权的参与者并献出自己和亲人的生命的人，应该记住，是今天的执政者应该加倍感恩于他们，千万别忘记自己的恩人。

潇灑退休篇(下)

"城管"在改革开放以来，开始还是有一定作用，他们应该是政府部门推行政策的助手而不是"打手"！

改革开放抓经济建设与国防科技的发展是没有错的，但在具体政策与措施中是有错处與不周全的地方，例如：大批工人下岗的安置问题处理的是否妥善？农民进城打工这问题是否影响我国农业的发展？对于求生的城市居民如何正确的安排有否具体安排与措施！

"城管"能成为今天横行霸道的城市流氓，都是得到当地党政机关的默许和承认，有强大的靠山才让这帮"城管"妄所欲为与霸道，只对弱势群体手无寸铁的平民百姓称王称霸，

这就是我们民族的弱点：我上小学和初中时的一句话－"软的欺负硬的怕，见了硬的叫爸爸"。

民间还有一句："狗仗人势"和"狗不嫌主貧"，说句实话，也许与主题不沾边儿，如果狗知道仗主人在身旁就狂吼乱叫，我认为这狗的主人人品欠佳，不是什麼好"鸟儿"。狗不嫌主貧倒是真的，我在美国養有一只狗和一只猫，她们都有自己的名字，姓和我家一样－常。她们真就是我们家的一名成员，我们每天下班回家猫狗都有自己的欢迎主人回家的动作与方式，正因如此，在这两只狗与猫去世后再也不养宠物了，与家里亲人过世伤心毫无分别，年龄大了，再经不起亲人离世的伤感。

"城管"本身就是一群"狗仗人势"的毫无人性的疯狗，它们的主人也是诸方面水平不高的团伙，它们养的就是一群让人民群众讨厌的疯狗恶犬而已。

我最厌恶依仗权势或自己孔武有力欺负弱势团体，虽然中国平民百姓是弱势团体，他们是知识和文化水平较低，不懂法的一盘散

沙，即使这样我们也没有理由欺负他们。

我在小学六年级到初中二年级时，因爱抱打不平经常打架，当时我体弱，打架的"资本"不够强，真正拔"闯"的机会不多，到初三开始踢球后，就再也没打过架。

直到1958年进入北京体育学院后，我选项是武术系的重竞技项目-击剑（主选），拳击（副选），本系必修项目-武术、举重、摔跤。自从学了拳击和武术之后，尤其讲的是"武德"，我再也没动过手打架，因知道一时冲动或一时失手所造成的后果，会毁了自己一生，到那时后悔晚矣！我师从陈新华老师，他是我国拳击锦标赛轻量级冠军保持者，遗憾的是只学了一年拳击项目就被取消了。后转到水冰系在课后业余时间又师从次轻级全国冠军-王守忻老师，别看一年多的练习，我的收获在在文革里为天津火车東站送我太太教研室的同事-楊长成老师时，与六名流氓打过一架，就在交警指挥亭下，只两回合就散了，因我骑的是跨斗三轮车带我两女儿，一面应战一面兼顾孩子。第一个直拳打来，我看清路线轻易避开同时用眼余光看一下我女儿，另一小流波儿又从侧面打过来又被我避开，此时他们中一人喊了一句：走！他是行家！

带着孩子本不应该与他们斗气打架，文革憋一肚子气没地儿撒，活该碰上这几个倒霉鬼！当时我也就三十六七岁，四十五六年后的今天，在国内遇到这事我会劝阻，不要用暴力处理问题。就这"畜生"这两下子绝非我的对手，年龄是他的优势，必须三招之内解决问题，不能与他有身体接触，否则我就处于劣势。

这也就是闲聊，因在我这儿很难遇到类似国内发生的事情，不同环境下有不同的事情发生，尽量保持冷静，能躲就躲，以和为贵、以忍为上。

向老同学吴彬请教问题

前几天，我的朋友徐祖文先生打电话给我询问有关"杨氏太极拳"古今的动作区别？这方面知识我知道的不多，而且也不够深刻，我答应他请教我北京体育学院武术专业同学-吴彬后再给予回复。

潇洒退休篇（下）

吴彬（中間着天蓝色短袖衫）是一位閒不住的人，在海南躲避疫情，还是被"全国搏击冠军比赛"大会作为嘉宾出席为优胜者颁奖。

我们相识是在 1986 年於新泽西州的中文学校，孩子们上课学中文，家长们就由我们夫妇两人教"简化二十四式杨氏太极拳"，我把二十四式太极拳分解拆成几个主要单个动作，反复练习，最后再把动作串起来练习，整套动作很快就能掌握了。

我们相识时，徐先生的腰部有伤，向前弯腰有困难，每天早晨上班离家时鞋带都是由徐太太帮忙系上，经过练习太极拳和气功，不但气功練成了"大小周天"，自己治愈自己的腰伤，而且双手向前弯腰触地。徐先生自学气功和太极拳取得很好的效果，而且兴趣甚高，进一步了解冷兵器时代的太极拳及各种兵器（刀枪剑戟斧钩叉拐子流星）与现代的武术动作，有否本质的区别？

我和吴彬交谈了不短的时间，在这儿就不多说了，吴彬因女儿与我女儿居住同一城镇，每次他来美国看望女儿我们都有机会见面聊天儿。吴彬说：下次来美国一定会与徐先生面谈有关武术古今的发展与传承，並一起磋商太极拳的技术。

习武之人对练基本功是非常重视,每天早晨起床拉韧带,站桩、蹲马步、踢腿、内外摆莲等一系列基本动作由头做到尾,"闻鸡起舞"对习武之人就是每日晨练的"闹钟"。

退休的我,每日是"自由醒""回笼觉"伴随我,保持"闻鸡起舞"进行晨练的基本都是习武之人,由入行开始至病老终死(包括戏剧界的文武老生、青衣花旦、文武丑和武术练家子),数十年如一日,

我们58届的武术专业同学,基本功扎实的技术优秀的人,他们身体都非常健康!

吴彬中年之后,业余之时也会练习自己的副项-摔跤,这都是习惯每天参加锻炼的结果,他是专业队的教练,工作之余来了兴头也会下场摔几跤,活动活动筋骨,乐呵乐呵。

老同学,疫情过后咱们美国见,到时接着侃!

潇洒退休篇（下）

世外桃源裡的"室内桃源"

我居住在新泽西州中南部靠近大西洋地区的一个镇子，这裡有数个老年社区（年龄须在 55 岁以上方可入住），近三年在疫情"新冠"笼罩之下，突显我们社区"世外桃源"的优越生活环境，从没有感觉到"新冠"的恐怖。

我们是 2012 年 1 月 2 日搬入这个社区至今已是第十一个年头了，我喜欢这里是平房，每个号码后面都有 A、B、C，就是三家的房屋是连在一起的，A 和 C 是同一型号的住房设计-4 房（3 间卧室 1 间玻璃房），2 个卫生间，2 厅（客厅和饭厅），1 厨房另加可停 2 辆汽车的车库，住房面积为 130 多平方米。我是花$9 万 5 千元买的 288 号 A 座，经过十年在疫情的今天，我的房屋已经價飚升到$30-35 万元。

刚寄来的本社区已售出房屋的价格，B 型少一间卧室和一间玻璃房，售价在$25 万元左右。

这是我家的住房，前為车库后為住房。和我在走步时路过社区的高尔夫球场。

這裡就是我說的室外桃源裡的"室內桃源"-我們這裡稱"文化中心",社區開會,有文娛和體育活動,舞蹈、乒乓球、走步等活動。

今天下午本就我和老沈(左)兩人打球,後何先生(右)打電話也願意和我們一起打球,他是從香港移民美國,我們是以球會友,朋友遍天下。

我自2012年搬進來後,我曾來過這裡打過一次球,外國人都喜歡打雙打,我喜歡打單打,另一方面是從法律方面考慮,不要因為玩兒惹出麻煩,比如打雙打,都是六七十歲的老人,腿腳本來就不太利落了,兩人站在一邊打雙打,一不小心兩人撞在一起,發生意外事件,輕傷、重傷和死亡都要走法律程序,官司打起來就是幾年。我太太的工傷事故還不是打了五六年才勝訴,一次性付款賠償金幾十萬美金(具體錢數忘記了),然後,每兩週發一次賠償金直到終身。因為,美國是法制國家,法制觀念很強,即使是吃喝玩樂,也要小心,否則,就會自己給自己惹麻煩。

我與我的朋友-沈有晟(北京男四中老三屆),也是二十年的球友了,疫情開始至今已近三年我們從沒進過任何俱樂部打過乒乓球!

我們弄清楚文化中心的規定,我們避開他們打雙打的時間去打球,整個禮堂就我們倆打球,把三年沒打球的癮給他打回來,賺個夠!在打雙打的老人也有願意跟我們打單打的打電話約時間一起玩,開心得不亦樂乎,真是天外有天,我們是既有世外桃源也有室內桃源。

今晚七点半，社区物业管理委员会有事情与本社区的十三个居住区域的管理负责人及候选人开会，我们在打球时，工作人员已经把会场安排妥善，互不干扰，他们边工作边看我们打球，有精彩场面还会鼓掌加油，你说心情能不愉快吗？

我相信有"老天爷"这一说

我是第二次看有关张奶奶（原为警察）为服刑人员的孩子办"太阳村"，收养他们的孩子，解除服刑人员的后顾之忧，能积极改造自己，早日回到正确的人生轨道上来，也能让服刑人员的子女正确对待和认识法律-法院、监狱、警察。以及正确对待自己父母对所犯之罪要应负的法律责任，免除罪犯子女与政府的对立情绪而跟随自己的父母脚步走上犯罪的道路。

我两次看这篇真实的报導，都是泪流满面，让我感动的是张警官怀有一颗仁慈之心、善良之心、博爱之心，在当今的社会里堪称"稀有动物"。一方面说明我们法律条文规定不全面，另一方面也让我在政治方面从单纯幼稚无知到逐渐成熟认识到自己存在的问题，虽然专业学科非文史类，尤其对政治和哲学的理论书籍少有阅读，但我对人生经历的认识是凭自己的亲身经历过、看到的、接触过的实情说出自己的认识和感受，无论对错都是真实没有经过奴才们的加工吹嘘的内容。

我刚又看了一篇"科学家-杨振宁博士也相信世上有造物主"的报导，可我从1949年10月1日开始所接受的教育都是"唯物论"

的学说，不相信神鬼，可经过 82 年的人生经历告诉了我，按中国人的说法：世上有"老天爷"。

这次的"新冠"疫情已近三年的时间，难道不是老天爷对人类肆意开发资源而破坏自然环境和自然生态的惩罚吗？各国发生不同的灾情-暴风雨造成水灾、山体滑坡、龙卷风、地震等一系列自然生态的剧烈变化，野生动物的大迁移，有的动物临近於灭种，这难道不是老天爷对人类的惩罚吗？尤其，我们这些经过毫无人性的政治运动的老年人，都是深受其害的弱势群体，今天回头看一下：凡是背后给朋友同事打小报告的人，历次运动整人的党棍，溜须拍马的奴才们没有一个人活过八十，过七十的都没几个人。试问：这是否是报应？也就是"老天爷"主持正义，惩罚作恶多端没人性的人！

反观被整的好人规矩人，基本都长寿，他们都是说实话，心地善良，宅心仁厚的人，俗话说：好人有好报，也就是善有善报，恶有恶报。

活明白了，真好！

人都说"难得糊涂"，这句话没错，可我还是觉得"活明白了，真好"，这句话因人而异，对我来说就非常合适，今天八零后的我，走在人生路上的最后路程时，走得非常非常潇洒、非常愉快。

"戏如人生，人生如戏"，我的人生就是一部戏，它没有剧本也没有提示卡，但内容如假包换。是我人生的真实记录。

当年，我在博客上写自己的人生经历时，朋友和同学及同事都劝过我，把自己的成长过程及家庭的历史写成传记，这事儿我想了想，总感觉有些不妥之处，历史与当前执政党有着割舍不开的联系，虽然我个人认为这段历史写清楚了，对国内的老百姓没什麼实际意义。另外，我觉得自己的文学水平和写作能力都不够胜任这项工作。

常家早年，我的高祖这支儿先人从山东寿光县到东北闯关东落脚於辽吉两省交界处的吉林省梨树县刘家馆子，我的高祖有四子：我的曾祖父-常荫廷为长子，清朝最后一次考中"举人"，文献记载是龙江省"道尹"，清朝灭亡，民国初年继续为官直到退休；二叔曾祖父-常荫敷务农，经营管理老常家的土地、学校、林业等一切祖产祖业；三叔曾祖父-常荫恩经商於哈尔滨，经营钱庄、商号；四叔曾祖父-常荫槐，奉天法政学堂毕业，曾任东北陆军总执法处处长、京奉铁路管理局局长等要职。

照片中的六张照片是从1958年-2020年横跨六十二年，一晃眼半个世纪就从眼前溜过去了。

  虽然我曾祖父与四叔曾祖父二人为官，在梨树县档案馆的材料记载，他们都为民做过有益的工作，历史均有资料存档。常家在历史上的功过都有真实的记录，可别忘了，中国的近代史是为了统治集团的政治利益，肆意篡改真实的历史，譬如：在日本侵占东北时，原奉系军阀-张作霖大帅因与日本在东北铁路的建设与使用权上有重大分歧而被日本在皇姑屯炸死。张作霖死后即由吃喝嫖赌的儿子-张学良继承父位称之少帅，这位不懂军事打战，却在历史上做了两件误国误民的"杨常事件"和"西安事变"。

"西安事变"的主角-张学良为什麽成了大陆的连续剧如此的正面人物，因为张学良制造的"西安事变"挽救了共产党即刻被蒋介石彻底消灭的厄运！所以，国庆节在天安门城楼上，两位领导人的对话左证张学良是共产党能有今日的恩人！Z先生问 M 先生："如果汉卿（即张学良）在的话，是否可为副主席？"M先生说："给他做主席也不为过！"

自高祖父闯关东至今到我们的孙男滴女的后代已是第八九代了，全国东北三省及北京和海外，我们这支儿开花散叶也有数百余人，其中已有数十位已成屠刀下的冤魂，今日还能呼吸存活的也都是平民百姓，根本没有话语权，怎可和执政党争论是非曲直？岂不是"自不量力吗？"我觉得自己在海外生活了四十七年，已经习惯了，我们已经没有资格落叶归根了，在中国我只生活了三十五年，而且度过我人生的启蒙教育，洗脑教育。到了国外才逐渐知道中国的近代史和中共党史有大量的假资料充实在教材及历史书籍中，我就是学了满脑子假历史假政治，满嘴假大空话走向社会，在此我要特别感谢我的从小学到大学的老师，虽然，我学到的历史和政治课程的教材是假的不符合事实的内容，但老师教会我如何做诚实的孩子，规规矩矩、老老实实地说实话，要不是老师淳淳的教导，我怎会在文革中被戴上"现行反革命分子"的帽子？就是"因为说实话"，我今天对这句话有新的认识，应该说：光说领导爱听的，不能说领导不爱听的！

自1921年7月1日中共一大开始就有御用历史撰稿人执笔假造历史：一位年轻人来到党一大会场，其身份是共青团员而非党员，文革时上海一大会场有一幅油画，其内容是当年那位青年团员在一大会场发言并抬起右臂向前指点江山。之后，有更多更离奇的假造历史，欺骗人民群众，有的假历史都写到选集裡，成了假造历史的见证。

我就是写了真实的历史，执政者的御用造假撰写人能随意改错为正吗？不用我寫就有很多需要更正认错的事实，抗日领导权的问题欺骗近七十年,这才承认是国民党领导人民进行抗日战争。为什麽共产党反对去日本靖國神社?因共产党基本没跟日本正面交手打过戰,所以神社里没有几名阵亡的八路军战士姓名及牺牲地点,看的人多了,自己吹嘘的气泡就破了,那时就无地自容啦。

我写不写家史、人生经历无关紧要,执政党觉得宣传你家历史对执政党有利有益,它自然就会找人为你常家连吹带侃。

我们现在生活的很好,我们能有今天活得潇洒自如,就是天命,也是祖辈几代人积德行善和我们晚辈得到祖辈优秀基因的遗传,我今日要接过祖辈的传承,积德行善为我们的后代留下更多的精神财富。说实话,我的物质财富也就是小康人家,有自己的房屋、汽车,手裡有两富余钱;可我的精神财富是富翁,只是时间、地点不合适,国内的群体的精神财富已经"清仓",人们只注重物质财富,追求的唯一目标-钱。

我的精神财富虽然富有,但不是紧俏"商品",我只能留给我的后代子孙和有共同生活觀的"识货人",相信她(他)们会一直传扬下去,得济于千秋万代,它是创造物质财富的重要基石和文明精神的保证。

活明白了,真好!

"小皮襖"回來清理家務就是"扔"和"捐"

姐妹俩早已商量好,抽出时间给我们清理家中多余物件和不能再穿的衣服和不再用的多余家具等,昨今两天姐俩都回到家来,妹妹与女儿母女二驅车四个小时,从维吉尼亚州阿林顿市赶到家吃午饭,饭后马上开始动手清理,瞬时间一壁橱的衣服装成四大袋,一袋(海蓝色)捐赠,两袋扔掉,一袋给朋友选用,然后再捐赠(如图)。

清理后的壁橱，就没几件衣服，几乎腾空，把给我太太每日清洗和更换的必需用品整齐放在架子上，阿姨每天早晨给我太太换药清洁身体就方便多了（如图）。

这个壁橱里全是我的衣服尚未清理，基本上没有什么可捐和扔的衣物，休闲服上衣各色的圆领和翻领有四五十件，够我每天锻炼后换洗的（如图）。

这个壁橱（如图）是我太太上班时工作穿的套装，工伤后几年就退休了，基本近二十年没再穿过。

今天开始热起来，气温高至 32 度，小皮襖們一早起來就忙於整理衣櫃，分門別類地打包，送到回收站。

终于可以告一段落了，大垃圾袋 11 个，袋内是她们的鞋、过时的衣服、孩子的婴儿服、童装等物。光拆没用的纸箱就十余个，数个纸箱外出用的尿袋待处理，数个纸箱的"尿不湿"（小号）以及"导尿管"待处理。

另有一张桌子，两张单人床要扔。晚饭后，又整理出来两袋衣服，都是我太太上班穿的套装。

说句实话，费了九牛三虎四虎之力，进屋一看，没觉得有什麼变化？兩小皮襖可累得夠嗆，兩人經常因處理清理物品意見分歧，加上又累又熱火氣較大，偶然會發生爭吵，總之，車庫清理後乾淨多了，地方也大了，感謝兩位"小皮襖"。

健康长寿是源于精神（或是性格）

关于健康长寿的问题，大家都很关注，昨天我刚转发一篇关于这方面的文章-爱看美女、喜欢体育锻炼、爱哭、爱吃蔬果、爱笑。

这五方面我都做到了，但每个人的寿命生来就注定了，为什麼有的人他（她）们即不锻炼又抽烟又喝酒，还能活八九十岁，那是他（她）们生出来的命就已经是定数了，如果他（她）们如能再做到上述几点，那必定是百岁之人了。

所以，精神也就是性格对自己的身体健康起了决定性的作用；我本人的性格是偏属于"没心没肺"型，实际是自己懂事时年龄已经近六十岁，总归，我是属于运气好，人缘关系好的类型。

我在美国生活四十七年（前六年 1940-1946，后四十一，1981 至今），我是在帝国主义国家和资本主义国家及社会主义国家都生活过的人，我在社会主义国家生活了三十二年后，终于在四十一岁全家移民美国与常家亲人团聚，当年（1948 年底），常家从北京走去台湾共十九人（常氏姓十三人），1981 年在美国与亲人团聚只剩十人（常氏姓七人），当年从北京去台湾的常家人至今只剩下我与二哥了。话扯远了！

在社会主义一党独裁统治生活了三十二年，经历了所有政治运动，但没有参加任何一次运动，只在走进社会参加工作后的第三年-文革十年浩劫，重创了我的人生路程，我的父母无缘无故的被死在文革中，历次政治运动我父亲都没犯过错误，文革裡被整成北京市美国特务组织头子，因广播事业局外事部的负责人-李敦白先生（美国人、中共党员）来中国前，在美国加利福尼亚州的斯坦福大学学习中文，由我父亲任他的中文老师。可我母亲从结婚到去世从没参加过工作，就是一位贤妻良母，只因出身不好，有病不给医治而死亡。报杀父母之仇应必报，个人力量渺小，又是独裁国家，只有面对现实，老天爷会为我报杀父母之仇的血恨，文革整我的人都已下了地狱，老天爷有眼。我有幸全家移民，至今全家幸福快乐！

八十岁以后，我也在总结自己的一些观点和想法是否有偏激之处？在美国的四十二年裡，我除和老三届的北京知青结为好友知己外，余下的朋友均来自台湾的外省人也有本省人，以及来自香港等地的朋友，基本都在七八十岁，基本与国内来的中青年人没接触，只有两位文革后的首批毕业生分配到我太太的单位-天津工业大学，后于1986年来美国读博士学位，我们之间有联系。一句话，没和中青年人有过接触和交流，究竟在三观方面有何差距？差距有多大？我自己也不知道，自我开始从返剑道接受练习，教练都是七八十年代出生，带着新的规则、用新的技战术理念来鼓励我们练习，在她们的吼声鼓励声中变得年轻起来，彷彿回到年轻时在训练场上一样。

其实她们的一些观点与我们这年龄段的人差距不太大，因为家庭教育和遗传基因两大因素对中青年人影响力很大，有的人具有一定的知识和文化水平，懂得礼貌和规矩，懂得自尊与自重。实际上交流的过程也是相互学习的过程，别忘了，前几天一篇文章介绍长寿注意的五个方面裡第一条就是多看美女，美女如云的年龄段是中青年，所以我的教练多为70、80年代的中青年，即貌美又有技术，我的技术进步也快，两眼直勾勾的看着，想记不住都难！是吧？

总之，基本上就是你的精神是否是乐观派，心胸开阔，性格开朗，也就是说基本上生活上没有什麽压力，居住环境良好，上述两点做基础，才谈得上"上层建筑"-多看美女、锻炼身体、爱吃蔬果、爱哭、爱笑等等。

何时看不到我的"满嘴胡云"，可能我开始进入老年痴呆阶段，希望这个阶段永远别来，但要保护好眼睛，否则，美女傍身都瞧不见了。睡觉啦，拜拜不您呐！

为我学过与从事过的专业再说最后几句话

我是 1958 年高中毕业考取"北京体育学院"（现名为北京体育大学），自 1953 年建院以来，首次按专业分别成立六个系-田径系、球类系、体操系、水冰系、武术系、理论系。

我当年选项是武术系的击剑专业（主项）和拳击专业（副项）。说句难听话：练了两年击剑，没穿过击剑服，没用过正式比赛用剑，击剑服和正规的花、佩、重剑只是放在器材室作为展品。

我第一次拿正规剑和穿上击剑服练剑及参加比赛是 2016 年我 76 岁时于美国。在大学两年练习都是用断剑接上扫大街用的大扫把的竹条，剑的长度与正规剑一样，但剑的重量比例失衡，影响正确掌握技术动作。

1959年国家体委停止发展拳击运动，1960年人祸粮食欠收，食不果腹的形势下，院系调整。击剑专业被调整后，一人退学，一人病休，两人到预科当文化课教师，三人转武术专业，两人转田径系，我转水冰系冰球专业。

运气不佳，转到冰球专业正赶上学校参加"全国冰球乙级联赛"，到吉林长春进行赛前训练，就在比赛开始前一周，国家体委下令，"国家困难时期，各类项目的全国比赛一律停止"。到四年级时，突然决定我们不毕业，因国家经济情况没有好转，体育事业都在"下马"期间，学制从四年改为"五年毕业"，冰球专业也撤消了，我又面临选专业的问题了。

我本想去球类系的足球或篮球专业，因中学高中踢过校队也打过篮球，后经过系领导谈话，最后一年就别再转专业了，以前选的项目都是贵族玩儿的，一根剑条就是大学助教的一个月的工资，一个冰球运动员的装备是大学三级教授的一个月的工资，我左思右想最后决定选择最省钱的项目-游泳，买一尺布做条游泳裤裈费用是￥0.28。

大学的五年生活能闯过来就很不容易，毕业后在北京的中学教了九年体育，婚后，又调到天津高校教九年体育课，最后于1981年4月8日全家移民美国，这辈子我最喜爱的职务就是教师，我非常热爱我从事的体育事业，无论是教学还是假期到业余体校训练小学生，尤其对祖国体育事业的发展与参加国际赛事的成绩都倍加关注。所以，我想说一下自己对祖国体育事业的一些看法：

（一）必须内行做一把手，杜绝外行当领导，外行能领导内行是最大的"右派"言论。

（二）国家男子足球队是否临时解散？国家男足有否与赌博集团相互勾结，操纵比赛、赌博分红利？谁是主犯？共犯？从犯？是否受到法律制裁？

（三）国内的职业球赛是否可以开展？或是哪些项目可以开展？有的项目连亚洲都走不出去，搞职业球赛在中国各方面条件成熟吗？

（四）国家队的教练员问题：改革开放前，国家队的教练水平总体来讲实属一般，国家体委于五十年代末期建立了"国家体育科研所"，初期尚属国内外体育竞赛信息和情报资料，由于当时的教练大都为运动员退役后改做教练员，知识和文化水平较低，未能达到科研与训练、理论与实践相结合的阶段。

1958 年前，全国有六所体育院校：北京体育学院（华北）、沈阳体育学院（东北）、西安体育学院（西北）、成都体育学院（西南）、武汉体育学院（中南）、上海体育学院（华东），负责六大行政区（即全国）的体育专业队的教练，大（专）中（专）院校的体育教师和群体工作的组织领导干部。

就目前国家队以及各省市专业队的教练有多少是体育院校本科、研究生和博士学位？在这方面我提两点建议：

《1》各体育院校成立"教练员系（或专业）"，就如艺术院校，除了"表演系"还有"导演系"，可从应届高中毕业生招收，也可从退役运动员招收。

当前的运动队已与过去的一个教练统管训练的一切的时代不一样了，"教练员系"是培养一个运动队的"大老板"的专业，譬如：一个专业足球队的教练组如何组建？包括几个专业组？"大老板"也可能是主教练，也可能不是，但队内的一切问题他（她）是有决定权的。

《2》"专项教练员培训班"：招收对象为已退役和将要退役的运动员或在职可脱产的教练员，通过"体育科研所"提供的世界各国优秀教练员的训练计划、方法、手段，运用哪些专业训练器材和辅助器材？尤其是运用生物力学和理论力学对技术动作的分析，找出适合我们中国人的技术动作与训练方法。

《3》我国的专业运动队都是国体制和早期专门化，从小学就开始进专业队训练，由于运动项目不同，有的进入专业队较晚，知识水平都不高，最多也就是初中水平，为了退役后的出路，除训练必须安排文化课，在他（她）们退役时，文化课要补齐到高中水平。

我现在最担心的是人品素质的教育与培养的问题应该怎么办？因为进行政治教育的人已经进了监狱被教育，"在有钱能使鬼推磨，有钱能使人推磨，有钱能使人变鬼"的时代裡面，我是"人微言轻"，突然感觉自己多余了，就此打住。

（五）我最后再说一次领导不爱听的话，通过 2020 年东京奥运会女排的结局已经看出国家体育局连最后一块净土都不是了，真是"钱能使鬼推磨，也能使人推磨，也能使人变鬼"，我最后的一点信心已经随挤走郎平事件成为零。

郎平就是我第（四）里说的教练里的"大老板"，她的国家女排教练组的组建形式给我们各级专业队做出了样板！这个开头和我的第（一）所说内容一样，挤走郎平就是维护外行领导内行的倒行逆施行为。算了吧！

这篇文章是我最后对祖国体育事业说出自己的个人想法，我对得起祖国对我的培养，祖国能留给我的记忆与怀念，就是辽阔的大地，丛山峻岭，江海湖泊；让我留恋的、经常怀念的是由小到大的发小，由小学到大学的十七年的学生时代的生活和同学之间的感情，以及十八年教学中与学生结下的深厚情谊。

言已尽，路还长，口要張，飲小酒，舒筋血，心宽畅，长寿命，我待看，兴与亡。

就事论事

上联：昨天七七事变

下联：今天安倍祭天

横批：老天有眼

今天早晨看到朋友转发的这幅门联，的確八十五年前的七月七号是让中国人永远难以忘记的日子-日本军国主义好战分子发动侵华战争，掠夺我国财产资源并肆意屠杀无辜的中国人民，这笔血债永远难忘，这是国耻。

这个门联也只有中国人能写出来，很正常，无可非议。怎就这么寸，转天安倍就遇害，安倍是在日本战败投降后九年才出生，让他祭天有点"冤"，将横批改为"白内障眼"。

就目前局势来看，防备之心不可无，今天的中国绝不是清末民国初年的中国，也不是谁想来犯就敢来就能来，也得想一想能否回得去？

我在日本投降后的十年-1955年正值上高中的年代，北京建成

"苏联展览馆"后，舉行过"苏联国家展览会""捷克斯洛伐克国家展览会"和"日本国家展览会"，这几个展览会我都参观过，当年看时给我的印象很深，今天回想起来，十年时间从战败国到开展览会，展品质量较高的轻重工业产品，不能不说日本的工业基础雄厚。否则它怎敢侵略中国和亚洲东南亚诸国，以及奇袭美国珍珠港对美宣戰，一看出野心也看出它的工业实力；二是不可轻视日本的经济实力；它是战败后被限制不可有军队；不可发展生产军事工业与武器才有今天的局面，它的各个方面实力不容轻视。

其实我国存在的问题是：（1）无论做什么，都是为了给外国人看的，就像我们小时候听大人说过千百次的故事内容：

一家人生活艱困苦的，但还要裝生活过得不错，男主人出门先摘下房檐下面挂着的肉皮擦擦嘴，像是刚吃完肉似的，到外面和街坊四邻吹牛，此时，他家的孩子跑来大声喊他父亲说："爸爸，你挂在房檐下面的擦嘴的肉皮让猫给叼走了"，父亲说让你妈赶快追去，孩子回语："咱家就一条裤子让你给穿走了。"这就是当前也是七十来年治理国家的领导们的治国理念。

（2）二次大战结束后，日本被美国投了两颗原子弹结束了战争，十年后日本在北京开了"日本展览会"，展览会结束后北京很多人穿上了"尼龙袜"，我的一位同学买了几双，挺好看，初次见到非棉织品，本来就是汗脚，再让尼龙袜一捂，真成日本731细菌部队生产的"化学武器"，令全宿舍同学"呼吸困难"。我国也是十年，自1949-1959年，却迎来因"人祸"造成的粮食欠收及数次的政治运动整治"貓"先生的政敌和知识分子，造成饿死三千七百万人（这是官方发表的数字，真是数字是多少？用自己的聪明智慧去想吧！）。为什麼我们取得了如此大的进步和发展，但和世界先进水平还有如此的差距？我们自建立中华人民共和国至今已是第七十三个年头，前二十七年的政治运动死亡人数超过四千万，数以百万计家庭遭灭顶之灾，国家有否认真总结二十七年祸国殃民的政治运动遗留下来的问题？用一句话："领导人被坏人利用了"，全国造出来的"神"让坏人给玩了是否连自己都骗不了。一句话，中国从来都正确，都是国外"阶级敌人搞破坏"?

（3）对于听话麻木的平民百姓，但分用脑子想一下，世界先进国家有哪个国家的官员有如此众多的贪官腐败分子？想找一位清官赌难上加难！这样的社会主义社会有谁会喜欢？为什麽到关键时刻，我国身边几乎没朋友与支持者？我们的官员无论是知识水平还是个人素质修养水平都非常低，尽管国内外对百姓封锁消息，当今的消息渠道进入国内防不胜防，国外对中国的情况知道的一清二楚。就中国目前的情况，你又怎评论"老天爷"？是老天爷"有眼无珠""眼有内障""眼有青光"？诸位该感谢"老天爷"近日身体欠安-害眼，我相信奴才们一定加倍行贿"老天爷"，他老人家主持正义，只因害眼看不清现实，所以才没"网擋、望鍋"。

（4）安倍晋三与八十五年前日本侵华有何直接关系？就像2001年美国纽约双子星百层大厦被恐怖分子用飞

安倍晋三已经当了四届日本首相了，是日本任职时间最长的首相。安培的妻子昭惠女士曾向英国前首相布莱尔的夫人透露："安倍虽然担任首相，但是他自己的衣服都是自己洗，吃完饭后还会洗碗和倒垃圾。"并且他们家住普通公寓，和88岁的老母亲住一起，没有请保姆，没有政府工作人员，也没有专车和专职司机。

机撞倒时,国内有的城市拍手称快,跳舞庆祝,这些场面都被卫星转播世界各国都看到。丢人丢到全世界,多么丑陋的人心、人性、人品和道德品质!

为说清自己的观点,选三篇有关安倍晋三的文章给大家阅读,与中国官员相比较之下,就清楚"公仆"和"皇上"的区别了,如果您还不清楚,那只有请您回归大自然到森林去与野生动物一起过野外生活吧!

与我国的皇帝特供比一比。

这回我"露"大脸了

近十年从开始写"博客"到今日的"微信",已有三百六十余篇之多,基本上十天写一篇,可算"高产户"了。而且,亲朋好友及学生都对我的记忆力有较好的评价,最近不知何故,我的记忆力碰到"劲敌"-最近我们每天看《YouTube》的体育节目,我们首选看"2020年的东京奥运会"的田径比赛项目,比赛项目众多,周六与崔麟通话,说起"奥运"中国田径项目成绩的突破性的进步,崔麟马上就能说出运动员的名称和成绩(XX米XX公分,X分XX秒.XX),我自认在这方面比不上崔麟的超强记忆,我和我太太说:妳们年级裡,崔麟的记忆够强,我佩服并认栽了,我太太就说:你记女孩子的

名字也是超强无人能比呀！

今天我再一次裁在我的记忆上，就是上面这张照片：左起是我和我太太，接下来是她的姐姐和姐夫二人，再过来是我太太学校（天津纺织工学院）的刘老师田姨夫妇二人，最后的右一和右二是谁？我绞尽脑汁直到现在还没有想出来。

我只有从照片中的三方查詢，我们看后似脸熟又叫不出名字，是谁？发照片给我太太的同事-刘老师，答复：不认识。我太太的姐姐和姐夫都已过世，只好将照片发到她外甥的微信群裡，终于有了答复："是我父母亲的朋友，是谁和名字？不知道。"我的脑子也有"短路的时候"，"花无百日红"这句话没错，我的记忆力已经走到"残花败柳"之阶段，尚未到"丢盔弃甲"的时光。

多亏在七十岁生日时，做了一部上中下三册的像集，共283张照片，并著有文字说明，只因准备时间仓促，在挑选相片的时候不够精细和全面，多少是件遗憾的事儿。

今后的日子裡，这一生裡共有数千张照片，其实都是留给两女儿的纪念品，我想有空閒时就按照像的时间年份和分类整理出来，然后都保存在 USB 裡既方便又保留时间长，照片下面都可以注明时间、人物、地点。

我现在碰到问题就会考虑如何命题，如何选照片，为的就是巩固记忆力，加强思维能力，我不在意所写的内容，就是敏感话题，我只谈自己的观点，不与任何人争论，谁的日子过得舒服自己知道就行了，我活着不是给别人看的。我自从学校走向社会到明年就是一甲子-六十年，这六十年裡经历了最没人性的政治运动-"文革"，在国内工作的十八年中，多少取得经验教训，但"江山易改本性难移"呀！也就是民间流传至今的一句话："狗改不了吃屎"，为了自己的身体健康长寿，管它什麼敏感不敏感话题，谁不让碰敏感话题本身就是"做贼心虚"，我自己头脑清醒最重要，坚持写生活感触，直到人生终点。

厉害呀！我的国——罪犯的天堂

看过这个视频，才知中国的法律竟是如此的高超、如此的高明、他们的脑瓜子里进了多少水呀！

（一）请公布发生在河南洛阳洛龙区的强奸案，所有审理此案的法官和检察官的名字、学历、毕业的学校和学位。

（二）"用其人之道还治其人之身"的方法，请出男性法官和检察官的夫人或女儿，看看这些公务员的女性亲属是如何配合强奸犯？

（三）由（二）的原、被告双方，中国法律协会，各高等院校法律系专业人士，中央高等人民法院，中央高等人民检察院和河南洛阳市及洛龙区法院一起复审此案。

（四）所有参加此案审理的单位与个人，根据此案审理过程中存在的问题，应该修改或重新制定合理的法律条文，让法官和检察官都有据可依。

我国是法制国家吗？不是，绝对不是。

我认为这个案件可以代表我国目前法律界的水平，最近的几个省市发生的黑社会性质案件来看，司法界需要整顿的问题太多了，一句话："上梁不正下梁歪"！

唐山流氓打人事件至今没有审判，何故？请看详细下面的报道：

往事如烟：难怪震惊世界的唐山团伙流氓杀人案迟迟不能宣判，原来主犯陈继业的父母的确来头不小！

往事如烟：主要流氓杀人犯的父亲是武警部队某部的少将副政委。

往事不堪回首——学生时代与社会中的沉浮

上个月24号，两女儿都回家来帮我清理车库和三间卧室壁橱裡的衣物时，柜橱裡的横隔板上有一个纸盒，拿下来一看，裏面全是照片，突然我看到这张（上面）照片，让我想起六十三年前的我与照片中的学弟-馮德津首次见面并相识。我与他只相差一年先后考入北京体育学院，但都在"武术系"的不同专业，我是击剑专业，他是举重专业，另外，他从天津考入体院，每逢寒暑假我们会一起回家过年、度假，在校内我是学长，在生活裡他是我的兄长。

当年，圆明园的遗址是体院各系科学生出早操、练身体素质、课余时间取景留影的好去处，尤其是这个大理石的门雕是最佳取景地之一。

潇洒退休篇（下）

德津兄在高中时练过体操和举重（健美），在天津我家和他家离得不远，他住在西安道，我住在马场道，他家胡同口的西安道有一家"奇峰"照像館，櫥窗里面擺的就是德津兄的健美照片。

1960 年困难时期，击剑专业被调整后我转到水冰系冰球专业，德津兄本想转到体操系，被武术系领导劝留在武术专业，后来武术系与体操系合并为"体操武术系"。

此照片和本文的首张照片是他练劍和贴在牆上的"壁虎功"。毕业后，我的工作留在北京，晚一年德津兄毕业分到天津"新华路业余体校"后改做体操教练。

九年后，我的工作调回天津，从 1972 年 12 月 － 1981 年 4 月我们的来往与接触较多，我们最后一次见是 1992 年秋，我陪朋友去大陆办事，一晃也是三十年前的事了，这次我通过天津的北京体院老同学经与京津两地校友联系，几经波折终于找到德津兄的电话号码，于七月十四号我生日那天，与德津兄如愿通了一通难以放手的电话。

德津兄是属"虎"，今年是本命年，通话后，老兄发了几张近期照，虽有老年基础病，总算保养的不错，体型保持非常好，引发了我的"嫉妒心"。头发虽白但数量比年轻时不见少，只是多"一条腿"而已，不显老而更显有"派儿"，保重身体老哥，有朝一日再相见！"对酒当歌，人生几何？"

想和中学的（足）球友聊几句

这张照片是2018年我回国时和大中学同学的合照，我们都是1958年高中毕业：左起-关宏凯、石国今、汤志永、本人、高博禹（除石国今是从天津考入北体大篮球专业），我们四人都是北京25中（原育英中学）初中同学，从初三开始组织足球队，开始利用课余时间与外校进行比赛，始于小皮球，咱们七八班联队踢遍东城区，最后初中毕业前以 6：0 战胜北京市小皮球冠军-"育英小学"而结束，从而进入高中后，正式进入足球时代.

为什麼想起来说近七十年前的事儿？起因有三：(1)前几天一篇文章写到中国足球队在比赛中终于"进球"了，跟南韩队比赛，结果是中国队的队长把球顶进自己的大门！中国目前应该整顿才是，中国的职业足球赛目前有必要和有条件进行职业足球赛吗？这球赛水平太低了。没必要用国家人民的税钱来养活一帮即没知识又没文化、素质又低俗的体育蛀虫。继续下滑就是为了某集团的利益了。（2）是否还记得我国的足球自我们开始踢球时就已经是亚洲强队，我在咱初三开踢到高中再到大学，我们的球技随着时间的推移而提高，並因知识的提高对足球运动精髓的认识也跟随提高。五六十年代的国家球队基本上高中生多一些，大学生少一些，至今早期专业化训练，文盲佔专业运动员总人数的百分比是多少？青春期对技战术能理解多少？退役后，能有什麼工作能力养活自己和一家人？（3）"疫情"期间，待在家中时间佔2/3，系统看了"东京奥运会"田径所有项目，太过瘾了，就是到现场参观，也不可能看全所有的项目。目前，每天看进入足球"世界杯"大赛的三十二个国家队之间的比赛，场面精彩无比，没想到目前的足球发展到今天传球距离之长、速度之快、准确率之高、射门脚法细腻准确，都是前所未见的。

　　就拿今天（7/29）下午我走完步回来，电视正播放"美国"对"波兰"，比赛进行到66分钟，双方踢成6：6平，到九十分钟结束时的比分美国以17：9战胜波兰，24分钟双方踢踢进14个球，观赏性比过去提高十几倍，有一场比赛是阿根廷以18：17胜巴西，九十分钟踢进35个球，各个球进的精彩，真的直呼看得太过癮了。

　　志永、博禹、嘉誠咱們踢球是的戰術陣容即左中右后卫加上左右前卫为"M"，"W"就是左右边锋、左右内锋和中锋，1954年"匈牙利"国家队足球二队和三队来中国访问，在"先农坛"体育场的友谊赛和匈牙利二三队的表演赛，让我们大开眼界，並派年维泗、张宏根、方纫秋、陈成達等人组成青年队去匈牙利学习，回国后我们就改用"四三三"战术了，当年我们都看了"7：1"和"6：3"两个足球纪录片，当时的话语是"匈牙利足球队用90分钟，在90米长的场地上，以7：1和6：3战胜了足球场上的90年的霸主（指英国足球队）。

　　自1956年开始直到文革开始，中国的足球基本在亚洲无对手，北朝鲜与我国互有胜负，其它国家均为手下敗将。

照片裡的故事（下）

　　到六十年代初，巴西获得"世界杯"冠军时，各国足球队也曾被巴西队员"桑巴舞"式的脚上功夫折服，三角短传的进攻方式普遍被诸国足球教练接受。直到七十年代初，欧洲的荷兰队-克鲁伊夫推出全场"人盯人"的共进共退的攻防战术。直至前几年在电视上看到西班牙的"巴塞罗那"足球俱乐部队的比赛，由10号-梅西组织锋线进攻时的"渗透"战术的打法，这又是世界足球运动的一次"革新"，我记得当时我就给你们和关宏凯打电话聊起当前世界足球风行的打法，上一届"世界杯"的德国队创新的战术，首先，结合德国队的"人高马壮"的特点，由边路进攻传中，德国队员前锋身高一米八以上，头球进攻有优势，同时也结合"巴塞罗那"式的锋线进攻，对不同风格球队采用不同战术，让德国获得足球"世界杯"。

　　现在的战术是"简而明"，我边写边看法国队与阿根廷队比赛，上半场结束：阿根廷队以5：4领先法国队，下半场开球后三分钟法国踢进一球扮成5：5，阿根廷中场开球，25秒踢进一球，比分6：5，法国中场开球，28秒法国又踢进一球成6：6，两分钟法国又踢进一球为7：6领先，一分半钟阿根廷又进一球是7：7，我写跟不上两队进球的速度，不写了，他妈的法国又进一球，场上8：7法国领先。

　　现在是59分钟进了15个球，平均4分钟进一球，什麽战术能进如此多的球，说出来你们都不会信（阿根廷又进一球场上8：8），法国又踢进一球9：8。我都没时间写，就是守门员踢门球，是第一脚，落点是中场（法国又进一球10：8）本队队员接应，马上第二脚就传到对方禁区，本队前锋接球转身射门，球应声落网，就三四脚的事儿，你说用了多少时间？是不是也就25秒钟左右的事儿？法国又进一球，由后场断球，經传四次球（这时阿根廷又进一球9：11）射门进球（阿根廷又进一球10：11）。我就写着一会儿踢进三个球，你说观赏性（法国又踢进一球12：10）强不强？我写这点事儿才几分钟就互进（法国又进一球13：10）5球，到时候看"世界杯"一切答案就清楚了（阿根廷又进一球13：11阿根廷又进一球13：12，阿根廷又进一球13：13），停笔吧，我看球了，写的速度跟不上进球的速度！

【补充】法国和阿根廷正式比赛时间踢成 13：13，进入加时赛，法国以 8：7 领先一球获胜，全场比分为 21：20。技术统计：90 分钟进 26 球，平均每 3.46 分钟踢进一球，加时赛 30 分钟踢进 15 球，平均每一球/2 分钟，120 分钟比赛踢进 41 球，全场每 2.92 分钟踢进一球。

这个数字告诉我们当前的足球运动是技术+速度+体力+准确的综合性体育运动，而且观赏性极高的体育项目。

中国的足球先放一下吧，先把所有参与赌球的官员、领队、教练、队员和所有涉案人员统统抓捕归案，再选拔队员，年纪轻，高中毕业或大学生，品行端正，在足球队组建问题上还是请体育界的专家、足球教练等专业人士参加，切记，不要请"砖家"。

"吃饱撑的"闲谈卡达尔足球"世界杯"

在当前"莫谈国事"的淫威下，只有闲扯蛋（足球）可以避嫌、避险，嘴对我来说，除了吃饭喝酒就是聊天说话，目前，我改用文字表达代替语言，即省了惹麻烦，也能保持头脑的正常思维活动，闲话少叙，书归正传。

我先把 32 个队分组情况公布如下：

（A）塞内加尔、荷兰、卡塔尔、厄瓜多尔。
（B）英格兰、伊朗、美国、威尔士。
（C）阿根廷、沙特阿拉伯、墨西哥、波兰。
（D）丹麦、突尼斯、法国、澳大利亚。
（E）德国、日本、西班牙、哥斯达黎加。
（F）摩洛哥、克罗地亚、比利时、加拿大。
（G）瑞士、喀麦隆、巴西、塞尔维亚。
（H）乌拉圭、韩国、葡萄牙、加纳。

第一轮比赛是 32 个队分 8 组，经过 48 场小组循环赛，各组前两名进下一轮淘汰赛胜出 8 个队。

从今年 5 月份至今（7/31/2022），32 个队之间的比赛记录结果来分析，也就是预测一下，不知是否能有"铁嘴神算子"那两下子？

（A）荷兰一直是足球强国，在这组没有任何一队可与它抗横，卡塔尔在这组垫底，因占主办国的便宜，没有厄瓜多尔的比赛资料，只能查阅一下塞内加尔队的记录：塞内加尔胜阿根廷8：5，胜美国11：8，我认为A组是荷兰和塞内加尔两队出线。

（B）这组因伊朗和威尔士都没有近期比赛记录，英国和美国出线机率较大，美国胜巴西3：0，胜摩洛哥9：8，胜阿根廷8：6，胜加拿大5：4，胜日本13：5，胜墨西哥17：9，胜波兰17：9。

（C）这组实力最强是阿根廷队，最弱是沙特阿拉伯，另一队由墨西哥和波兰队来选一队，波兰只有三场比赛记录：以3：2胜阿根廷，6：10负法国，9：17负美国。墨西哥也有三场比赛记录，与波兰一样，1胜2负：胜荷兰4：2，负阿根廷4：11，负美国9：17，但从比赛电视上来看，墨西哥的战术运用和个人技术稍强于波兰。

（D）这组除法国有比赛记录，其它三个队都没有资料，法国实力强是毫无疑问的，另外三个队应属丹麦最强，所以这组是法国和丹麦出现几率最大。

（E）这组毫无悬念的是德国和西班牙两队出线。

（F）这组实力比较接近，从电视上看到克罗地亚队的水平略高一些，其它三个队要看临场发挥如何来决定未来的"命运"？看比利时和摩洛哥谁发挥的正常！我认为比利时可能出线几率大一些。

（G）这组四个队的比赛记录来看，强差人意！我认为四个队发挥正常，应该是巴西和喀麦隆出线。

（H）这组葡萄牙是首选，另一个队应是非洲的加纳，从比赛发挥来看，加纳无论速度和技术的配合度很好，我预测结果如何？12/2/2033见分晓！

我在看卡达尔足球"世界杯"32个国家队比赛电视时，除所有参赛队在战术上全部"推陈出新"，但我要说的是排球中的"快板球"用在足球攻门的战术，即从边路带球进攻的队员就像排球的二传手，看到同伴在对方门前上跳起时，边路球员用足弓内测将球推送到同伴头前，也就是用头球攻门的队员向上跳起到最高点时，边路球员送出的球也正好到进攻球员的头前一碰球就应声落网，任何人都没反应！这是距离、时间、球速、攻门球员跳起的高度的完美配合，我看到三四次不同的队采用这种"头攻快板球"100%奏效。

再者，现在的战术对守门员的踢球技术有更高的要求，门球要踢得非常准确，否则影响进攻速度和质量。守门员与后卫之间的配合，传球要准，而且快，等到看完"世界杯"也就品出我所写的内容含义了。

最后的一点，是给我们这些曾经的老足球运动员和爱好者，七十年代我们这个年龄段的人正处在文革期间，荷兰国足的"克鲁伊夫"全攻全守型的战术打法，没有机会看到，这是足球一次划时代的创新足球战术，有机会好好看看二十一世纪二十年代的足球技战术的真实"容貌"！

这就叫"政治"

"There's no doubt in my mind that the military-to-military are having conversations ... to make sure there's no accident that could happen," said Ret. Command Chief Master Sergeant in the United States Air Force, Dennis Fritz, director of the Eisenhower Media Network.

Such bilateral military discussions, though unconfirmed, are likely to occur in tandem with diplomatic outreach to ensure that Beijing has adequate clarity on Pelosi's trip to reduce the possibility of dangerous misinterpretations of U.S. intentions.

"In advance of her arrival in Taiwan, the U.S. will relay

关于佩洛西议长的台湾之行，美国军方与中国军方保持着联系。美国军方会事先把佩洛西的飞行计划通知中国军方，避免擦枪走火发生意外。中国战狼的嘴炮都是打给墙内愚民看的。

不知诸位看完这篇文章的时候，诸位的思想是有如何感想？

政治就是国家的统治集团，为了维护自己的权利不受危害和侵犯，制造假消息、假历史欺骗人民、麻痹人民，这与社会制度毫无关系，只与统治集团的利益密切相关。

社会主义国家只有一种政治信仰，资本主义国家政治信仰无限制，两个以上的政党领袖由人民选票来决定，为什麼一定要用欺骗人民的手法来进行政治交易？首先是利益，其次是面子。

我就不明白了，世界两百多个国家，越是说自己如何为人民服务，一切从人民的利益出发，这个国家的贪官腐败分子充斥社会各阶层领导岗位，很多重要岗位都是官二代占据，他们把从老百姓搜刮来的钱财及自己的后代送到与自己为敌的国家做人质和抵押资产，试问：你还有和对手谈判的筹码吗？

邓朴方名言：

邓朴方本月初，病逝于澳大利亚，生前有句名言："中国有上万亿资产的不止我们一家，至少有17家，上千亿资产的至少有50家，多数是勤劳致富的，希望大家不要嫉妒，有本事可以自己挣麻"。

世界上有恬不知耻的人，但是像邓朴方这样毫无廉耻的人，恐怕是前无古人后无来者！

我想说我的经历和认识：我是1963年暑假毕业于北京体育学院几经周折终于被分配到北京西城区的一所女子中学任体育老师，这所学校是区重点学校，初中升高中的升学率高达99%，校长和书记是位女校长，王校长是抗日时期参加革命的大学生，她的丈夫是将军，但她从没做过将军的骑车回家，都是自己花钱坐车回家，从不沾国家一点便宜，作为国家干部从不做违纪的事情，是让我们崇敬的领导。她能正确地掌控知识分子政策，但也有例外，一次党支部副书记-李XX找我，让我谈一下如何组织全校学生有用的问题，谈完话我在即将走出党支部的门口时，忽然听到李书记的问话："现在有男女分池的泳池吗？"，都什麼年代了，还有如此外行的学校领导，我随口而出："有，王府井八面槽的清华池（澡堂子）"，换来的是停止教课，去"卢沟桥农场"補劳动实习（註：大学生毕业都要参加一年劳动实习，但我从没听说过党的政策有这一条规定）。只要没触及他们本阶级和他们的个人利益时，可能还能执行知识分子政策，一旦触犯她们的利益就会被她们所掌握的权力来处置你，王李二位书记的丈夫都是将军。

上周这所学校的学生发了一篇"怀念和歌功颂德王校长"的文章，时至今日，王校长还是我走进社会所见到的领导裡算是一位好领导。我曾特意给王校长的得力助手通过电话，据"神推算"一场局部战争即将结束（佩洛西 3 号离开台湾）。电子对抗战，我方二次失利。北斗输给了星链。星链加航母的强大电磁波和信号源覆盖了台湾东偏北方向地区。我方的波段已被抵近侦察获取。所以舰船飞机等显示屏被覆盖无信号。所以 8 月 4 号美国人的专机飞走以后航母关闭电磁波星链关闭信息源以后，我们才能举行实弹射击演习。败了就是败了。知耻而后勇。再熬二三十年吧。国内的一些奴才，也就是自封的"爱国者"，抓空就吹牛，往死里吹，这次给主子丢脸了吧！本来国内就是没知识没文化的人民佔绝大多数，思想愚昧无知，被奴才们吹得五迷三道，找不到北，跟着摇旗呐喊，起哄架秧子，实际起了反效应。抓紧时间给自己国家的老百姓多做些事，少为自己争权夺利动心思费脑筋，多为人民做点事，积点阴德多活几年，别尽干缺德事，老天有眼，你会遭报应的！

谈我对台湾问题的认识

看完这份地图及说明（下图），傻子也懂得出了什麽问题？劳动人民当家做主，是国家的主人，怎么把自己家的大片领土给看没了，结果七十余年后的今天才知道，被我们"人民公仆"们割让奉送给邻国，这世上哪有公仆做事不经过主人批准，不通知主人的事情缘由及结果，由此事的产生，我想把我对台湾的问题的看法和疑问谈出来，我没有妄议政府的资格，我只是关心祖国的山河不被无故侵犯和割让！

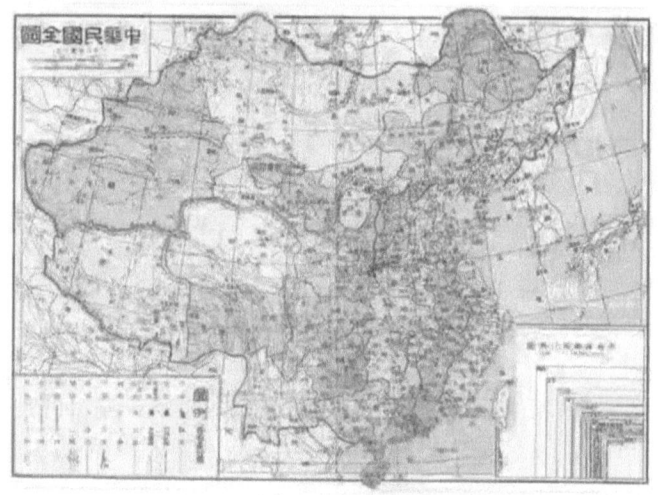

据最新一期《美国地理杂志》报导，根据美国遥感测绘卫星的数据：中国的国土面积只有712万平方公里。1949年，国民政府撤离大陆时留下的是1141万8174平方公里的国土面积。现在中国的国土面积只有712万平方公里。

我们谈"台湾的问题"，是否先弄清几个问题？

（1）中华人民共和国是哪年成立的？

（2）中华民国是哪年成立的？

（3）中华民国被中华人民共和国消灭了吗？具体日期？

（4）国民党被共产党消灭了吗？具体日期？

（5）日本军队当年侵略中华民国时，杀戮多少中华民国的老百姓？直至今日海峡两岸中国人民忘了吗？

（6）试问"武统台湾"造成本国人民的死亡人数会少於日本侵华战争吗？解放军是否是杀自己的兄弟姐妹？是否比外国侵略军杀戮我国人民罪孽更深重！

（7）三年国共两党内战，国民党败走台湾，国民党军队被俘的抗日将领均被新政府处决！接管沈阳战俘营里的日本战犯，我们处决了几名？释放回日本有多少人？

（8）政治是老百姓永远都读不懂的课题。

潇洒退休篇（下）

当年台湾民进成立时是我党出资出力，秘密把吕秀莲、陈水扁、蔡英文招到北京，支持他们的，有照片为证。

这张照片就是抗日时期发生过的消耗政敌军事力量再次翻版运用到政治力量的争斗上，此招高也够阴，真可说为了权力到了忘了祖先不要脸的地步。

这次是搬起石头砸了自己的脚呀！看一下当年被请来北京的蔡英文今天说什麼？

最后，我想用我軍元帅-刘伯承将领的话作为结束语：

现在的海峡两岸对立，本来是上世纪国共内战的产物。正如刘伯承所说，那场内战血流成河，尸横遍野，造成了上千万主要是农民子弟的丧生。如果是你自己的子孙在光荣的抢滩先头部队，你的心情会如何呢。所以几代伟人都谆谆教诲我们不要轻言武统。

中华民族是智慧和善良的民族，我们一定能找到一个比战争更好的办法来解决两岸的问题。

我參加過一次反自然科學的事兒

昨天，我在微信上看到一篇文章，內容是 1958 年春季，北京開展全市"除四害"運動。

這張照片是 1959 年 1 月底，回校看望班主任-陳寶琦老師并合影留念。

我和我們高三（3）班的同學被分配到"勞動人民文化宮"轟麻雀，讓麻雀永遠在天上飛而不能够落下休息直到累死為止。領導說麻雀是四害之一，我真不知道麻雀爲什麽是四害？我一直生活在城市裡，究竟麻雀如何糟蹋莊稼？動物課老師從來沒講過，此時又是"反右"政治運動剛結束，領導都說麻雀是四害，那就是四害了；"反右"不是也有數百萬無辜的說實話但領導人不愛聽，內容再正確也是"右派"去勞改，搞得妻離子散家破人亡的結局，經過三十年才獲得平反稱爲冤假錯案，那還有四位沒給平反，來烘托反右運動還有一絲絲一毫毫的正確之處？麻雀就沒人類這麽幸運了，后定麻雀即非有害的飛禽類，但與人類的共同處就是沒被政治運動給滅了種。

我們當時分散開來，連敲臉盆、鐵片凡是能發聲音的物品都是轟麻雀的利器並加上我們的吼叫。我當時身手矯健便騎在"文化宮"

裡的紅色高牆（約 6-7 米高)頂黃色琉璃瓦上面，連敲帶喊下午已是精疲力盡，終於到？可以結束這一天的"戰役"了。此時，我們的班幹部犯了錯誤，接受了"文化宮"領導對我們勞動給于的報酬-免費看一場電影-阿根廷出品的"血的河流"，非常好看。次日回校後，召開班會，班幹部在班會上對全體同學作了檢討，回想過去，再看今朝又該作何感想？

"留住记忆"（原女八中师生文选）观后感

我在找地图时，发现了这本"留住记忆"，我怎会有这本书？已经想不起来了，拿起来慢慢翻看。

北京女八中是我大学毕业后走入社会的第一个工作单位，在这九年里，经历了本职工作的磨炼，也经历了没有人性的政治运动洗礼，正是这九年，让我逐渐明白了很多做人的道理，对女八中的师生及校领导也有自己的认知。

我的"留住记忆"以时间划分，可分"文革前后"

"二十世纪末与二十一世纪初"；(1)"文革前后"-1963 年毕业后被分配到女八中任体育老师，直到 1972 年 12 月 26 日拿到调令到天津市教育口报道，结束第一个九年在北京的教师生活，戴一顶"5？16 现行反革命"的帽子走向第二个九年教师生涯。

在女八中我认识的第一位党员老师-还炳文老师，刚到学校任教不久，党支部对年轻教师搞"向党交心"活动，实际是排查我们这些刚出学校门的青年人的思想状况？一天，我和住校老师打完乒乓球后，与还炳文老师、梅孔祥老师出去到"四川小吃店"吃夜宵，边吃边聊时，还老师说："你刚走入社会，已经不再是以前的学生了，说话、写汇报要用脑子思考后再说再写。实话真话在说时要看时间、地点、和环境，不是想说就能说的。"像这样的党员老师在他人思想有问题时，是帮助端正态度，改正"错误"，而不是像一些党员老师搞特务行径，将年轻人推下政治深渊。

另一位党员老师就是孙英老师，她是我心中最敬重的党员老师，我在女八中工作九年里，与孙老师没说过几次话，在我的心里她就是教师的楷模，她的业务和文化水平，个人的涵养，言谈举止的气质，在教师队伍中称得起是我们的表率。这二位老师的为人与品德、涵养给我留下深刻的印象，永世不忘。

但在我校教师队伍中，的确有数人是不学无术，最主要的本事就是政治运动中充当打手迫害老师，他们就是群众俗称的-党棍。非党教师也有"特工"，专门收集老师们的言谈话语汇报，为自己积累政治资本，踏着老师们的肉体向上爬，是教师队伍中的败类与蛀虫。只怀念那些被人们尊重的人，至于那些党棍、特务都已被"替天行道"的老天爷收走了，最好想一想，人生的路应该怎么走？

女八中的党支部领导同志裡，我只想说两位党领导，一位是让大家都敬重的王季青校长，但在文革前被调离女八中到农垦部工作，在王校长领导下工作的两年里，的确对老师尊重，关心老师的工作与生活，平易近人，是我见过的少有的政策水平高的领导。我虽然没有体会过王校长执行知识分子政策水平高于我身上，但我对她领导教学的能力和方式方法還是很敬重的。

另外一位是负责我校全体教职员工人事档案的负责人-杨乃亭老师，从被分配到女八中开始，我对杨乃亭老师就不喜欢，每天见面都是绷这个铁青的脸，没有任何一丝笑容（尤其是我这样世界观的人），但通过"文革"这灭绝人性的政治运动，每人都登台表演一番，对每个同事都有新的认识，后续裡表述。

　　（2）二十世纪末和二十一世纪初："文革"结束后五年，我们一家四口移民到美国与从台湾移民美国的亲人团聚，被台湾海峡分隔三十二年后，近二十口人的大家庭，如今只剩下我们三兄弟的六个常姓后代（三男三女）和长兄与我共八位常氏后裔。

　　在我生活在大陆最后的五年里，依然是文革流毒及影响远远没有结束与肃清，涨工资和評技术职称我都没份，说是文革时戴的反革命的帽子都平反了，档案里的东西谁能证明已销毁？权贵阶层何时何日对人民说过真话？最后，63年以前的大学毕业参加工作的全都涨一级工资，这才算涨了七块钱，可技术职称仍是助教！

　　从改革开放至今，中国的现实情况怎样？我不想多说半句话，各过各的日子，自己过得愉快，家人身体健康就好，其它均与我无关，"国破山河在"，我们的祖国永远屹立在东方！

　　杨乃亭老师是我通过文革前不喜欢到文革后至今从内心敬重她，敬重她的人品和党性。文革中学生们用木枪托和武装带打她、抽她，让她说出教师们的档案资料，可她只字不露，坚持到最后文革结束。因我1972年工作调动去了天津，九年后移民到美国，在两千年左右回国探亲访友时，聊天时才知道文革后女八中的一些事情。

　　上周末，与原女八中同学通话才知道，她们曾在老师生日去探望，得知孙英老师和杨乃亭老师都是九十五岁以上的高龄之人，好人自有福报，做过违背良心和人性的事之人，都已被老天爷收走了，过世基本没有超过"古稀之年"，人死为大，在此就不多叙了。

　　有几位群众教师为人处事正直清廉，业务水平和文化水平都很高，做人却很低调，他们的优秀品质一直存留在我的心中，是我人生中学习的典范，这些品质的形成-都是父母的遗传基因在我们身上的体现及良好的家庭环境和家教，才能有我们这批"十七年资反教育路线"培养出来的老师。

　　最后，祝大家生活愉快，身体健康！如诸位下次再见到我校老师，替我问她（他）们好，祝他（她）们健康长寿！

老天真自问一句："哪里是净土？"

因近一个月来连续写了几篇有关原北京体育学院58届本预科学生的业务能力和理论知识方面，在毕业后走向工作岗位后为国家作出贡献事迹的方面的文字纪实，在字里行间都藏着不被人知的辛酸苦楚被人设计、被人挖陷阱陷害、被他人造谣生事、无中生有。所有的事情发生都是有原因的。可悲的是我们的专业院校的教师，为了名利不惜用我们先人军事家的思想结晶-孙子兵法："以假乱真""偷梁换柱""造谣生事"等手段贬低她人抬高自己。

在我的思想里，参加比赛、做教练培养运动员、做专业技术课的教师，都要凭自己的本事来取得成绩，各行各业都有竞争，没竞争岂不是大家混日子，社会和人类就都停止发展了。

正因为我们是四零后的一撥人至今所剩无多！我们一直都觉得腐败是党政官员们犯的罪，近二十几年中国社会发生的种种超出你的想象，以权谋私，以靈肉换名利，当今已经是本钱最低的买卖，我

们这拨"老天真"真不敢苟同这样的社会，这样的现实，宁愿被人当成傻子，也不做这样社会里的"聪明人"。

在回答自问的问题前，我先说明一个观点：近一段时间经常有人问我："你说现在是好人多还是坏人多？""当然是好人多了！"我的回答："坏人多！"。

当初我入学时，看见身穿紫色运动服，胸前两个黄色"北京"，集训队队员在校内行走时，我把他（她）们当成我努力学习的偶像，通"运动健将"称号，在全国比赛拿名次，可这些曾經是我偶像的人，采用各种方法而达到自己名利双收的目的，也就是说-过去的好人与今天的坏人干的是相同的事儿，请问是好人多还是坏人多？審定好坏人的標准跟随着时代的进展而改变了。

"哪里是净土？"我的人生经历告诉我："自己的家是净土，阖家幸福、健健康康、平平安安、快快乐乐，我们年轻时孝敬父母，现在我们老了享受到子

女的孝心。"其实人生就是这么简单，都是人的"貪"念造成"净土"沦丧，国人道德观念及人品素質在改革开放后跌破底线，如何拯救，无法讨论，我就保护好我家这块"净土"就行了。

我在韩桂蘭家看杂志时（2014年春季），看到国有关他参加洛杉矶夏季奥运会的材料，我和她都是1958年进入北京体育学院，她是预科，我是本科，我在学校五年不认识她，首次见面是2013年六十年北体大校庆聚餐时，我太太的同班同学介绍说你们都是美籍华人，同住在美国，这才知道我们是校友。

这次她和我説一些有关被误会误解和被设计等等很卑鄙的手段受挤压时，我才有些醒悟，我已在美国生活四十一年了，对国内的情况不慎十分了解，也是在与朋友、校友交谈过程中获悉国内目前一些新的信息，也是我们这代人难以置信的社会动态。所以我特别向我的

学妹索要些她的参加洛杉矶奥运会时的材料,只想用真实的资料来证明她的七年学生时期的努力学习和四十三年教学和训练工作中取得的成绩,让事实说话,消除误解与误会,疏解开数十年被挤压后积存在心中的不快。

没人会听,没人愿意听。人们按自己的所闻、理解做出判别,每个人其实都很固执。他若理解你,一开始就会理解你,从始至终的理解你,而不是听你一次辩白而理解,与其努力而痛苦的试图扭转别人的判别,不如默默承受,给别人多一点时间和空间。省下辩解的功夫,去实现自身更久远的人生价值。

她已退休都已经二十四年了,移民海外也二十一年了,我们对社会上的一些不良事态是无能为力改变但又不认同,以自己在学习、工作中取得的成绩材料为证,写出心中的怨气不平之气,在人生路的最后路程里,自己给自己当一回心理医生,改变生活态度,以"吃喝玩乐"过好每一天,已经证明你是我们"北体大"优秀教师队伍中的一份子,一切不愉快都烟消云散,随风而去,在自己的人生路上,潇洒自如地走完最后一站路,给自己的人生画上一个美丽的句号。

怀念我人生中敬重的挚友和老师遲祥熙

遲祥熙老师生于 1938 年 9 月 29 日,1961 年毕业于北京师范学院生物系,終身从事教育事业,曾任中学教师、校长和區教研中心教研员。退休后休闲在家,安享晚年。直到七月中感觉身体不舒服,送至医院就诊,随之病情见重,經抢救无效不幸於 2022 年 8 月 26 日 21 时去世,终年 84 岁。疫情期间,不易举行葬礼,敬请我父亲生前好友谅解,一切家父后事已于 2022 年 8 月 31 日

料理完毕。

【註】：我是美国时间 8 月 31 日晚九点钟左右接到迟老师女婿的电话，得知他去世的消息，我才提笔写这篇文章。

* * *

当在 1963 年 9 月 30 日，我的脚第一步迈进社会大门开始，至今已走过五十九个年头，在百余人的教职员工队伍中，遲祥熙老师不但业务水平高，最主要的是他为人正直，待人真诚、为人善良仁慈，由于性格直率，最不喜欢没能力，光靠吹、溜、拍、捧混饭吃的人，踩着别人肩膀向上爬的人。在我当年工作过的学校的教师队伍中不乏这种性格直率的老师，在文革中倍受无德无才的党棍们的气，她们就是一批业务能力差而又无品无德的披着马姓外衣混在教师队伍中的人渣！感谢老天爷为我们这批凭能力吃饭而又无权无势的人讨回公道，数位老师都被调往领导岗位，有的被错误政治运动造成的"冤假错案"在平反后而恢复原职，迟老师被调到中学担任校长一职。

没想到改革开放的四十年是从文革前的"雾霾"灰色社会走回到七十三年前的"黑暗无光"的、看不到前途的老路上去，迟老师如此性格的优秀老师竟被"小人"排挤出学校回到区教育局"教研中心"任职。

迟老师终于完成了自己的使命，离开病痛的折磨，离开这容不了优秀人才的社会，离开每个角落及空间都被"奴才"、"脑残"充斥的社会，眼不见心不烦。

迟兄：你的一切我会永记于心，以你为榜样走完人生的最后一段路程，你是我生活中的兄长，你们全家（姥姥、伯母、百克大嫂）在我人生低谷对我的关照永记于心。

最后，敬请迟兄全家节哀！

"母女情深"——写给鲍叨叨与乐嘟嘟

昨天，母女在我们社区的大礼堂练剑时，我突然发现这对母女的嘴型状太像了，在练习和训练中，母女俩经常会有矛盾出现。母亲曾是击剑专业运动员（中国击剑强队之一-江苏省队），退役后又创办击剑俱乐部继续为国家击剑事业培养后力量。

为什麼训练中会出现矛盾？首先，俱乐部不会出现这种情况，因为教练与学员就是师生关系，没有任何亲属关系，发生问题多在教与学双方是亲属关系，父子（或父女）发生问题的也少，男人嘴碎的少，父亲总是比母亲威严一些，另外女儿总会向父母撒娇，所以，母女之间发生的问题就会多一些。

這两张照片是母亲享受被女儿"欺负"的"幸福感"！

次之，尤其母亲是教练，母子还好一些，我的佩剑教练在训练她儿子时，因动作不标准，手脚配合不对，都会被大声训斥，我的地位是陪绑的位置，我遇到的两位教练在训练上是严格要求，一丝不苟，对比我六十四年前选择击剑专业时，我的教练都是中国首批优秀击剑教练，他们都师从苏联专家-莫拉托娃的训练班，并在全国击剑比赛中荣获冠、亞军，在第一次成立的国家击剑队时任教练。

六十四年后的今天，由于规则的改变，促使击剑的技战术的变化，对运动员的身体素质的要求比过去高多了，负担量加大，否则，无法完成比赛所需要的战术动作。

现在的教练员都是退役的优秀专业运动员，有丰富的比赛经验，在国内也都做了几年教练，所以，她们对动作的要求是高质量、高规格，尤其母女是教与练的双方。母亲的软肋就是"舔犊之情"，表现有两种：（1）严格要求型：在对青少年训练与专业运动员训练有根本的区别，在美国的击剑俱乐部练习击剑，都在下午放学后到俱乐部练习击剑，每天最多也就是一个半小时左右；而专业运动员每天除早操以外，至少要训练五个小时以上。我们俱乐部的教练员都是做过职业教练员，要在业余时间训练出具有运动员水平的技术，這对教练员就是很大的考验，用短时间培养出高水平的运动员，教练员就要有自己独特的创举方可成功！

但对自己的儿女的训练也就提出了更高的要求，除了在训练内容上的变化，而且语言上的艺术性要凸显的变化，当母亲的就是比当父亲让女儿"欺负"，母亲是女儿的"铜墙铁壁""出气筒"，女儿又是妈妈的希望和未来。这种母女情深伴随着生活里微妙的相互依赖、相互碰撞，形成了女儿的强势，母亲必须要承认这个事实，用自己的智慧和天生带来的母爱去感化女儿，让女儿在妳的智慧感召下，成为母亲贴身的"小皮裌"。我相信母亲一定会想出高艺术水平的技术训练内容与方法，另外，尽量发挥女儿个人的潜能，她头脑对技战

术的理解清晰程度并不亚于我们成年人。

上面三张照片都是八九月两次比赛裡乐嘟嘟取得的成绩，第一张是八月在波士顿的比赛中获得第五名，后两张是9/17比赛中获得第三名，前后三周又进一步，妈妈都是放手让女儿自己主导比赛，之后母亲再语言简练的小结比赛中的成绩和不足。

【註】：每次比赛，青少年组的参赛人数，少则数十人，多则百余人。

在美国的中国人

我在美国生活四十七年了，可我是从小学到大学毕业的十七年是在北京念完的，在北京九年，在天津九年共教了十八年体育，三十五年的在中国受的教育及工作，四十一岁的那年（1981年4月8号），我的一家四口移民回到美国与亲人相聚。

从1981年-2022年经历过的四十一年裡，让我清清楚楚看到中国的教育成功与失败，改革开放以来，大批的留学生和来自沿海省份的农民数百万人涌入美国。

右四是吴彬（北京武术队首任总教练），右三是李泰良（美国搏击协会主席），右二是姜邦军（世界武术大赛冠军，武术教练）。

八九十年代来美的不论是留学生还是移民，其做人的素质及品德，都是在"十七年资产阶级教育路线下"培养出来的人品基本合格的大中学生（他、她们都是四零后和五零后），再後来移民美國與合法入境非法居留的國人中，基本都屬"精神貧民"-即無知識、無文化、無德無品之人。

我想從下面的對話來闡述我的看法：

（一）这一问一答就显出不同的'精神世界'，从中国大陆出来得到美国谋生，国人具有的最大利器就是能吃苦耐劳。另外就是具有一技之长-如厨艺（粤鲁川扬湘菜），目前，中国在体育方面有优势项目-如武术、乒乓球、击剑、体操等，有的退役运动员到欧美等国谋求发展，首先，自己要有正确的认识，我们是客，客要随主便，不能反客为主！

因我本人的专项就是体育，在移民美国前曾为中学和大学的体育教师共十八年，於北京和天津各九年，所以在美国的朋友都是体育界的运动员、教练员及体育科研人员以及体育运动爱好者居多，譬如武术界的北京武术专业队的张桂凤、姜邦军、解放军武警部队散打队的教练-李泰良，还有名教练-高美涧、原陕西省武术队的十五年武术全能冠军-赵长军等等不一一而叙，因要想练武术，首先要学何为"武德"！"无德便无功"。过去习武之人是以强身健体，维护正义为本，所以必须以德为首。他们各自都有自己的武术俱乐部，每年都举行全美武术大赛，各个俱乐部都前来捧场参加，共同努力选出优秀运动员代表美国参加世界性的武术大赛，我认为他们提高要求可称为："武德为根，团结为本"。

这也是让我对在美国的体育界裡传播国粹的他们非常尊重，他们是精神上的富人和贵族，他们不但在专业上是我的老师，在精神上也可以说是我的老师。

（二）中国这么多人-349万7484人在美国生活工作，美国如此宽容的胸怀接纳中国各阶层人士来美讨生活，政治避难，在这些国人中大多数是"精神贫民"，这些"精神贫民"就是阻碍中国走向文明世界的最大障碍。

我来美国所看到的情况,有的事情真是让人难以启齿,比如政府发给贫困美国公民的食品时,中国人拉着小车、旅行箱等可装物品的容器领取发放的物品与食品,拿到后再整理,自己需要的收好,对自己没用的丢到垃圾桶或拉到它处卖掉得钱,这种行为被美国人鄙视、痛斥,造成极恶劣的影响。

　　在美国"种族歧视"是重罪,华人被欺辱除"种族歧视"外,有否自我反思过,我们自己有哪些地方做得有不妥之处,说一句领导都不爱听的话,中华人民共和国成立至今已走过七十三年,最致命的问题,永远不承认错误,光说成绩优点,吹牛忽悠人民大众,欺骗人民百姓隐瞒真相。真正的党史与我国的近代史是是经不起推敲与追责的,大家都懂得,都在装傻、潜泳、自保是正确的选择,百年的假历史至今还没到解密的时间,待解密后,大部分国人会惊掉下巴,正因如此才会有今天国人在海外做出有丢我国脸面之事,中华民族传统美德被跌破道德的底线,悲哀呀!

　　切记切记,远离"精神贫民",即不交往也不与他们争辩,有伤自己的人格,也丢国人之脸。

同仇同恨、同家庭经历、同认知

上面兩张照片是原"长春电影制片厂"优秀艺术家、国家一级电影演员、舞台话剧演员、配音演员-陈汝斌先生，在十年前与著名演员-王奎荣和申军谊在连续剧"扫毒特警"演出的剧照。

三年的疫情裡求生存、求生活、我们这些生活在海外的国人已经是非常幸运，比祖国的同胞们及亲朋好友强多啦！每天都与电视连续剧为伍，今天看到老艺术家-陈汝斌先生也演连续剧，虽说是反面角色，对他们这些老戏骨的演技派的人来说，都能把角色演得入木三分。

因看到老艺术家留在我们记忆中的"艺术痕迹"，随之而来的是与他女儿数年的师生、网友、挚友的关系回忆；1964至1966年的师生关系、十年文革的"难友"关系、改革后，我们都远离家园，移居海外开启我们人生的第二春。

我与老艺术家的女儿-萍萍已交往十余年，我们能如此视如亲人般的交往，这篇文章的题目（四同）就是我们交往平台的"精神基础"，关于我的人生在"社会主义"的坎坷遭遇我已写了380篇文章进行陈述；我有幸从萍萍处得到一篇萍萍对父亲-有关对老艺术家的不公不平的惨无人性的对待，所写的一篇文章，列述种种对艺术家的残酷无情的肉体与精神上的残害。

正因为我们生活在海外，可以看到来自不同方面的历史资料，让我们清清楚楚认清一个政治团体是采用如何卑鄙造假的历史和利用宣传机构洗脑造谣，谎言千遍也成真理来美化自己，政要们为了战胜政敌，不惜出卖民族利益充当汉奸，借刀杀人，消耗政敌兵力而壮大自己。在政治上耍尽流氓手段，在生活上绝不亚于皇上！今天的政要们也稍逊风骚呀！试问：这个国家的百姓思想有多么愚昧无知，可怜、可悲，但我相信一点，"得民心者得天下，失民心就失掉一切"，我会看到最后的结果！

为什麼M先生如此痛恨和仇视知识分子？有其历史因源。试问：历史的经验教训我们认真的总结了吗？还想用他做虎皮-"包装自己来吓唬别人"。至今还躺在古都的中轴线上，破坏国家风水与国运，我每日都坚持锻炼身体并祈祷上苍：早日结束国家厄运，让"皇上"滚下政治舞台，让有能力有学问的人，有正确思想理念的人来管理国家事务，老人长说："舉頭三尺有神明"当今社会是"举头一尺有支枪"。我想中国需要待解决问题诸多，首要解决的问题是国家体制和治理国家的思想理念。不知为什麼非要用外国的垃圾思想（马克思主义）来治理中国？其意何在？其目的何在？

电视剧"探长劳爷"的观后感

这个连续剧是"现实中国大陆的写真集"，我真不知该说什麼是好，我就什麼都不说！我把它都写出来，作为我人生经历的纪实-"照片里的故事"-老常游记之最后一篇文章，总结一下我这八十二

年的人生路走过来后，对"爱国主义"和爱国与爱党之间的关系；以及党与新中国百年与七十三年的历程；目前的大陆中国与世界局势及关系的分析：

【一】在海外生活四十七年的我来讲，"爱国"這词由开始是敏感词至今已能有正确的认识和理解，爱国的國是指中国的大陆和台湾岛的土地、高山峻岭、草原与沙漠、江河湖海及森林矿藏，有一句话可以说清楚"国家"-国破山河在就是国家被他国侵占，执政党抵抗失败，丢失自己统治的国家，敌人只是站在这个国家的土地上，这就是"国破"，但高山森林、江河湖海、祖国大地依然矗立在原處即是"山河在"。我从六岁到四十一岁都生活在中国（六至九岁生活在中华民国，九至四十一岁生活在中华人民共和国），从小学一年级到大学毕业接受十七年的中国教育，又在北京和天津两地各教九年书，1981年移民美国至今（我在美国前后生活四十七年），在我成长的最重要的三十五年（六岁到四十一岁）裡是接受传统的中国文化教育，所以，我热爱我的祖国。

【二】"爱国"不包括国家的执政党，因为执政党的治国思想和理念是否正确，决定了祖国的土地山河是否美丽，人民百姓生活是否幸福？人民生活环境是否民主自由？我说一下自己的认识过程：1949年9月我上小学四年级，所有的教材和参考书，报纸杂志都是中宣部审查后统一口径的一种思想、一种信仰、一种声音，毕竟我年龄小，思想单纯，没有怀疑过其制订的方针政策对错？直到1958年刚考入北京体育学院，正值祖国大跃进，"全民超英赶美"大炼钢铁，校内的空地都建土制小高炉，砸铁锅、拆铁门大炼钢铁，最后，把各系的"战果"都摆在空场儿上，我就说了一句："咱系就炼了这么一小堆儿"炉渣子"！不知哪位"狗特务"将我的这句话告密给系里党支部，一二年级里被全年级开会批判过三次；四、五年级两次全年级批判；1963年毕业后，分配在北京西城区女子中学，后又经过了"文革"，让我认清一党独裁专政就是数千年皇帝王朝的封建统治的现代版，平民百姓在皇权面前绝不要说实话真话，否则身家性命难保！请看一下【註】里面对国内百姓思想状态的分析，大部分群众思想意识是处于文盲、低知识文化水平，对执政党为愚民粉饰自己的假历史及愚民政策没有认识，盲目崇拜和随从，即使是能洞察出问题的人，在脑门上都被一只枪顶在那儿，有谁敢说实话真话？

【註】当前国民性低层次的八大体现：1. 百分之八十五的知青老年后依然盲目崇M；2. 百分之九十的红卫兵老年后依然怀念文革；3. 小学教师这个层面百分之九十只听新闻联播；4. 中学教师这个层面百分之七十只盲从教科书；5. 只有中小学学历的人百分之九十五相信宣传。6. 百分之九十五的工人明哲保身得过且过，没有抗争精神；7. 百分之八十五的农民逆来顺受听命安排，没有权利意识；8. 只有百分之五十的大学教授、百分之四十的记者编辑、百分之三十的作家艺术家具有独立思考和求索天问之人格。换言之有百分之五十的大学教授、百分之六十的记者编辑、百分之七十的作家艺术家跟上述老知青老红卫兵或中小学老师在一个可悲的层面。

当前民族性沉沦的六种表现：1. 忘却历史的悲剧和重复教训；2. 没有人类价值观与国际视野；3. 男性的权欲和堕落；4. 女性的物欲和拜金；5. 知识阶层的骨折，跪权逐利；6. 民众的奴仆意识，麻木愚昧。）

在世界上的两百余国家，有几个国家的政府官员如此多和如此肆无忌惮贪污掠夺国家的资产和钱财？

【三】中国今天的局面，就是数千年历史的封建主义"帝王皇权"独裁统治的延续至今没有丝毫改变，虽然清朝被推翻於1911年10月10日成立了"中华民国"，执政的国民党官员依然是帝王皇权统治思维，脱下"蟒龙袍"穿上中山装披挂，上阵。

国民党蒋家王朝执政中华民国到1948年底，丢失大陆的大片地域省份的控制权而迁府至台湾，"蒋家王朝"之称是谁开始选用的词汇，我无心去考证，只能说明一点，就是一人当政一党独裁，沿用"皇权治国"统治中华民国。其结果就是在1949年10月1日成立了第二个中国-中华人民共和国分庭抗礼至今，在跟随世界政治、文化、科技、军事科技等方面都有很大的、不容置疑的进步。

为什麼一个历史悠久的文明古国，又是联合国的常任理事国，本应为世界和平作出贡献，今天来看，中国做的还不够，原因就是两个中国的执政党都是"皇权统治"为上的治国理念，因为权力内斗不遗余力地使阴谋耍诡计，在政治上耍阴谋玩诡计，披"马皮"的狼比"蒋家王朝"要高明得多，当年借"马皮"组织"狼群"时就是动用了"谎言说上千遍也会成真理"的手法，自己凭空什么都搞不出来，就连中共都是德国的马克思和前苏共搞起来的。

"旭日东升"与"夕阳西下"

今天写这篇文章，心情颇为复杂，回想自己在他（她）们这个年龄的时候，别说击剑运动项目了，连这名词儿都没听见过，当时我们课余时间经常玩儿的游戏–"官兵捉贼"，玩得那叫一个高兴，每天一拨同学疯跑在操场上，玩够了才拍拍身上的灰土，提搂书包回家。

直到1958年春季，当时的北京体育学院（1992年更名为现在的北京体育大学）的"重竞技项目"招生组在中央戏剧学院举行"见面会"，那次我首次知道击剑项目、国际摔跤和拳击、举重与武术，这次"见面会"后就确定了我报考"北京体育学院"的意愿，也确定了我人生路的方向。

"人的命天注定"，我信这句话，移民美国至今四十一年，我去过多名"算命名家"，请他们看我的手相，看生辰八字等，但得的结论基本都大体相同："一辈子没有意外财，但一辈子不愁吃穿"。来美至今的四十一年半的时间，我的情况与算命人所说基本一致。

1960年因没粮食饿死人,体育运动项目做了调整,我们58级击剑专业撤消,从此以后再也没有碰过花、佩、重剑。直到2016年在美国参加新泽西州的老年奥运会的乒乓球比赛时,发现也有老人击剑运动项目比赛,燃起我重返剑道的欲望!

我从2017年3月开始在原国家女子佩剑队的运动员和教练员-赵雪(教练)近三个月的练习、纠正错误动作,学习佩剑的修改的新规则内容。总之,这三个月的幸苦付出终于在2017年7月4日的"全美击剑锦标赛"70+年龄组获得第六名;2018年4月"北美杯"击剑比赛中获得70+年龄组的第八名;2019年7月的"全美击剑锦标赛"因六十年前的腰部老伤复发,临赛前只能选择"弃权";2021年7月6、7日的"全美击剑锦标赛"80+年龄组获得佩剑第二名、重剑第六名。因疫情期间,女儿怕我外出练习和比赛将病菌带回家中,因我太太自身免疫力很差,怕出意外事件,从去年至今一次击剑和乒乓球比赛都没有参加,即使是击剑、打乒乓球和走步都在社区里进行,减少被传染的机率!

天赐良机,这就是"缘分",七月中,我去"美东"中国超市去采购,结束后,无意中见到此处有个"击剑俱乐部",好奇心驱使我前去打探一番,不凑巧,"俱乐部"没人,无奈之下只好先回家,以后再说吧!

八月初,在"俱乐部"终于见到一位女士-鲍小燕教练,原中国江苏省击剑队的女子重剑运动员,通过交谈,我可以到俱乐部练习,并在无人练习

时进行，避免被传染的机会。

我在北京体育学院学习击剑时，只学了一年花劍和一年佩劍，专业就被调整了，我从来都没正式师从重剑教练学习该项技术，鲍教练在江苏队于1997年女子重剑队荣获全国冠军，并有参加国际比赛经验。

退役后自己创建"击剑俱乐部"於家乡-徐州，并取得很好的成绩，她们二位以我自己的感觉，无论是

在对单一技术的掌握或是技战术的组合，全然给我耳目一新的感觉，年龄大了，记忆力真是不能同日而语呀！

11/13星期日晚上，"夕阳"与"旭日"和"烈日"餐后合影。

昨天是首次在一起聚会吃饭聊天儿，两位教练是我退休后老年生活中不可多得的西洋剑术老师与人生路上的挚友，赵雪（后左一）是帮我重返剑道并登上美国击剑锦标赛领奖台的背后推手。能碰到鲍小燕（后右一）纯属缘分，在击剑专业里有三个剑种-花剑、佩剑和重剑，在大

学只学了花剑和佩剑就与击剑专业说"拜拜了您呐！"，而今又让我遇到了首位重剑专业教练，是她们二位在鼓励和激励我继续"轻歌曼舞"在剑道上，即锻炼身体又满足自己的兴趣爱好，站在领奖台上又满足自己的"虚荣心"，最应该感谢上苍在我晚年时刻，给我送来两件"小皮襖"（干的），让我的晚年生活更加丰富多彩，前世修来的福分，四件"小皮襖"（两干两濕），不想惹来"羡慕嫉妒恨"，止筆！我自己偷着乐去喽！

"世界杯"足球首轮比赛观后感

四年一届的世界足球盛会於2022年11月20日在卡塔尔拉开帷幕，五大洲的三十二个国家集中此地，经过二十八天的六十四场比赛决出世界足球"金杯"得主，这二十八天裡吸引了世界数十亿的足球迷和赌徒们，其结局是几家欢乐几家愁。

开赛以来的三天里，在"世界杯"足球史上，可以说值得留下赞述的记录，两支亚洲国家的足球队，在开赛的第一天和第三天分别战胜曾获"世界杯"冠军队（沙特王国胜阿根廷2：1，日本胜德国2：1），阿根廷队曾两次、德国曾四次获得世界杯冠军，在预赛中能战胜足球强国，说明亚洲足球水平较过去有一定的提高，可惜了中国足球，想吹牛没资本，想拍连屁股都找不着，中国目前没有条件搞职业足球联赛，主要是精神体系的"贫穷"，如果强行搞下去，只能"培养"更多的"足球土豪"和"足球流氓"。

日本足球队能有今天的战绩，原因何在？从今天的德日比赛来看，优势在德国一方，无论是身高、速度、基本技术的娴熟程度，德国都优于日本，但日本最后以2：1赢得胜利，日本发挥了自己的民族特点-坚韧不拔的精神，由始至终与对方"死缠烂打""人盯人"，并用自己擅长的短传推进到对方禁区，利用跑动短传找出机会射门。日本在长传球几乎没有太多的成功率，丢球后人盯人直到死球或抢断成功。中国的足球运动员工资是日本运动员的数倍，中国的领导不只足球不行，是行行不行，这与中国的国际地位太不相符了，如何是好？？

预赛的第一轮亚洲五个队全部亮相，我认为亚洲足球从整体上来讲有很大的进步，伊朗队输给英格兰队是正常实力的结果，卡塔尔输给厄瓜多尔也是正常的结果，卡塔尔是以主办国参加三十二强的比赛。

潇洒退休篇（下）

　　日本、南韩、沙特阿拉伯所胜的对手都是四次和两次"世界杯"冠军获得者，我只想对日本和南韩两个队的表现说出自己的看法：（一）因这两个队与我国最接近，同血同种，五十年代中期开始，中国足球队称霸亚洲，日本和南韩根本还不行，当时只有印度尼西亚和北朝鲜跟中国队有一拼。（二）中国足球队自从去匈牙利训练后，在球艺上和对现代足球技战术上有新的认识，虽然政治运动频繁不断，但对足球运动的发展并没有停顿，直到文革开始，中国一切都停了，足球运动的发展漏掉了贝利－巴西足球明星，也是世界足坛风云人物，他的技术几乎是各国足球运动发展的教科书。进了七十年代，荷兰职业足球运动员－克鲁伊夫首创足球全攻全守的战术，最近几年西班牙的"巴塞罗那"以梅西为首的锋线，打出来的"渗透"战术，在上一届的"世界杯"比赛，这个战术已被多个国家足球队使用的战术。经过四年的实践，四年前的"渗透"战术今天已经有了新的内容表现：(1) 四年前的"渗透"战术是"锋线"进攻得分很有效的战术，四年后它不但是进攻得分的战术，也是由后场有效推近至前场禁区。(2) 在禁区弧顶处现今已属最佳射门距离，而且，目前的脚法有很大的改进，进球率比过去有较大的提高。(3) 从各场比赛的进球数来讲，也是一届比一届多，这都说明了技战术提高的必然结果。

这一届足球"世界杯"最后落在谁的手中？这届比赛结束后，在足球技战术上，是否会有新的记载？让我们拭目以待！作为曾经在少年（14-16岁）队踢过两年足球的运动员而至今仍为忠诚坚定的足球迷的我，今后依旧会关注足球运动，这次糊涂乱语说出自己的看法，有不到之处，还請诸位足球业者原谅。

社会主义好！社会主义就是好！

中国成立至今已有七十三年的历史，一直坚持走"社会主义"道路，坚持至今好像是也没谁继续走在"金光大道"上，第二次世界大战结束后成立的以苏联为首的"社会主义阵营"，在国际政治与经济形势的发展与变化，均在二十世纪末叶土崩瓦解。

我曾在社会主义国家生活过三十二年，从小学四年级到大学毕业，又工作十八年，我从初中二年级到大学毕业都是住校生，上学和住宿都不交学费和住宿费，只交饭费，家庭生活困难的可申请"助学金"，不但够饭费还有零花钱。到工作时，住宿舍不花钱，婚后可申请住房，我是一间十四平米的房子，房屋水电一共交1块5毛（工资是54元/月），看病是公费医疗，不花钱，当时的"社会主义"即指从1949年10月1日至1976年"文革"结束。在这二十七年中，虽然政治运动年年整、阶级教育月月有、阶级斗争天天讲，但人民群众的福利待遇还是不错的。

现在，連上学不交学费，看病不花钱这点福利都没有了，老百姓受到各种苛捐杂税的"福利"却增加，家中一人生病全家就得倾家荡产。商业无商德、教育无教德、医无医德、为官无品德，这条"社会主义康庄大道"经过七十三年的努力，好像走进一条死胡同即"前进不得后退不了"的局面。

我就是於四十一年前，移民到"人民日报"所宣传的"该国人民都生活在水深火热之中"的"该国"，我在"该国"工作三十年，退休十一年；我太太於1996年在工作中摔伤（股骨颈骨折），造成工伤一方负责赔偿和因工伤造成身体伤害终身治疗费用和终身养老金。所以，退休后过的是小康生活，有一套自己的住房-四室两厅两卫一厨（面积约 130 平方米）和可停放两辆汽车的车库。我们看病除有政府给的老人医疗保险（每人交$99/月），另外我们都有买保险，所以，我太太两个星期前住院七天（肺感染、贫血等病），昨天账单寄来了，七天的费用是$3 万 5 千 7 百 79 元，保险公司替付$3 万 4 千 7 百 44 元，我们自己只付$1 千 035 元，我准备分五个月付清（$207/月），十个月也可以，一句话，付清就可以，以不影响自己的生活为准则。

究竟哪个社会制度好？人民生活福利好？我想世人自有公论。

加强"学习"，逐步认清"社会主义"

"疫情"三年，要说一点压力没有也不现实，虽然这裡不像国内封楼、封社区、封街道、封区或市那样紧张，起码每天锻炼都不敢去俱乐部，外出都戴口罩而且减少外出次数，

为了减少被传染的机会，这样余出来的时间也多了，在这三年裡写了关于自己成长过程中所遇到的问题和认识的文章近两百多篇，即加强自己的记忆力，又可"谢绝"老年痴呆症的造访。

说句实话：回忆与写作是自己在思想上自我提高认识的非常好和有效的办法，因为自己最知道自己的思想状态，也最了解自己身上的优缺点和精神上的需求，自己的人生经历自己最清楚，自己给自己总结得出的结论是最贴切也最精准，不是被动接受他人的评定。

在这三年"新冠疫情"防控裡，各国都经历了不同程度的侵害，世界各国几乎没有哪个国家免遭此难，但各国有各国的"高招儿"，"社会主义"国家想在此"疫情"裡凸显一下自我"社会主义"的优越性，很可惜，"社会主义"国家的各级领导的知识水平和文化水平实在太低，最近二十大会议闭幕后，特意发了一个公告，各省、直辖市的主要领导的简历：所有的一把手的学历都是"在职研究生和在职博士学位"。这句话只能欺骗中国的农民、城市贫民、没什麽学历的工人，因为这个阶层的人民基本都属文盲或半文盲，他们都不懂这种学历实际上就是与没知识没文化一样，没有任何区别。这个文凭就是"中央党校"发的学识含金量为零的欺骗平民百姓用的，他们

在这里只能学到如何使用手中掌握的权力来巩固自己的地位和如何向上爬的途径与技巧，如何"以权谋财谋色"的手法。

"社会主义"和"资本主义"哪个"主义"好？我在"社会主义"国家生活过三十二年，在"资本主义"国家生活过五十年，以我在这两种社会生活过的经历，和自己亲身感受，我的观点会与我的大学、中学的同学、我教过的老三届和新三届的学生、我的工作同事在对这个问题的答案也是有分歧的，毕竟我们大家生活的家庭环境、社会大环境不同，自然在思想上的认知程度肯定是不一样，这很正常。

今天如果有人问我："你喜欢中国还是美国？"，这个问题问的不准确，我的回答："我喜欢中国，但不喜欢生活在社会主义中国，所以我现在选择生活在资本主义社会的美国"。为什麼？我的原因如下：

（1）中国是我的祖国，祖国在我的脑子里只是祖国高山峻岭，江海湖泊，平原沙漠与广阔森林。我对祖国的认定可能与很多人不一样，这也是到美国后，大环境改变后，对很多事情都从过去的不懂、不理解到明白自己被执政党欺骗几十年，经过"文革"十年的政治上的洗礼，在"文革"被隔离审查时，每天都必须看几小时的毛选，对照来美后看到的资料，让我"惊掉了下巴"。

（2）我在美国和国民党的资本主义统治下生活过五十年，要说民主自由，我只能说在美国生活的的确是民主自由，但有一个前提：必须遵守各项美国的法律规定。有的中国人买了房子后，认为自己是花了钱买了房子，我想怎样住就怎样住！院子裡的草也不按时间剪和清理，影响整个住宅区的整洁，在院子里炸臭豆腐吃，因气味而让邻居不舒服，邻居都会向乡镇政府告状，乡镇政府会发函请改正，纠正则以，否则就会有依据法律的强制措施，所以法律是民主自由的基础与保证。"资本主义"国家军队不属于某个党派，属于国家，如果发动战争动用军队，总统无权动用军队，必须先"众议院"后"参议院"通过方可动用军队。

在美国生活吃喝质量有保证，各种各样的生活用品齐全并充足，国内的人民生活水平要比文革前提高多了，如果让我说真话来说中美两国人民生活的差距的话（包括衣食住行），少说相差半个世纪。以我们自己家为例：初到美国在我姐姐餐馆工作，吃住由姐姐的餐馆帮助解决了，两个孩子（上小学一和三年级）上学免学费和午餐费直到高中毕业，上大学申请奖学金和政府贷款，大学毕业后再慢慢还政府贷款。结束在餐馆的工作，我去汽车公司工作了十年，於1996年1月份去医院工作十五年后於2011年底正式退休。我从开始到退休，经济收入一直是处于中产阶级，美国的贫富差距挺大但退休后领国家给的"社安钱"差距就不大了。用人体来表示美国富人、中产阶级、穷人的比例较为恰当：头部-是富人佔5%，颈部至踝关节-中产阶级佔92%，脚部-穷人佔3%。所以，美国不会有革命运动，我已经从中产阶级的腹部位置降至退休后的踝关节处。我们目前的状况是自己的130平米的住房和汽车，过着小康的日子，虽然收入比退休前，每月少60%，但日子过得还是满滋润的。

中国的人民群众的经济收入也可用物来表示：那就是非洲的古国-埃及的举世闻名的建筑-金字塔。塔尖-富人（相当我国高干子弟经商）近10%，中产阶级-约佔25%，穷人是金字塔的底座-佔65%（根据资料、领导讲话估计如此），不稳定性太大，人民生活的衣食住行缺乏妥善管理，太多方面缺乏专业人士管理，别说知识水平，就连普通的常识都知道的甚少。

"没心没肺"和"没肺没心"——挚友

这张是值得纪念的留影，其一是我学习击剑五十九年后，2017年在美国犹他州盐湖城参加我人生首次参加全国击剑锦标赛并荣获（七十岁以

上年龄组）第六名，赛后与我太太的同班同学-芳宴（右一）和她的学生-玲玲（右二）一起驾车回家并沿途旅游。

这张照片是我於2018年回国探亲访友时，与玲玲在北京的"中国人民大学"校园内的咖啡馆喝咖啡时的留影，自2017年在美国相识后，我们一直都有微信联系，她为人处事都很恰到好处，为人很乐观，自从北体大毕业后留校在宣传部工作，成了行政干部，脱离体育的教学和教练岗位。

我们二人就是这篇文章的题目的两位"主角"，今晨起床还算早（八点半），煮好咖啡是我"天天喝"的时间，看了玲玲发的微信，有的内容真好，值得一读，对自己的思想认知方面的提高有何大的帮助！

边喝咖啡时我就跟玲玲来个微信通话，相互嘘寒问暖后，相互又交换了一些对某些事情与问题的看法，我们之间所谈论的一些有关教育、人品、道德、修养等方面的教育与提高的问题与途径。我们在聊天的过程中常常因为我们举的例子和选用的词汇弄的我们二人与电话两头相隔万里哈哈大笑，我们同时都说自己是"乐天派"，活得没心没肺，我更正她说："我是活得没心没肺，妳是活得没肺没心"，也可以说我们俩是"挚友"或是"双胞胎"，我们同时都觉得身体健康长寿最重要的是"心情",二是有规律的生活习惯,三是锻炼身体,还有其它的注意问题就不一一的述说了。

我们和她的老师-芳宴(我太太的同班同学)也经常微信通话,实际上大家对一些生活上的问题都有共同的认识,都关心如何避免被传上"新冠"而担心?在一些问题的理解与处理上,她们师生二人是比我会处理,可稱得上是我的老师,在大家相互交谈中,共同提高认识,现在太多是我从未见过、聽过、经历过的事情,大家都要学习、揣摩、尝试后方可知道对错与否。

目前"疫情"在国内的防控工作中存在许多方面的问题,其最根本原因是各级领导水平实在是低,专家说了不算,疫情的处理一日就变了,专家的观点一日也变了,纯属一帮"政客"在舞台上"表演作秀"。

这一切都与我们无关,我依然过着我喜欢的"吃喝玩乐"的日子,身体健康长寿,精神快乐!我们一定能看到祖国大地春暖花开的美丽时刻!

七十三年来的变迁——2022年的最后一篇

"我们身处思想意识多么落后的国家,廿一世纪的地球上还有几个地方还这么搞为了一个人影响无数人,自己还心安理德。把人分成三六九等,极为落后的统治方式,和若干千年前无二样"

"社会经70多年人变坏了。前天我同学和我通电话还说解放前和解放初期媬姆和主人关系非常好(確实是,我家也是这样,我大学毕业家里经济状况稍有缓和我父親派我去接解放前和解放初期在我家的奶奶,因她无儿女,接她给她养老)我同学说现在请个媬姆多难。人们眼睛里没有情义只有利益人坏到不可救要的地步。可能上苍知道这一切,把世界上最大的灾难给了这个无可救要罪恶的民族!"

"做出来的事,忠诚老实的事没有,缺德事一桩桩一件件。这人怎么长大的,吃毒奶吃狼奶长大得吗?"

上面三段短文是由祖国首都-北京的发小发来的,三段共三百三十余字，字虽少，却把七十年来，中国的不忍目睹的变化，说得淋漓尽致。

新中国成立时，我九岁上小学四年级，就读于北京"育英小学"，班主任是张泽仁老师，回想起来，张老师"教育"我们一切都要用"无产阶级"思想去衡量对错与否。

给我印象深刻的"破资立无"，至今难以从记忆中抹去的思想教育是：（1）在家里，你与父母在教育和接受教育有不同意见时，在对不同意见争论时，晚辈与长辈是有平等的权利。就这一条从建党百年以来就没能正确地实行过，所有的理论都是欺骗老百姓，有利统治阶级-执政党的个人与集团。我生活在中华民国时期，在学校见到老师都要鞠躬，放学回家见到长辈都要鞠躬问候长辈。我们从小放学回家后就是"大门不出二门不迈"，我们兄弟三人就在家里前后院玩儿。吃饭时，长辈都在饭厅大圆桌用餐（只有我曾祖母的饭送到卧室吃），我们小辈由我妈妈负责在小桌吃饭，吃饭时不得出声，吃完饭把碗筷摆好再离去。

我有幸於四十一年前全家离开社会主义国家，移民到资本主义国家，两个孩子从小学一和三年级开始接受美国教育，生活在良好的家庭环境，良好的学校教育，良好的居住环境和良好的社会大环境下成长起来的孩子就是不一样。

中国无论是居住条件、生活环境、教育环境、国民医疗条件都属于落后国家。

今日的祖国的青中年人，除了金钱其它一无所知，党政各级领导能找出几个"屁股"是干净的，他们的亲属有百分之多少移居海外？十四亿多人民有多少头脑是清晰的？对中国历史和近代史是清楚的？让我遗憾的是中国居然有如此多的愚民、奴隶和奴才，能看到光明吗？

我就用转发的来自北京的三段微信的首段作为我个人的观点的结束语："我们身处思想意识多么落后的国家，廿一世纪的地球上还有几个地方还这么搞为了一个人影响无数人，自己还心安理德。把人分成三六九等，极为落后的统治方式，和若干千年前无二样"

（2）我想谈的是解放前后家庭对请保姆（阿姨、佣人），

其实这个问题是有很简单的答案：<A>要看雇佣双方的缘分；解放前，我们家是个大家庭，我们是"四世同堂"共十四口人，家里请的佣人-门房：张连翠、霍青友（小二）、郭兴忠、李师傅（锅炉工，1938-1948年底派在我家的卧底）、厨师一名（不记得姓名）、桑年荣（我爷爷的汽车司机）共六人。我曾祖母专有一人照顾她老人家的起居，每日三餐及卧室的清洁卫生。有两位保姆负责全家的衣服、床上用品的洗换。我大姑、二姑的孩子的奶妈（秦妈和单妈），让我记得最清楚是老尹头和尹老太太，这对老夫妻是我曾祖父在世时就在我们家工作，身边无儿无女，他们二位的年龄与我曾祖母相差无几，我六岁才认识尹老二位，他们已经不工作了，就是在我们家养老，常看到姑姑们像对待自己的爷爷奶奶一样孝敬，喂他们喝牛奶，吃从东安市场买回来的红果落、"炒红果"等小吃。<B>我开始说是雇佣双方的"缘分"，"缘分"只是几个因素之一，但主要还是看雇主本人及家庭的知识和文化水平、人品、涵养等方面的素质决定了雇主对佣人的的态度是否持平等和尊重。我对雇佣关系的认识与理解体会也是在我太太失去生活能力后，邀请了阿姨来照顾我太太的五年生活里，逐渐懂得和认识了上述的道理。

从2018年3月开始至今已近五年的时间，"实践出真知"这句话在我上高中时就知道了，让我自己能亲身体会这句话还是近五年的事情。五年里共有七位阿姨在我这里照顾过我太太，第一位是来自天津，曾是某单位的副书记，退休后来美国（她弟弟在美国纽约），她的工作我们基本上满意，最多聊几句家常，不谈政治，相处还挺好，她因家事自动离职回天津。第二位是来自广西柳州的湖南株洲人-冯阿姨，她是跟随女儿生活在广西柳州，她不太会做饭，用她自己的话来讲："我做的饭连我父亲都说不好吃"，可冯阿姨真像自己家里的女儿一样，在家不停的干活，每天我们都要说："阿姨，妳别干了，休息一会儿"。她因家里的事情老人让她回国处理，完事再回来，结果遇上"疫情"，冯阿姨何时回美？就看上天的旨意了。

照片裡的故事（下）

我的学生和朋友及我们全家都很喜欢冯阿姨（上图），我们到公园骑车都一起去，真是如同一家人。

来一位广东阿姨，工作能力不行，不到一周就自己辞工了。

下一位是来自四川重庆，她很能干，做一手好饭菜，我从来都不用说一句话,把菜肉买回来交给阿姨,每顿都不重样的菜肴,也是因为家事回重庆,从此以后再也没有佳肴美酒可吃喝了。一位从山东济南来的,这位阿姨心事太重,晚上睡不好觉,严重的神经衰弱,国内的儿子在儿媳癌症过世后,留下孩子无人照看,再婚又需数十万元人民币,母亲为了儿子不惜力拼命工作,她先生累活不能干,又没知识,又不会英文,她先生一点儿忙都帮不上,在家还整天喝酒,喝醉了就摔跟头,阿姨本身就是小学文化水平,连青菜的名字都不会写,她心里牵挂的事情太多,我很敬佩她,就这个闯劲我就没有,最后劝她回纽约找工作,每天都可以回家,免得她先生醉酒负伤。另一位接替她的也是山东老乡,来自青岛的崔阿姨,山东姑娘性格率直,因我们家祖籍也是山东(寿光县),高祖开始闯关东落户吉林省梨树县。"亲不亲,乡土情",对于山东省来的阿姨总会照顾点儿,她们的确在干活上不偷奸耍滑,待人诚恳,崔阿姨因母亲年迈体弱,放心不下不得不回去,至今都有微信联系,相互关注和问候。下面的照片就是崔阿姨回到青岛与家人团聚的"全家福"(左起:崔阿姨、丈夫、独子和儿媳妇)。

我认为与请来的阿姨关系处得如何?首先,我的看法:

(1)我不是花钱雇阿姨来照顾我太太的,我是請阿姨来我家帮我照顾我太太,雇佣双方商定一个双方都能接受和满意的工资。另外,阿姨如果临时有事,我们尽量给予方便,工

资是我两女儿出的钱，他们是美国办事风格，一切照章办事，我是即照章办事而且钱里带着"人情"，这就是我能与阿姨们处得好关系。

（2）我是请阿姨来帮我照顾我太太，也就是以阿姨的工作为主，我也有在需要搭把手的时候，与阿姨一起完成护理工作。工作之余的时间是属于阿姨自由支配的时间，休息、看电视、微信、打电话。一句话，生活中无论做什么事儿，定什麽条款都要有"人性"，否则，这个世界就没有存在的必要。

（3）钱对我来说不是重要，是需要，房屋、水电、吃穿用都需要钱，用钱能解决问题的都不是问题，用钱解决不了的问题才是问题。用钱买不到的东西才最有"价值"，大家都知道的一句话："情义无价"！当下国人还有多少人懂得"情义"二字？

今天是2022年的最后一天，也不想多说了，多说无益，为了在新的一年有个好彩头，不受听的话就不说了，可受听的假话和拍马屁的话又没学会，对不起各位了，有耐心想听的就等下辈子吧！最后，祝大家新年快乐！

希望连续剧的编剧、导演、演员多读些书

尤其三年的的"疫情"让我们被迫呆在家里的时间加长，每日看电视的时间超过十个小时，首选的电视节目就是胡编乱造的连续剧：

（1）古代历史据我不爱看，因为发生的故事距今都在几百数千年，我不感兴趣，虽然高中的历史我的考试分数是"5"即"優"，不是我努力学习的结果，而是我的"小聪明"发挥到"淋漓尽致"的水平。我们的历史老师-王松涛老师是一位非常让学生敬爱的长辈，授课认真，讲课内容丰富，对学生的态度和蔼可亲。历史课最后一节课就是总复习，这堂课我会目不转睛看黑板记录老师的板书，认真听并记住王老师说话的口气，声调高低，这些王老师的特点就是他的"试卷"内容，包括填空、选择题、问答题，我"押题"的准确率在95%-99%，在历史考试前，我把我押的题目内容写在黑板上供大家复习即可得"優"。

（2）不看"抗日战争手撕鬼子"，"中国共产党领导全国人民进行抗日并取得胜利"的连续剧。痛恨自己的无知、单纯，被欺骗五六十年，为什麽？你懂得！不须多言多语。

（3）现代中青年在职场上勾心斗角、尔虞我诈为了争权夺利，升官发财，看不到诚实的经商的"商德"，演医院内容的剧凸显不出来医护人员与病人的和谐关系，更没有显示社会主义制度的优越性。总之，所有表现当代现今社会题材的连续剧，告诉人们当今的社会，要想出人头地不是看本事技术和当今的社会一切都是"金钱"挂帅，人的品质、本人的教养、涵养、品德，而是看你的人际关系，溜吹拍舔的技巧，说假话的技巧、向上爬的手段高明否？

（4）编剧的历史常识水平甚低："民国三十六年（1947年），解放军政委在开军事会议时的发言时说：国民党匪军向我中原地区进犯，骚扰我军地区之军民生活"，民国三十八年即公元1949年10月1日前，中国国号是"中华民国"，10月1日后，台湾是国民党败逃驻守仍称为"中华民国"，大陆建立新中国，國号为"中华人民共和国"。在别人家地盘儿还耍横，有这道理吗？今天的大陆别说国民党的军队了，老百姓连说一句对政府的意见都不可以，今日两党两国政府再对比一下，孰是孰非不就一目了然了吗？

（5）抗日战争时期，日本司令部的桌上居然有塑料瓶装矿泉水，四十年代就有尼龙袜子，抗日时期上海就有电视发射塔？拍外景是可否认真仔细一些，别出不应该出的错误！三四十年代说的话及词汇都是始于"文革"延至今时还在继续应用，演员演那个年代的戏，确说现时代的话，这就是"中国制造"跟世界的差距。再举一例，脚上穿的鞋，三四十年代就穿"片儿懒"，资本主义国家不会拍出如此粗糙质量的影片，因中国只追盈利而不顾质量，这就是当前国内各行各业的主导思想。悲哀呀！实属无奈呀！凑合着过吧！走到哪站就算哪站了，甭挑理儿啦！凑合能活着就不错了！

什麼都甭说了，说也没用！

经过对三年"疫情"自身的体验、看、聴和世界各国政府以本国实际情况执行的防疫及治理，让我受益匪浅，要说对"新冠疫情"的认识，非常肤浅。可对"政治"这词的含义有了新的认识，这词的"威力"绝不亚于"核武器"，"疫情"虽然只有三年（但还没有结束），学习还在继续。三年虽短，但收获很大，不像过去那么任性，我已经不再迷信小说里的警句了，我认为自己走过的人生路程所感到的成功经验和失败的教训，是对自己最好的警言和教训。

这一眨磨眼儿"牛"走了"兔儿"来了，是"福"还是"祸"，是"祸"躲不过，可我觉得应该是"福"，"物极必反"就是这个道理，人没有一辈子都倒霉的也没有一辈子都顺畅的！一定是沟沟卡儿卡儿的走过来，这人生才是丰富多彩。八十三岁的我可以说：哥们儿我今天可以谦虚地说一句"总算活明白了"，就像这篇文章选用的图片-五彩缤纷！

我现在写这篇文章时还是八十二岁，过了年就是八十有三、虚岁八十四。我的后半生是在资本主义国家生活，前半生的四十一年有九年生活在资本主义国家，三十二年生活在共党统治區（1948/8-1981/4/8），充分体会到了社会主义的"优越性"；（1）人不是按道德、教养、修养、涵养来区分好人与坏人，而是按出身分红五类和黑五类，这样做的结局是何等残忍？只有1956年以前出生的人才懂得。（2）数十次的政治运动被肃整的是知识分子、专家、科学家和与"人造神"不同政见者，因为他们非常清楚共党撰写近百年的假历史欺骗人民群众，所以灭绝人性的迫害与残杀知识分子。（3）"刻骨仇恨没齿难忘"-文革让我痛失双亲，活到今日的人，有多少人和家属亲身经历过眼见自己的亲人死在面前，多余的话我不想说了。（4）近十余年，我看到了来自日本、美国"斯坦佛大学""哈佛大学"等图书馆的有关中国近代史的资料，尤其是用假的资料欺骗了大陆的官员与百姓，所以，我的一些观点与大家有分歧之处，大过年的时候，我就别给大家添堵了，谎言挽救不了中国。

"苦尽甘来""福从天降""时来运转",老天就是有眼;我在美国、加拿大的亲人-三位姑姑和我大姐、二哥于 1980 年初终于通过朋友从北京公安局找到我们,我申请赴美探亲遭到天津师大保卫处等部门百般刁难,但我通过朋友的帮助,不仅马上批准赴美探亲申请,文件一天就由学校到区公安局,马上批准转到市公安局,一个星期拿到护照。与此同时我二哥把我 1946 年回北平使用的我个人的美国护照也寄给我,我又到美国驻北京的总领事馆从新申请美国护照,很快就拿到我的美国护照,终于在 1981 年 4 月 8 号离开"色灰注意"社会,飞往自由民主的"资本主义"社会。

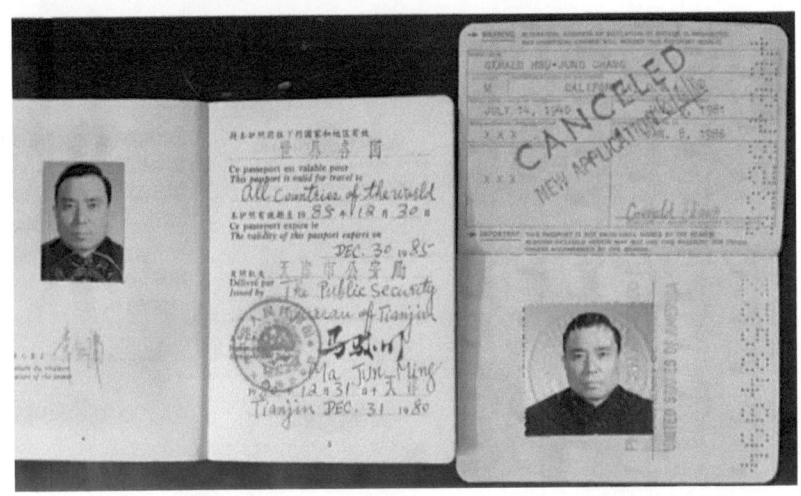

我是拿中国护照(左)登机离境,用美国护照(右)入境。

我的后半生帷幕从此慢慢揭开,经过三十年的努力工作,先于 1992 年在新泽西州的密尔本市买了第一栋房子。这房子是我们夫妻二人打工在第十一年才有的,来美打了三十年工,于七十一岁退休,至今已是退休后的第十二个年头了。这房子卖后与外孙、外孙女留影纪念。

我和太太在退休前,都是利用公司规定的带薪休假去到欧洲-瑞士、法国、意大利、爱尔兰、日本、百慕大群岛、夏威夷州等地,退休后自驾出游美国很多景点。

这栋房子（上图）是1992年买的，花了十七万二，2011年退休时我卖了四十七万，花了九万五买了现在的住房（下图）130平米。前面是可停两辆车的车库，后面是客厅、饭厅、厨房、三间卧室、一间健身房和两间卫生间。

退休后有时间锻炼，主要参加两项运动：（1）击剑：我在1958年考入北京体育学院选的专业是武术系的击剑专业，到1960年人祸造成粮食减产，饿死数千万农民百姓，高校院系调整时，我们58级被调整，便转到水冰系冰球专业，这样我在击剑专业学了两年，冰球专业学了三年。

到美国后，开始在餐馆工作、电召车公司开车、最后在医疗保险集团工作直到退休。

我是从 2001 年开始恢复体育锻炼，在 1992 年买了第一所房子之后，曾在中文学校教过太极拳，也被学生家长邀请一起打篮球，我有幸於又能奔跑在篮球场上一展当年风采，没想到来美后，十余年跟体育锻炼没有任何关系，风采到没展成，丑态掉了一地！上场三分钟，两腿抽筋，接到队友传来的球，忘了三步上篮的动作。过了一周第二次打球比首次"演出"好多了，腿没抽筋，动作也顺溜了，在拿篮板球时，我还以为像三十几岁时，跳起来单手抄球，结果跳起来双脚离地不及三块儿"豆腐干儿"高，我知道了，是我应该离开篮球场的时候了。

1963 年开始分配工作-在北京的女八中教体育，课余时间老师最喜欢的是"乒乓球"，也巧，这所学校体育重点项目就是乒乓球，有一个"乒乓球室"内有四张标准球台，除校队训练时间外，都是老师们活动时间。我曾向乒乓球的教练老师学习过技术动作，可以说是自学成"菜"。

来美后，1996 年因工作在医院，每天八小时工作制，生活正规了，有时间到"俱乐部"打乒乓球，我的第一位教练是来自广东省乒乓球专业队选手-莊永祥先生，来美后曾连获六届全美锦标赛冠军，並代表美国多次参加乒乓球"世锦赛"和"奥运会"；第二位教练是原中国女队世锦赛女团冠军队员-王晨，来美后，2008 年代表美国参赛，在"世锦赛"和"奥运会"女子单打都获得第八名，是美国女乒参赛以来获得最好的成绩，纽约市长亲自颁发"纽约荣誉市民"证书给她。第三位教练是来自广东省乒乓球女队专业运动员-葉瑞玲，她也曾获得全美锦标赛冠军、北美洲锦标赛冠军，多次代表美国参加乒乓球世锦赛和奥运会，于 2008 年被选为"美国乒协"副主席。我在这里从来不敢提起我的乒乓球教练是谁，因为他们在美国乒乓球界都是名人，他（她）们培养出美国家队队员，唯有我是出自他们手下的"菜鸟"一名，提我的教练何人就是砸了他们的"招牌"，玩笑话。

我的乒乓球在新泽西州"老年奥林匹克运动会"年龄组比赛

中，还是小有名气，从 2015 年首次参加比赛至今，只有一次 75-79 岁、一次 80-84 岁获得第三名，其余各年比赛都是冠亚军，我从来没参加过"全美乒乓球锦标赛"，因这不是我的主项，主项是击剑-佩剑。

这张照片左一的美国人，两次输给他而获得第三，中间这位老人-盛先生，曾在 91 岁荣获"世界老人乒乓球锦标赛"的 90-94 岁组的第三名，这位可爱的老人於上个月驾鹤西去，享年九十五岁。

潇灑退休篇（下）

这张照片裡右下是我从 1958-1960 年学习击剑 57 年後，第一次参加全国性比赛-美国犹他州盐湖城，榮獲 70+年龄组的第六名，领奖后与教练和我太太的合影。左与右上是最后一次比赛, 2021 年"全美击剑锦标赛"在宾州费城，获得 80+年龄组的佩剑第二和重剑第六，此后因"疫情"，女儿们怕我比赛与他人接触过多带菌回家传给我太太，她的免疫力很差，不得不小心为上。

上兩張是2018年4月在維吉尼亞州的"北美杯"擊劍錦標賽 70+年齡組獲佩劍個人第八名，領獎後與教練和获奖运动员的合影留念。

我从2017年3月开始在原国家女子佩剑队的运动员和教练员-赵雪（教练）近三个月的练习、纠正错误动作，学习佩剑的修改的新

规则内容。总之，这三个月的幸苦付出终于在 2017 年 7 月 4 日的"全美击剑锦标赛"70+年龄组获得第六名；2018 年 4 月"北美杯"击剑比赛中获得 70+年龄组的第八名；2019 年 7 月的"全美击剑锦标赛"因六十年前的腰部老伤复发，临赛前只能选择"弃权"；2021 年 7 月 6、7 日的"全美击剑锦标赛"80+年龄组获得佩剑第二名、重剑第六名。因疫情期间，怕出意外事件，从前年至今一次击剑和乒乓球比赛都没有参加，即使是击剑、打乒乓球和走步都在社区里进行，减少被传染的机率！

明天就是大年三十儿，牢骚话不说了，来点儿吉祥话，提前给大家拜年了，祝大家"兔年"快乐！身体健康！

我们没有做不到的，只有想不到的

"吉祥如意"；我在"虎年"的最后一天正是国内的"兔年"年的第一天，抓紧时间给国内的亲朋好友拜个年，讨个新的一年开始就"万事亨通""吉祥如意"。在与珠海的学生聊天谈到目前国内不是最大的也是最二的问题就是"适龄"的女士，都不"爱国、爱党"，不生孩子！祖国的接班人从何处来？国外引进"外星人"？长相太吓人了！而且没见过"样品"，不行！如果从"本球"考虑，千万别考虑"非洲"，本来国人脑子进水的愚民多得数不胜数，如果再引进脑子进了地沟油，不但种变了，智商也"TMD"该接近零了。

正当冥思苦想找不到能为国家、为党解决"生育"问题而头痛时刻，我头脑里的"小聪明"那么灵机一动，解决问题的办法有了！靠科学呀！搞科研呀！题目："永远做党的适龄生育的革命战士"。这研究课题我准备提交"中国科学院"审批，同时，最主要需准备的是大量的奖金，少须几万亿人民币，多乃至几百万亿人民币。其实，中国短缺的东西很多，就是不缺钱！其次是老年孕辰与生产的医疗保险问题，我目前最需要做的问题是：发动自己亲朋好友的关系，帮我做以下几件事儿：(1)请"枪手"作假学历，起码得是医科大学的"博士"，找几个论文拼凑一下，到名牌儿大学找几位用假论文得到职称的教授们，咱多给点钱，不就完事儿了吗！(2)找与"中科院"

有铁磁儿关系的，探探路子，能否解决经费问题。（3）找几位"公关"高手组成科研小组，找个名人、有影响力的人（官大的草包也行）出头露面就成事儿了。

我的目的很简单，就是延长"适龄生育"的年龄，从45岁延至85岁。

一翻身，感到憋尿，赶快上厕所，放"水"后舒服了，回床上躺下，这才醒过味儿来，我"靠"，原来是TMD"南柯一梦"呀！想报效党国的美梦又破灭了！

总算大年初一写完了，我哪有那么多时间管闲事？起码我还想着"报效党国"，得嘞！哈哈一笑十年少！祝大家新年快乐！身体健康！

"微信"——当今垃圾政治的附属品

微信给我们的生活带来了惊喜、欢乐、烦恼与忧愁和不解，应该说是我们生活中精神上需要发泄时（无论是高兴时还是烦恼与忧伤）的一个平台。

可是今天为什麼政府如此惧怕"微信""网络媒体"等传媒，我个人觉得是执政党的治国安邦的理念有误，惧怕不同政见的出现，並惧怕"百花齐放，百家争鸣"的方针。

这些问题的存在是由来已久，少说也有八十八年之久，问题的关键在于永远自己个人不犯错误，还真把自己当"神"了，此封建帝王治国理念传承至今，依然奉为至宝。

这就是为什麼现在"微信"有网警巡查，敏感话题的文字不能发，必须是歌颂、假话瞎话可以发，其实今天的"微信"已经成为没有体温、没有情谊，像每天上班签到一样，大家相互知道咱们还都能喘气呐。

听人劝吃饱饭——都是"微信"闹的

自从有了"微信"以后，与亲朋好友的联系就方便多了，即可通过文字书写当前的自己，也可"视频通话"，既能听见"底气十足"

老童音的我,又可以看到松弛的皮肤、眼睑、眼袋下垂、老态龙钟的我。虽说隔洋跨洲万里之遥,对"微信"来说就是近在咫尺的事儿,即可碰杯把盏无拘无束的东聊西侃,也可吟诗作对;<1>曾几时又回到解放前的国统区?"莫谈国事"这四个字是在1949年10月1日以后的历史教材,叙述国民党"独裁统治"人民没有言论

自由;近几年,媒体与"微信"的明确告知"不许妄议政府和领袖",两党有什麽不同?文字不同即"莫谈"与"不许妄议",字数不同,我想到一个数字相同的表示方式:2+1=3 和 1+2=3(用数学方法),民间俚语－"换汤不换药"。我从国内外收到很多我从没看过的历史真实资料(提供人员均为伟人生前身边工作人员,正副国级领导干部子弟,军委高干子弟及国外的作家等),虽然有了新的资料,但也要深思熟虑才能使自己在不犯规的情况下进行交流。

　　<2>通过近几年的交流,发现自己在观察问题上,暴露了自己在历史方面的知识欠缺,只有自己对问题的感觉和浅层的认识,所以对问题分析之后,总是说不到点子上。我的朋友看后对我提出了非常诚恳和严肃的建议:"但是有一点,对政治,对社会,对宏现世界,的分析,理解,对与错、善与恶、美与丑等问题的判断,这可是一个巨大的科学命题,是需要雄厚的历史知识,需要方方面面的知识可能作出判断,才可能对这类问题进行探讨,不是一般人单凭一些感觉,一些事情就可以涉入的领域。想法、看法可以有,但是只能作一种想

法，和朋友私下探讨，不可用文字，作为对问题的定論发出去，因为您不能夠保证自己的想法就真的对，您一旦把自己不成熟的看法作为文字发出去，就会产生社会效果，一旦产生社会效果，社会、國家就要管了，您就麻烦了，因为您涉政了。您把自己的这些想法、可以作为自己的问题、可朋友互相探讨是可以的，以后有机会我们可以慢慢探讨，人不可固执已見，要不断吸收新东西、注意世界形势。"

祝愿我们大家"兔"年闔家幸福！身体安康！

<3>我总找借口不看书和报,没有认真读懂当前世界局势的变化及走向,它与中国国情变化之间的关系,光浮皮潦草看一下事情发生的过程,对于发生的事的原委都没有仔细查清,怎能有正确的结论?

<4>"你们要关心国家大事"是文革时最红火的一句话,多少人为此付出了生命,结果给他人当了垫脚石,我们平民百姓主要管好自家的生活和家人的身体健康是主要事情,政治不是我们平民能参与的游戏,家庭成员的生活幸福快乐及身体健康是我们的首要大事!

我这人有点活在福中不知福,身在福中还瞎折腾,每天清晨醒来窗外已是晴天白云,新鲜的空气充斥着在空间的每一角落,走到哪里都是秋高气爽的感觉。买一切食品都安全,美国食检和药检部门的规定非常严格,在这样的生活环境里是否可以说是"人间仙境"?

"夢中打架"的奥妙

"夢"-日有所思,夜有所梦。这话说的对也不对,最近数十年每天佔业余时间最多的是看连续剧,剧中的"帅哥儿、靓女"多多,可夜间走进"夢"裡的都是"猪八戒"的二姨,把我给吓醒了。

我写这篇文章是给中年男人作为"捍卫自己的面子"的发泄内心"压力"的一种方法。故事还要从"床"說起:上图这床购于1992年6月份,是我们买的第一所房子,同时还买了客厅的沙发、餐厅的八人餐桌、放水晶酒具及装饰品的玻璃柜和玻璃角柜。故事的发生源于这张床;一天夜里,我晚上做梦与他人打架,一人恶战数人,打得精疲力尽,我家"老佛爷"推醒我问："又和谁打架了，连打带骂？把我都给打醒了"。说实话，我都不知道和谁打架？可"老佛爷"这句话提醒我，想解受老婆窝囊的气，晚上假装做梦打架，打老婆两巴掌也可解一点"气"？

直到近2011年底退休，卖了好学区的房子，买了现在的住房，我们又买了一个新床（上图），放在主卧室，这张床说是双人床，实际上睡三个人都很宽裕，此候我再做梦打架都没碰到过她。

自2018年后，她去医院急诊室的次渐多，大床对急救车的医务人员把她从家里的床上移到急救车上的活动床甚为困难，因此决定将达床换成两个单人床（如下图）。

近八年里，我太太再也没回过国内探亲访友，因她已经站不起来，不会自己翻身，生活不能自理，再也没有过任何争执，说话也少了，想吵都没机会了。近十年都没做过与他人打架的梦了，这两张都是保险公司给我太太手术后行动方便可变化角度可移动的单人床，两边都有防止病人摔到地上的保护栏杆，甚为安全。

这么多年都没做过与他人打架的梦了，昨天半夜做梦与对手打得不可开交，突然听到"老佛爷"问我"摔着没有？"，我才感觉到头的左侧有点痛，用手一摸痛处有一小包。

老天有眼，我刚刚把床两边护栏拿掉三个月，我再做梦打架自己就摔到地上了，我这招是有"保值期"的－"双人床"期有效，"单人床"期失效。

祝各位朋友，抓住"保值期"，别像我，"老佛爷"没打着"，自己还摔到地上了，做赔本儿的买卖！

讀《拆文解字"西什库"》後的痛苦回忆

拆文解字"西什库"

北京晚报 ｜ 2023年02月10日

蒋晨明

从西什库教堂方向拍摄的西什库大街与周边社区。旧时即为西什库用地。

老北京地名之丰富，经常会让你突陷迷雾。很多耳熟能详的地方，如果有人问你这地方啥意思，可能一下子就被问蒙了。比如西什库大街、西什库教堂，这"西什库"是什么意思呢？想必很多人面对这个看似简单的问题，却无从回答。其实，将"西什库"换一个写法，你可能就会恍然大悟了——"西十库"。字面意思就已经很清楚了：西边的十座仓库。下面我们用拆文解字的方法来讲述"西""什""库"的历史。

先说"什"，这里读作 shí，在古代汉语中其含义就是"十个合成的一组"。十座仓库相连称为"什库"，就容易理解了。关于"十"与"什"的用法，老北京地名还有个典型的例子，那就是"什刹海"，就是因十座古刹而得名。

再说"西"。这里的西，指的是皇宫西边。今天西什库大街再往西是西皇城根。可见西什库居于皇宫与皇城城墙之间。

既在皇城之内，就说明是皇家所用。那么，"库"又是什么仓库呢？这十座仓库分别是甲字库、乙字库、丙字库、丁字库、戊字库、广盈库、广惠库、广积库、赃罚库和承运库。仓库存储的都是皇城专用的各种生活用品。如甲字库存放的是药材，乙字库存放纸张，丙字库存放丝棉织物……赃罚库则是存放罚没的官员财物。西什库起于明代，清代作用大减，"十库封锢不开，尘土堆积。库后古木丛茂，居人鲜少，众鸟翔集，作巢以数万计"。清末将其一块旧地划给了天主教会，就有了今天知名的西什库教堂。整个西什库地区，也随着时代变迁，逐渐被小区、医院、学校、机关单位等取代。但"西什库"这个地名，作为城市地理的文化坐标，保持至今。

提起"西什库"，我人生最痛苦的阶段与底谷就是在"西什库"刘兰塑胡同22号度过的，这儿让我懂得了什麽是"终身难忘、没齿难忘的刻骨仇恨"，在这有我的亲身经历，也有租给我房子的房东的遭难，是我这一生见到的最残忍最没人性的公开杀人事件。请细心慢慢听我说事情发生的时间与原委？

1965年秋，母亲突然患重病，我请假回家-天津照顾母亲，学校的课程没有代课老师，只得携母亲回北京上课，可母亲住是问题，我未婚，住单身宿舍，不够申请分房的条件，很感谢校领导照顾我，让我母亲临时住女老师单身宿舍。到1966年初在"西什库"的刘兰塑胡同租到房子（一间西房約八平米，我母亲住；一间南房约四平米，只放一张床我住）两间，房东姓贾，姐妹三人，老大老二都是"修女"（未婚），老三结婚有三个儿子-长子贾贵忠，在天津61中学为物理教师，次子贾贵臣，北京718廠工人，三子贾贵良，北京39中老初三学生。

这是一个小四合院儿，房东-贾母与次子和三子住北屋，贾母的两位姐姐住南屋，东厢房（一大一小）是王老太太与女儿（某工厂工人）住一间，儿子是小学老师住一间，西厢房我母亲住。

1966年夏天，中国历史上罪孽最深重的政治运动-"无产阶级文化大革命"开始了，一天，一位馬姓口操河北省的某地乡音，满嘴粗词脏话的老太太，叫出北屋居住的房东-贾老太太，"革命的马大妈"宣布："遣送贾XX返回老家-北京郊区通县。"，并让次子和三子随同送行。过后，我问二子贾贵臣回通县的情况，听完我是瞠目结舌无言以对；刚到村口，一帮年轻人，各个手拿锄头、镐、三齿耙、铁锹等生产工具，不问青红皂白，口中呼喊："打死地主婆"，年輕人挥舞手中工具，当这两位儿子面前把他们的亲生母亲乱棍打死！试问：有人性吗？时至今日有个像样的解释吗？文革期间无故杀人有处理结果吗？被成千上万数亿愚民奴才吹捧出来的几百年上千年才出来的一位伟人就轻易的被身边的坏人利用了？

我是老天爷眷顾我的一家人，终于离开了优越的社会主义制度的国家，此伤心之地我们家人都是不会忘记的，有上百万上千万个家庭被毁在政治运动中，比我家还惨的大有人在，比我幸运的我没听到有几个，所以，今天我知足了，我能全家获得了如此的安康生活，谁给的，是老天爷给的，我认识的知道的人，凡整过人的没有一个人有好结果的，我没有能力和权利处决它们，它们的下场是老天爷给的！

侃侃"古为今用""洋为中用"

我国具有五千年历史文化，有很多优良传统和优秀的民族品质，我上小学开始，在国文教材裡都有对"二十四孝"的介绍，我小的时候就听老师和母亲讲过"卧冰抓鱼"为母亲治病、冬天先钻被窝为老人暖床、"孔融让梨"等启蒙教育故事，非常好，对我的成长成为今天的我，有一定的影响。

可我女儿开始上小学时，因已经移民美国，我们工作很忙，孩子的照顾时间不太充分，也没用我们小时候的启蒙故事教育他们。如果真讲了，孩子一定会说其做法是错的：超市有得是鱼，还用卧冰抓鱼？现在都是独生子女，生活水平高，说过家家有，不存在让的问题！冬天都是暖气供暖，也不需要这样做！

如果说中国还需要进行启蒙教育，一般就是落后的山区，生活贫穷困难的地区，确实很

需要这种教育。

"古为今用"在生活上已经不太适宜了，因为大环境的变化，科技的发展与进步。在启蒙教育方面：有的故事还可以用来引导孩童思维的方式与方向。

唯一"古为今用"可以采用方面只有-政治！

"洋为中用"：这"洋"字是指除中国外（及亚洲的某些国家）的国家或事儿，文化习俗等都统称为"洋"。"洋为中用"对中国来说已经不是新鲜事儿了，中国的交通工具除了人力车、骡、马、牛、驴车外，轮船、火车、汽车、飞机和自行车等，都是"洋"玩意儿，中国只有"四大发明"而没有发展，世界众多自然科学和理工学科的"諾贝尔奖"获得者，中国仅有几位"諾"奖获得者，还是在美德等国学成并从事研究，最后获得成功。国内唯二获奖人-莫言，获得文学"諾"奖，在国内还倍受争议；另一位是在医药界从事研究的屠呦呦老师，在中国极不受重视，连科学院的院士都不是，多亏"诺贝尔奖"评委会不是中国负责，否则，中国连一位都不可能有！因搞研究的没钱去行贿！

目前，北京电视台正在播放连续剧"狂飙"，这个连续剧是中宣部通过批准后而放映的政治宣传品，主要是讲-社会主义的优越性，人民生活水平有多高，政府部门的"人民公仆"是如何为"人民服务"的。

成立于 1864 年的"北京育英学校"（今日的北京 25 中）至今已是第 159 个年头（如圖），我从解放前上"育英小学"到 1955 年初中毕业。典型的"洋为中用"，在北京还

有"贝满女中""汇文中学""慕贞女中"。

体育科研工作的重要性

"国家体育科研所"成立较早,大约是 1960 年左右,我们是三年级 1961 年六月份到"陶然亭"游泳池上跳水课,我们年级就住在"国家体育科研所"楼上。

第二次去科研所是 1977 年,拿着"天津师范学院"的介绍信去索取体育运动有关资料,其内容基本没有我国自己运动员(队)的有关科研内容;其内容都是国际的体育新闻和动态,各国近十年体育发展状况,这些材料祢补了文革十年缺失世界体育发展状况。

文革后,自 1984 年美国洛杉矶"奥运会"女排和女子击剑花剑个人赛-栾菊杰,男子射击项目-许海峰等 25 名运动员首次荣获 15 枚"奥运金牌"。自此以后,中国各个体育运动项目(男足除外),包括团体、个人项目在奥运会和世锦赛上都取得重大的胜利,除了运动员和教练们的努力,"洋为中用"-请外国教练来华执教,都是提高我国运动成绩,推动我国体育事业发展的好办法。但随着世界、我国的体育发展状况,目前的"國家体育科研所"的职能作用远远不够群体和专业运动队的需要,所以,我们有以下几点建议:<A>"国家体育科研所"应改名为"国家体育科研部(或局)",与"国家体育总局"平级的两个独立单位,可是在业务上这两个单位又有必然的联系,例如国内外的体育信息的交流。<B>"国家体育科研部"直接统管全国各省和直辖市的"体育科研所",这两级体育科研机关,的工作计划要相互通气报备,为了更好地完成任务和协调好全国的科研工作。<C>我首先强调一点:"外行不能领导内行"是正确言论,绝不是右派言论。各级"体育科研"单位的领导必须由体育专业院校的毕业生(如是研究生、博士更好)担任。<D>希望各科研单位都能邀请一些已退役的成绩优秀、富有训练经验的运动员和教练员(与科研同项目)组成"顾问小组",提供更有说服力的资料和数据。

2021 年 9 月最后一次参加"新泽西州老年奥运会"乒乓球比赛。

上述的一些想法，是来自于我每个周末都会和 58 和 61 届的校友聊天后，因为目前年龄过八十岁的退役的运动员和教练员还继续被邀聘为顾问训练青少年学员，虽然人数不算多，能在过了八十岁继续工作的人是不多的。我是到八十二岁因疫情严重才停止参加全国击剑和州的乒乓球比赛，孩子们怕我参加比赛带病菌回家传给我太太，我就已有两年多没有再去俱乐部打球练剑，改在社区里走步，每天走一圈约 3 公里半。他们误认为我是通过长年的锻炼身体才有今天的结果，实际上我缺失作为专业运动员应该具有的素质-能吃大苦耐大劳。当今世界体育形势变化很快，要想保持好成绩，体育科研机构是必不可少的"后勤保证"，科研成果要通过比赛来验证训练手段、运动量的安排是否合适准确？

我今天写这篇建议，也是想用我在北京体育学院五年老师教我的理论知识，感激他们对我的教育，"滴水之恩当以涌泉相报"-这句话是我们这代人从小就耳闻目睹，我们也是这样做的直至今日回报母校-今日的"北京体育大学"。

享受天伦之乐，休管他人瓦上霜

这次中招让我享受到天伦之乐，有"乐"就有"苦"，在你患病痛苦时，子女马上来到身边照看你的同时，快乐也随同一起来到你身边。

星期四（3/2 日）中午大女儿刚从家走回纽约长岛，昨天上午得知我去医院急诊室，又急忙赶回去医院来陪伴我，几经周折终于找到病因-"新冠肺炎"，终于赶上"时髦"-阳了。也难怪，我从小到老就没"陰"过，但分会点儿"陰"的也不至于从青年到中年受到如此多的苦难，我就是"陽"性格的人，此波世界性的疫情怎能落下我？

晚上医生通知可以回家，回家后，我被女儿宣布隔离，我睡客房（女儿回家时的卧室），进出卧室都必须戴口罩，我不准进原来的卧室，怕把病毒传染给我太太，总之，女儿心痛二老身体，实行"独裁者"的号令，不听也得听。此刻我不知是感动的落泪还是心疼女儿的落泪，当我们享受天伦之乐的时候，也就是子女的付出与报恩。

治疗"新冠"的特效药，连续吃五天的药量，五天后病除。因我大女儿也在半个月前刚"陽"过，也是服用这种药，的确是药到病除。因我咳嗽太厉害，又买了一盒止咳药，助早日康复。

"几家欢乐几家愁"不是我们平民百姓所能管理和改变的事，我们能做到的只是自己的一家是欢乐还是愁，我想"各扫门前雪休管他人瓦上霜"这句话就源于此！

抓住眼前的一切，珍惜当下的生活，话说的也巧，今晨女儿让我给开电视，结果电视机"寿终正寝"完成使命，大女儿就给妹妹打电话说她们俩出钱再买个电视送给我们，我一再推辞，谁句实话，买几个电视对我们生活没影响，可女儿的孝心不好拒绝。

最后，我想说的是：就是我们今天走了，我们一点遗憾也没有，我们对长辈尽到孝心，对自己的孩子尽到养育之责，带着女儿们的孝心走进天国享受无一切烦恼的精神生活。此时让我想起五、六十年代的北京城市的葬礼，請和尚念经、民乐队吹吹打打，送殡的大队人马，哭声直上重霄九。这种送葬给我的感觉一是无知识无文化的表现；二是做给别人看的，一显示自己有钱，二是自己孝顺。

"孝"顺与否？是每个人对生养自己的长辈盡感恩之责，每个人应尽的责任和义务。也是体现个人的素质与修养，源于遗传基因，社会环境的影响及教育方针的正确性，老人在世时，儿女尽了孝心，老人安详离世，伤心流泪很自然，又何必棺墓前哭天抹泪、捶胸顿足嚎啕大哭，只有两点：一是做给别人看，二是老人在世没尽孝，此时醒悟，晚了哭死也无事于补。

珍惜阖家欢乐，休管他人瓦上霜！

夜半惊魂

今凌晨（3/6/星期一）两点半上完厕所回屋刚躺下，贼亮的灯光在我屋窗户上照来照去，搞得我非常紧张，不知道发生了什麽事儿了？过三两分钟没有灯光照闪了，可房屋裡有人走动的脚步声还伴随窸窸窣窣的说话声音，先敲阿姨房间的门，随后也有人敲我房门，问后方知是警察进入室内，此时我心也放下了，我赶紧出屋询问家里出了什么问题？警察说："我们是从你家健身房北面的门进来的，那扇门没有锁。"（照片中两个运动器材后面的那扇门）

夜半惊魂发生的原因？阿姨睡到半夜，因睡不好觉，就吃了"安眠药"，正在似睡非睡的时候，阿姨决定关机睡觉，可是手指划错了位置，划动上面是"关机"，可阿姨是划动下面的"紧急求助"，电话裡警察问阿姨的名字，阿姨回答我为什麽要告诉你？，警察又问阿姨地址？她也没回答。

夜半惊魂发生前后只有五至十分钟，来美国四十二年也是首次在如此近的距离与警察面对面的交谈，美国警察对平民百姓说话态度非常和蔼，对事情处理严肃认真。

数年"健身房"的门没有锁，竟然安全无恙，非常庆幸找到如此安全环境清雅的社区。

触景生情——我的终身遗憾

自从退休之后，每天看电视是必不可少的生活内容，而且是佔据每日生活时间有50%之多。有许多场面还是很感人的而且还能让我落泪，因为我不爱看古装戏，也不看抗日的连续剧，都是胡编乱造的假历史，剧情甚为离谱；但我还是看不得人世间的死离别的伤感场面，因它会引出我太多的人生痛苦回忆！（近几年我太太经常去医院看急诊，每次往返医院和家都靠急救车来接送，引起我的回忆：父母在

"文革"中惨遭非人性的待遇，身体健康惨遭摧残，每当回忆起这些事儿时，都会引起我对"文革"咬牙切齿的痛恨。）

近六年来我太太是"普林斯顿医院"的常客，每年都得来几次，医生和护士的精心治疗与照顾，每次住院短为两三天，长至一周十天；对比"文革"期间，1969年6月初，母亲因病住进北京西城区西什库的"北大第一附属医院"，因出身"不好"不给医治，我母亲病痛时我去请大夫，她不予理睬，津津有味地看"禁书"－"七侠五义"，眼皮不抬一下，此种的刻骨仇恨我终身难忘，虽然我我奈，但永远不会忘记－"记在心里、刻在骨子里直至我的生命终结"。

我母亲被迫辞世于1969年6月10日，当年只有54岁，我母亲自婚后到去世的三十五年裡，从没参加过工作，就是在家伺候公婆、相夫教子。我父亲1938年在"燕京大学"上学期间，周末由家经西直门返校被日本宪兵队以"有反日思想"抓捕进"日本宪兵队"，因父亲是我爷爷这支儿的独子，从宪兵队救出来便赶紧办理赴美留学－加州的"斯坦福大学"直到1946年日本投降后才返回中国。

解放前，我父亲曾在辽宁抚顺第三化学厂任厂长、后在北平开滦矿务局工作直到1953年9月调到北京矿业学院基础课部任化学教授，1959年又调到"北京化工总厂"技安科任总工程师直到我全家移民美国两个月零四天於北京去世。我父亲在历次政治运动没说过一句错话，就在文革中被定为"美国间谍特务组织"的头子，囚禁在木笼中，遭受

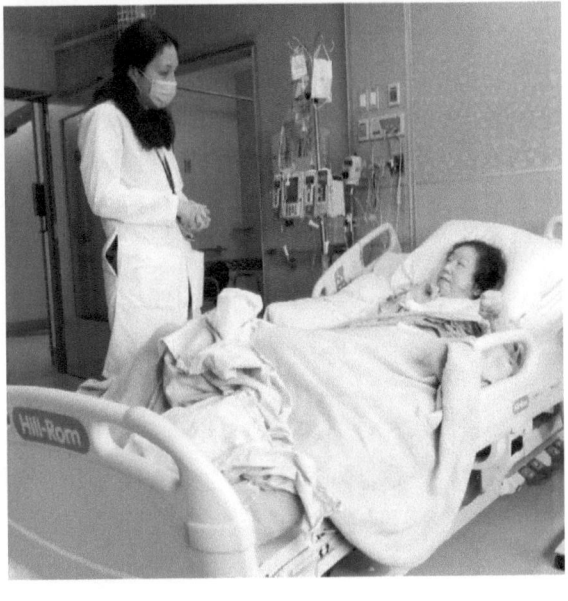

非人类的待遇与私刑折磨，身体健康受到严重的伤害，过世时只有六十四岁！

我终身遗憾的事情就是父母过世时我都不在父母身边，对我终身遗憾能有补救的精神安慰就是在父母亲在世时，我尽了做儿子的孝心。我对父母惨遭摧残而过世的刻骨仇恨就交给老天爷去处理了，我相信能看到有结果的那一天！

男儿有泪就要弹！

自2011年5月份开始基本就是开始过退休的生活，除了打乒乓球和走步锻炼身体外，其余的时间就是看电视。

我不喜欢"古装戏"，也不喜欢现代连续剧，脱离现实，我便选择战争内容的连续剧，开始是"抗日战争"剧，越看越离谱，剧本的作者根本没有任何战斗经历，他们只能写"西游记"神鬼一类的瞎掰故事，照作者写的"手撕鬼子"的剧情场面，哪还需要"中华民国"的"黄埔军校"毕业的将领指挥正规军与日本正规军抗争八年？我想八路军、新四军如果参战六个月就能把日本打回四岛！只可惜能"手撕鬼子"的军队从来没有参战！

最近四五年改看警匪片、缉毒、打击"黑社会"内容的连续剧，接地气儿，好看，如果没有警察、人民军队，维护社会治安和国家领土不受侵犯，我们能过上无忧无虑的平安日子吗？

我们毕竟离开大陆四十二年了，对国内的各种变化了解不够多也不够深，政治环境不一样，对问题的理解后的结论也有差距，但警匪片对于我们来说，首先能帮助我们了解大陆人民生活状况，其次也能了解现实社会的状况。

虽说年龄大了，"泪点"较低，每当有警察和军人为国家不受侵犯和人民生命财产安全而牺牲时，我都会情不自禁眼泪涌出，为他们的行为而感动。

我太太的侄儿大学毕业后曾参加美军，两次去伊拉克战场参战，复员后回归社会后有很多的福利待遇：上大学、念学位-硕博士都免费；找工作优先录取；买房有很好的优惠；优厚的医疗保险等等；我在医院工作时，办公室有一位临时工（每天下班后，到医院做第二份工作），他是一位年轻的退休警察，退休原因是三年裡执勤时受两次枪伤（生死比例指数太高），人性化的退休不必等到退休年龄再退，而且退休的工资和福利待遇与正常工龄退休是一样的。

何时能活在不说谎言的环境裡？

请看连续剧"翻盘"的剧情简介："刑警遭保护伞打击身陷囹圄，設下美人局开始复仇。

实际此剧内容简介与剧情内容毫无相干，剧情与刑侦、悬疑、扫毒、打黑全不沾边儿。这是一部发生在农村重男轻女，独苗儿为了传宗接代所发生的故事，造成几家的悲伤与痛苦。

自上个世纪九十年代至今三十余年，大陆拍摄的连续剧也有数百部，大部分连续剧"改头换面，更名改姓"，再做成"机顶盒"卖给电视观众们，以"假"作为我们生活、工作以及各行各业（工农兵学商）的指导思想，国内的社会环境与状况，社会道德风尚如何？大家心里都跟明镜儿似的。

每天都以看连续剧了解社会，知道是假的，但并不影响我们对事情的判断，切记，在大陆生活，牢记两句话：管住自己的嘴，迈开自己的腿。对自己的身体健康有好处，还不会惹祸上身。在大陆生活一辈子的人已是见怪不怪，我虽然在大陆生活过三十二年，多亏老天爷对我的关照於81年4月全家移民海外，从此以后再也不会因为说话、說真话没說假话担心受怕。不多说了，没劲！

为我们的学长、校友、榜样——年维泗兄长祝寿

前几天（星期日-05/14）与我太太的同学聊天时，他跟我說到前足球国家队的著名运动员和教练员-徐根宝先生在国家体育总局爲年维泗先生举行过九十岁的庆生会之后，再次为年维泗先生举办九十岁的庆生会，据说两个庆生会是有一定程度的差别的。

我认识年维泗是在五十年代初，当时北京有几个业余足球队挺有名：（1）"利华"队-是以"育英学校"师生和校友为主的足球队，我父亲是1937年"育英学校"高中毕业

并考入"燕京大学",1938年又到美国加州的斯坦佛大学,他在高中和大学上学时,都是校足球代表队司职守门员。

我父亲与当时的足球名将-孙鸿年老师、常英老师、孙鹏老师、李葆忠老师等人,即是高中同学也是好朋友。五十年代初的周末,足球赛非常吸引人来观看,"利华"队实力相当强,除"育英学校"的老师外,还有"育英学校"的足球队的学生也参赛,还有原北京31中的徐琪老师,在当时也是北京的名守门员,"利华"队里的来自"育英"足球校队的学生我只认识年维泗,因为他弟弟-年维徵和我都是"育英学校"小学部四年级甲班,后来听说年维徵也踢过球,但没能像他哥哥成为专业运动员。

(2)我只知道"兄弟"队也是实力和强的球队,因我上小学时,每次"利华"队的比赛我们全家都会去看比赛,每逢"兄弟"与"利华"两队对垒时,真是"棋逢对手,将遇良才",因为这两个队都有数位球技高超的队员,当年的"华北队""北京队"的队员从这两个队选进来的较多。

我初中升高中时,因差1.5分没考上本校(北京65中),被24中(原大同中学)录取,高一我的年龄刚过十五岁,还可以踢少年队,我又踢了一年少年队,当时我们24中的足球队主教练就是"兄弟队"的两位明星队员-赵长兴老师和梁振声老师。

(3)"北京饭店"队,队的名称已经告诉我们,队员基本都是来自"北京饭店"的工作人员,最著名的队员就是原国家队(北京队)的中锋-史万春先生。接替史万春的位置队员就是七十年前我的学长、校友、偶像-年维泗。

(4)戏剧界足球队:当年在影、话剧和戏剧界也有很多人喜欢足球运动的中青年演员,通过周末的足球比赛,我父亲认识更多球友。我们常家自长辈爷爷、父亲姑姑都喜欢京剧,我爷爷在解放前,在长安街的"长安戏院"和东安市场的"吉祥戏院"都长年有固定包厢,而且,我爷爷还是京剧"票友",每逢过年都会票戏演出。京剧院爱踢足球的我只认识李宗义(老生)和袁世海(花脸)两位,50-51年我家住在东城的"新开路59号",一是我父亲是"戏迷",球赛后，这二位被父亲请到家中吃便饭聊京戏与足球。

这两张照片是我的朋友-齐大征先生（体育摄影记者，国际摄影师）发给我"体育界老运动员、老教练员、老体育工作者联谊会"时的年维泗的照片。

我之所以走上学体育这个专业，是受了我父亲的影响，一小家里就有各种体育器材、棒球手套、棒球棒子及棒垒球和足球等，我真正开始踢球是由1954年上初三，踢到高二就改打篮球，高三就决定考"北京体育学院"，今天回头看一下儿，无论是从我的性格还是家庭政治背景，我得利受益都非浅。最简单的证明：<1>今天八十三岁的我可以打高尔夫球，不开车自己推球杆步行打完九洞。<2>每天走步 3.5 公里。<3>可以参加乒乓球正式比赛（80-84 年龄组）。<4>可以参加"全美击剑锦标赛"（80+年龄组）。<5>在美国开车旅游，平均每天开八个小时。<6>至今能保持自己头脑清晰和良好的记忆力，从 2012 年开始在"博客"上写自己的人生经历与感悟至今已有 395 篇，尽量推迟"健忘症"的到来。

今天写这篇文章，一是为我的学长-年维泗祝贺九十大寿，二是让我回忆起七十年前，年维泗那一批年轻国脚，赴匈牙利学习归来后，称霸於亚洲，当时除北朝鲜与中国队可以抗衡，让我难忘的是与印度尼西亚队争夺足球世锦赛亚洲名额之战，在 3：0 领先的大好形势下，因体力不支仅以 4：3 胜一球结束第二场比赛，第三场最后算净胜球中国队以一球之差痛失良机。让我记忆犹新的是当年第二场在北京先农坛足球场比赛的中国队的最佳出场阵容：前锋线-哈增光、张宏根、年维泗、方纫秋和王陆，前卫是陈成达、谢鸿钧，后卫是陈复赉、高钧蒂、姜杰祥，守门员张俊秀。那场球是张宏根射进第一球，这球太鼓舞士气了，遗憾的是最后因体力不支被追成3：3平，要不是"福将"王陆神来一脚领先一球，第三场的压力就更大了。

后来我进入北京体院选择了击剑专业，虽然还关心足球，毕竟不从事这个项目，很难说清楚问题所在，只能说是别的国家足球进步太快了。

最后，希望我们当年一起踢球的同学们都能活到看见中国队参加"世界足球锦标赛"的那一天！

向为国争光的女子运动员们致敬！

昨晚躺下睡不着，想起白天看的女足比赛的一个片段，让我联想到数十年前国家体委提出的"三大球打翻身战"的口号，弹指一挥间，我们都已经两鬓斑白，姗姗的步幅得用公分计算，今天我只能说：感谢我国的女子运动员们为我国体育事业争得荣誉（尤其是三

大球)。

我国体育项目第一个世界纪录的诞生就是於1957年11月17日由女子跳高运动员-郑凤荣创造的1•77米的世界纪录。

自中国1984年重返参加奥林匹克运动会会近四十年，几代运动员们在很多项目上取得奖牌并创造了优异成绩，尤其三大球翻身是由女子足、篮、排球队完成了使命!

首先取得奥运会、世锦赛、世界杯冠军的是女排，在郎平是国家队成员之一时，她与队友们一起奋战取得"五连冠"，女排是夺冠次数最多的球队。女排不仅是为国争光和拿到奖杯与奖牌最多，这些劳苦功高的运动员和教练员为祖国做出了巨大的贡献，我的认识和感觉是郎平教练把在中国、美国、意大利等国家做教练的经验积累，提炼出精华及能适用于中国的方法，组成教练组、医疗保健组，各组分工明确，郎平是总教练即公司的大老闆，教练有负责技术、体能、战术等方面，训练后，受伤有医生医治，另有保健医师给运动员做按摩放

松，迅速恢复疲劳。现在是的体育是科学化的管理和训练相结合，已经彻底改变"政治挂帅，不讲科学管理和训练"的模式。

我国女子篮球自五十年代以来，在亚洲是称雄称霸，在国际比赛中也曾获得过胜利，但没能在三大比赛裡获得前三名。中国女篮终于在2022年的女子篮球世界杯赢得亚军！

这张照片是中国女足在今年"世界杯"决赛中以5：3取胜后，全体人员兴奋捧起"世界杯"。

中国女足实际上在九十年代就已经荣获过奥运会和世锦赛的亚军，在第一代运动员-孙雯、蒲苇、水庆霞等人退役后，有一段时间女足处于低迷不振的状态，没有优秀的球员出现，最近在电视的"YouTube"节目中看到近几年的女足战绩，有今年女足"世界杯"比赛的报道和电视转播，太多场次，具体时间记不清楚，但有的比赛电视有文字显示。时间都是2022-2023年的女足比赛，中国女足战绩实录如下：中国8：1墨西哥、中国2：3比利时、中国胜瑞典，两次-8：2、10：1、中国6：5美国、中国3：0德国（打平，罚点球）、中国6：2曼彻斯特联队、中国8：3挪威、中国2：4德国、中国胜巴西，两次-6：2、7：4、中国7：3加拿大、中国9：2苏格兰、中国胜西班牙两次-9：1、5：4、中国2：0越南、中国5：4英格兰、中国6：0阿根廷、中国1：0澳大利亚、中国胜法国两次-6：4、5：3、中国4：2冰岛、中国4：2葡萄牙、中国3：1阿森纳、中国3：2南韩、中国2：0克罗地亚，共打了24场比赛，取得胜22场，负2场的优异成绩，胜率高达92%。

看过数十场的电视转播比赛，得知目前女子足球技术与战术提高和发展很快，现在女子足球的技战术与男子足球已经相差无几，女子在进攻传球的准确度、速度、成功率都比过去的水平提高很大；射门的距离距离都在15-25码之间，而且成功率很高，每场比赛双方进球在3-4球以下的很少，大都是在10球上下，这样足球的观赏性就大大的提高了；我记得1955-56年，踢北京市"五爱杯"足球比赛时，我们当时都是十五六岁，会做胸部停球的人不多，自有了女子足球比赛，有的足球动作因男女生理结构的差别，女生不适合做，但我最近在电视看到的女足比赛里，已经男女足球的技战术没有什麽太大的差别了！

女足有今天的成绩，让我感触良多，看电视时，我自己都不敢相信看的是中国女足在比赛！真是有不跟日本人讲话-"不能同日而语"的感觉。

给我最大最新的认识-从比赛开始的哨声响起，直到比赛结束哨声止，90分钟（或踢平后的加时赛120分钟）裡，女队队员由始至终都保持充沛的体力，改变了中国足球队的致命弱点，经过数十年的摸索和改进体能训练，终于成就了今天的女足。

有的是要坚持走自己的"路"，有的就要学习别人即科学又先进的方法，女足能有今天，說明学习和接受了先进的足球理念和科学训练方法，才能进步，走在先进行列的前端！

【註】：电视裡的体育节目有关足球比赛的转播挺多，文字说明很少，讲解员说话语速较快，加上我的听力较以前差，聽得不够准确，中国女足哪些场次是"世界杯""友谊赛"分不清。

从连续剧"残宅"应该想到了什麽？

昨天晚上终于看完"残家"这部连续剧，今天开始看一部新的连续剧-"反恐尖兵"，这两部连续剧虽然内容不同，但是反映了当今国家现实社会环境的问题，一部是說1951年在韩战期间，沈阳兵工厂为了避免美国飞机轰炸破坏生产，搬迁到山沟裡，艰苦奋斗五六十年后，这个兵工厂有一万多工人，家属有四万多人（其中包括六千多退休人员），经过更换几届领导班子，目前工厂已频临破产，新来的厂长和书记带领全厂职工寻找新的出路，内容挺感动人。

"反恐尖兵"是反映部队裡的特种部队的训练和日常的部队生活为主的连续剧,这两部连续剧都能感动我,在当今的年代,目前的国产的电影和电视剧能让我感到流泪的不多,說明剧作者有一定的生活经历、生活常识,能抓到不同年代不同社会环境裡人民群众的思想动态,一句话,能让我感动起码故事接地气儿再加上演员演得好。

我看完这两部连续剧,究竟想要说些什麽或是要表示些什么?是。这两部连续剧之所以可以拍成连续剧并对人民大众播放观赏,那是中宣部审查通过后我们才能看到,也就是没有政治问题!但你只看别提问题,因为你看出问题都是"敏感话题",别自找麻烦,你会觉得是中宣部通过的怎么还会有问题?像这类剧播放后,可以摸底,看看老百姓对国内的形势(政治、经济、教育、文化体育、人民生活水平)的认识,安定程度,也可以当成对执行政策的诚信度的一次考察。

优先考虑和必须做的事-(1)管理好自己的家庭生活,家庭成员身体健康,精神愉快!(2)管住自己的嘴:别吃坏肚子,别说错话,"国家兴亡,匹夫有责"。

再聊聊女足的事儿

自十天前我在朋友圈发了"向为国争光的女子运动员们致

敬！"后（5月27日2023年发），我几乎每天都要花2-3个小时看女足的比赛录像，真是观赏性极强，而且我还看了一场男足比赛：北京的"国安"队-长春的"亞泰"队，真是没有什么观赏性可谈，大家都看过欧、美洲的足球职业联赛，职业运动员的技术和战术水平之高，中国男足根本没得比，哪个国家男足职业联赛水平高，那个国家女足水平也就高，我每天都看女足的比赛，欧美洲女足-荷兰、挪威、瑞典、瑞、苏格兰、德国、法国、英国、克罗地亚、西班牙、葡萄牙、冰岛、比利时、美国、加拿大、巴西、阿根廷、墨西哥、哥伦比亚等国家与中国女足的比赛我都看过，我问过国内的同学是否看过这些比赛，他们都说没看过。不知国内电视是否可以看到"YouTube"这台的体育节目？我就在这个台看女足和中文连续剧，内容丰富很过瘾，在这个台的节目裡，自中国女足亚洲杯夺冠后，有十二名女足队员签约到欧、美洲女子职业足球队踢球，这十二名女足队员的技术动作与男子的技术动作一样或近似，所以，女足比赛的观赏性提高很快，中国女足与上述十九个国家女足都交过锋，只有少数几个国家与中国女足互有胜负，大部分国家女足都败在中国女足的脚下，少则輸1-2个球，多则4-6个球。

我作为一名老体育教师、热爱体育事业的老人，真心为我国三大球在世界级比赛取得冠亚军的女子排、足、籃球队的运动员们，她们为国家争到荣誉，我为她们的努力和付出表示衷心的祝贺！也愿意与国内的亲朋好友共同分享。

到哪儿去祭拜我的母亲？

看完了这篇文章，联想到自己，我已经四十二年无法在清明节扫

墓-祭拜我的母亲，因为我在 1981 年初全家移民美国时，将母亲的骨灰盒托付给我三舅送回老家交给我二舅办理。

我母亲有一哥哥-郭兴文（二舅）和一弟弟-郭兴忠（三舅），还有一姐姐（名字不详，从没见过面），我母亲孩童时过继给自己的姑姑家（家居北平）。

1946 年夏，世界二战结束后一年，我与父母由美国回到北平，转年父亲到辽宁省抚顺市第三化学厂任厂长，父母就带我们哥仨一起赴抚顺上任。当时我二舅三舅都在抚顺，二舅就在第三化学厂财务处工作，因三舅在家务农，便让他到我们家做家务，到 1948 年初辽沈战役打响后，我们全家回到北平，我三舅也跟随我们家一起回到北平，直到我们全家移民美国才分开。

从 1953 年到 1965 年的十二年中，我妈妈独居天津和平区澳门路 22 号，我三舅居住相同地址的 16 号，1954 年他自己经营一个上下水道和电路装修的个体户，1956 年公私合营后，我三舅就分配到"天津拖拉机厂"工作直至退休。我母亲是 1965 年 9 月病重，我把母亲从天津接到北京在"宣武医院"治疗及租房子照顾母亲生活。

我三舅在我母亲独居天津十二年时，对我母亲在生活上和精神上都给予很大的帮助，我在北京上学，只能在寒暑假回天津看望母亲，我非常感谢我三舅对我母亲这十二年来的照顾，当今的亲生子女对老人的照顾也无法与我三舅对自己姐姐照顾周到！到美国后，我就和姐姐哥哥商量，为了感谢和报答我三舅对我母亲的照顾之恩，请他来美国旅游，顺便打点工可以挣些钱回国没房子。

"滴水之恩当以涌泉相报"，这句话对我们这年龄段的人都懂得这个警句和道理，但没知识、没文化的人，一旦环境合适、条件合适，他们必定走上犯罪的道路！事情就发生在我身边，就是我的亲人，对我来说就是我的恩人-我的三舅，几十年的经历，事实是最有说服力的证据。

（1）我母亲从小过继给她姑姑家，姑姑家是在北平，做生意，生活富裕，我三舅一直在农村务农，一年四季都是"面对土地背朝天"干农活，又苦又累。我们家 1947 年到抚顺市，我母亲借此机会让我三舅脱离农村而到大都市。因我三舅没上过学，大字不识几十，到了北平只能在"号房"干活，当时我家"号房"共有五人：厨师、烧锅炉的李师傅、我爷爷的汽车司机-桑年荣、霍小二（给我们家种地农民的儿子）、张连举，我三舅到北平后就是六位了。解放后，在聊天时，我三舅对我们说：你妈是常家大少奶奶，大少爷的小舅子就当"看门房儿"的。应该是"朝里有人好做官"，自己不想想，大字不识一朴箩，不也就干些开门关门的简单的活儿呗。

（2）我姐姐就让三舅在厨房帮忙包外卖，我姐姐的中餐馆是只有十张桌子的小餐馆，从 1981 年到 1986 年的五年中，这小餐馆生意兴隆，美国人吃中餐的人逐渐多起来，在 1986 年卖了这小餐馆买了大餐馆，我舅舅就回中国了，我也换了工作。二十年后，我与我二哥聊天时才知道，自从我三舅管餐馆的账以来，生意与现金收入对不上账。我三舅看到小餐馆生意挺火，平常日子日进数百元美金，周末超过千元美金，从小到大没见过这么多钱，贪念贪心逐渐膨胀而发展成为"行为"。一辈子都是守规矩老老实实地做人，怎么到老年变成"贼"偷家人的钱？几千年的历史遗留下的思想垃圾！历代穷人都羡慕勤劳任创造的财富，再到嫉妒他们的富有，最后发展到抢劫、掠夺（或偷窃）。

不管怎样说，我不想对这种行为寻根问源，就算是我姐姐替我们四个晚辈对三舅多年对我们母亲的照顾表示感恩吧！

（3）我三舅回国后，我在 1992 年回国探亲访友时，我问三舅我母亲的墓地在老家何处？我听到的答案让我欲哭无泪！我三舅出国前，回老家把我母亲的骨灰交给了侄子-二泉（我二舅的儿子），这位表弟只在 1947 年在老家-抚顺见过一面至今都没有来往，我母亲对他们的照顾一直持续到解放，因我们常家的政治背景，解放后，与常王两家的亲人都没来往，是他们不敢与我们来往。

我三舅告诉我："二泉说没有给他钱，他把姑姑的骨灰丢在荒野地裡。"这就是穷人的思想与心态。

真后悔移民美国没能把母亲的骨灰带在身边！

"感恩"和"团圆"

照片中：施敏和王令懿夫妇（前排左二左三）、儿子与儿媳-施迪凡夫妇（前排右二右一）、女儿-施怡凡（前排左一），后排站立右一至右三是孙子、孙女（双胞胎），左二、左一是外孙与女朋友。

刚收到我们的"恩人"、"亲戚"、"朋友"-施敏与王令懿夫妇发给我们他们家的"全家福"照片；我们全家能有今天在美国的美满、自由、幸福、健康、愉快的小康生活，都要感谢他们夫妇二人，用文字和语言都难以表达我们全家的感激不尽内心深处之情感。

我们全家是1981年4月8号到的美国，是我二哥和我三姑到纽约机场接我们，台湾海峡两岸分离三十二年后终于团聚在美国。

左起我二哥、三姑、我女儿、我姐姐和我们夫妇两人，到美国一周后，送我三姑去机场回加拿大前，在我们住房的车道上摄影留念。

"感恩"

说句实话，老天爷很眷顾我，<1>高三毕业，不知哪位仁兄在我的政治评语里写了一句："不戴帽子的右派"，直到文革我才知道。<2>大学五年里，在一和三年级，两次全年级批判，原因就不多说了。<3>大学的毕业鉴定，我对组织给我们大部分同学的毕业鉴定，说了实话并不同意所做的鑑定内容，结果，做的不实鉴定被否定，而我的毕业评语已是不堪入目："基本上拥护三面红旗，劳动观点差，学习成绩优秀，群众关系好"，离反动学生的标准只有一线之隔。我是1963年毕业，正值饿死数千万人的年代刚过，体育事业尚未恢复，我们这届毕业生基本90%毕业生分配到东北三省（黑龙江省最多），我们水冰系26个名额上海，北京6名，天津2名，贵州2名，杭州4名，我很幸运被分到北京！<4>在文革流毒没有肃清的时代，像我们这样出身的人是没有好日子过的，此时，我姐姐的干妈在七十年代末（在瑞士日内瓦的联合国教科文组织工作）遇到过去的朋友到日内瓦开会（中国科学代表团成员），便将我与父母和我三哥在北京的事讲给朋友并请他回国后帮忙找一下。1980年初我父亲就被通知国外亲人在联系父母等亲人，我父亲就告诉我，准备文件申请去美国探亲，就这样我们全家幸运的移民美国。

我在美国曾经朋友介绍看过几位大师级的"算命先生"，几位大师都有共同的评语：一是兄弟姐妹之间缘分浅，二是没有意外财，但一辈子不愁吃穿。大师所言极是极准，我姐姐和我三哥于2022年7月、8月相继过世，在八十二年中，1981-1986年在我姐姐餐馆工作五年，1986-1992年居住同一栋的楼上楼下，一生中只有十一年在一起工作和生活。与我三哥只有1946-1956年待在一起十年，他在包头工作、退休生活六十六年，七十二年没有在一起。与我二哥在一起的时间也不长，1946夏-1949夏和1981-1986年共八生活在一起，目前他在美国波士顿居住。八十二年中与姐姐和哥哥一起生活时间很短，分别是十一、十、八年！

即使我们兄弟姐妹缘分浅，可我姐姐和二哥还是把我们全家从中国移民到美国！从此以后，我们全家的命运就改变了，遗憾的是我们的父母都早逝於政治运动中，无法享受亲人团聚的快乐！

我的姐姐和哥哥是改变我家生活"噩运"第一恩人，从政治炼狱回到人间过幸福生活。

这是我姐夫和姐姐婚后外派时的合影，我姐夫是中华民国外交

部部长-沈剑虹的秘书,外派到美国任领事馆侨务组组长。在七十年代,中华民国退出联合国后,他们就以外交人员的身份留在美国。

下面这张照片是2019年,我的恩人、亲戚、朋友-施敏和王令懿夫妇来费城儿子家时,我驱车前往探视,我们也有几年没见面了,他们是我们家移民美国后认识的第一家中国朋友,我们住相邻的两个镇子。

施先生是国际名教授,世界各国家念电机专业博士学位都要念他写的书。他在"美国贝尔实验室"工作,他在这方面的科学奖项除"诺贝尔奖"外,所有奖项都拿到了。退休后,每年都到中国给大学教授讲课,而且不要工资,只给他们夫妇二人的往返机票即可。

施先生的舅舅管我爷爷叫"舅舅",王令懿的母亲和我奶奶的侄女婿是一家人-密云县老"甯家",所以我叫王令懿"表姐",施先生就是表姐夫了。

他们在1992年于美国房价下跌时,帮我们付了首期房款,买了在富人区、好学区买的别墅(买时房价十七万二千美元),到二十年后退休时卖了四十七万美元,把我们的退休生活费都赚出来了。他们夫妇二人是让我们在美国由打工仔变成小康生活的中产阶级,此"大恩"难以忘怀,用文字和语言都无法表达我们内心的感激之情。

"团圆"

要说"团圆",说容易也容易,说难也难。在美国一般有"感恩节"和"圣诞节"家庭团圆吃烤火鸡,在这里的中国人还多一个"阴历年-春节",北方人大年三十几晚,全家一起吃饭,大鱼大肉,各种菜肴和凉菜,白酒啤酒摆满桌,畅谈、敞开吃、敞开喝,过了半夜十二点就是大年初一,吃完饺子就去睡觉。

这张照片是2014年11月份美国"感恩节"全家聚会。

这是2018年11月"感恩节"的全家聚会,成员最齐的一次合影。

这张照片是2019年疫情前的节日聚会。

2016年的全家福。

照片裡的故事（下）

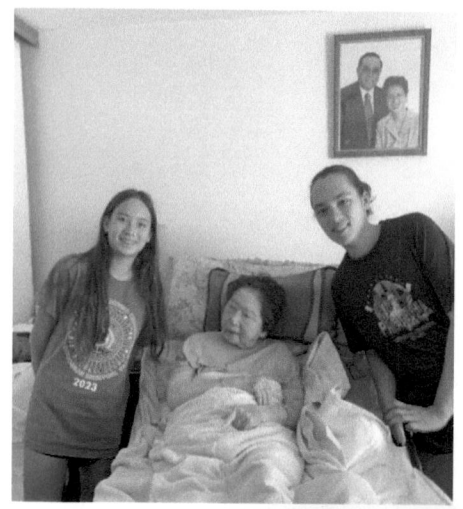

最后这三张照片是这次（6月20号星期二）来家里照的，他们刚走回家，因外孙女下午有划船训练。

二女儿一家在近五年是第三次回家来看望我们，因为节假日他们要两家都照顾到，一年去女婿家与爷爷奶奶家人团聚，再一年回我们这儿过节，大家相处非常和谐，相安无事。大女儿离我们较近，每个月都会回来几天，这次是大女儿刚走两天，妹妹一家四口会来看望我们，姐儿俩在纽约一起吃"北京烤鸭"，二女儿一家四口最爱吃的中国美食。

　　在美国最注重的家庭团圆的节日是"感恩节"，次之是"圣诞节"，其它节日基本以自己的小家庭为主安排节日内容。我表姐的"全家福"照片我还是第一次看到，去年她发给我去新墨西哥州看女儿的照片，科技在发展，亲情在退化，"钱多了而亲情少了"，对人类的发展不知是好事儿还是坏事儿？

　　我们家在美国比美国人多过一个节日-"春节"，凡时间允许，女儿们都会回家过年！

　　虽然两个女儿都有自己的事情忙忙碌碌地度过每一天，"每逢佳节倍思亲"时没能回家陪伴於父母的身旁，但她们的关爱和孝心却能让我们老两口时时刻刻体会到，这都要感谢常檀两家祖上积德遗传给我们晚辈良好的基因，再加上两个孩子受到良好教育，到大学毕业时，他们就懂得"滴水之恩当涌泉相报"的道理，东西方文化是有区别，只是教育方法手段不一样，其目的是一样-提高做人的品质与素质。

　　其实我这辈子没白来这个社会，我的人生路走的也是坎坎坷坷，正因为如此，我现在感觉到我终于活明白了，我所做的一切不是给别人看的，而是自己在享受自己的人生！我这一生最大的收获就是有关爱我的家人和两个孝顺的女儿。

龙虾——好吃、馋人、味鲜

　　要说世界200多个国家，可用千百种食材，几乎也能够烹饪出千百样不同口味的美味食品，要我这"馋虫"来选择：首选是中国的八大菜系的美味食品；次之是日餐-撒西米和素西；第三是法式和俄式西餐；其他国家口味的食品都不在我考虑和选择之中（粮荒除外）。

7月4号是美国国庆，这个周末有许多公司会休息四天的长周末，许多食品和生活用品百货都减价，如照片里的龙虾就是由平日的$11.99元/磅减价為$9.99元/磅，昨天买了三隻，做为晚餐（1隻/人）。

说起"龙虾"，我还是1981年4月全家移民美国以后，才逐渐知道龙虾的烹饪方法，因我在美国开始在姐姐的餐馆打了五年工，知道"薑葱龙虾"的准备过程，配料、一隻龙虾的两个夹子与龙虾的全身应该切成多少块？如何用处理龙虾头装饰餐盘？可在家里炒"薑葱龙虾"与餐馆的炉灶火力不一样，所以，炒出来的"薑葱龙虾"味道也不纯正。吃龙虾的家庭做法，方法简单，口感好，肉嫩味儿香。

"清蒸龙虾"操作程序：(1)用刷子把龙虾背、腹洗刷干净之后，放在盘（或碗）裡，待蒸锅水烧得滚开后将龙虾放入笼屉蓋盖儿，蒸至7-10分钟即可。(2)龙虾蒸好趁热吃，那真是肉嫩味儿香。(3)蒸龙虾使用盘（或碗）裡有很多的汤，此汤味鲜美，留在转天早餐用蒸龙虾的汤，加些水放点青菜、面条、擱个鸡蛋，五分钟后关火面熟。此方法是我太太的同事（原天津工业大学的周身健和王慧老师）介绍给我们的龙虾一食两用做法。

"弹指一挥间"就走完人生八十三年的路程!

今天,高高兴兴的过八十三岁的生日,在写这篇为自己庆生的文章时,想起六十年前的一件小事儿,有关退休金的事儿,当时(我是1981年移民美国)我们是净身"出户",离职、销户口和將住房交还给单位(应该的交还),我只是向"人事处"一位工作人员(原天津教师进修学院的留校生)问一句:"像我们这样的情况是否有可能办理退休?"得到的回答是:"吃甘蔗哪有两头甜的?又去美国还要退休金",怎么那么大的"醋味",说句实话,我的八十三年的人生路就是"吃甘蔗两头甜",这就是命,俗话说得好:"人的命天注定"。从出生到9岁,从41到83岁我的人生经历就是甜,而且是两头甜!中国数百年上千年也就才出我这么一个活得"没心没肺"过得"快乐的每一天",我是为自己活着,我活着不是为了给别人看的。今天照就是热天,气温是摄氏33度,下午两点半先出去走步(图一)。

回来后,洗澡后下厨房(下页图二),为晚餐打卤面作海鲜卤,食材为:五花肉、大虾、海参为主,配上冬菇、黄花菜、木耳等做出色香味美的海鲜卤(图三),另配黄瓜丝,外加大蒜瓣儿,餐后,口齿留香,大蒜气味充斥房屋的每一个角落,这就是生活,我的快乐,我的享受!

这是最接地气儿的生活，什麼时候都别贪心，有钱还得有命花！

避暑最佳去处——"社区文化中心"

"社区文化中心"就是一座多种用途的大礼堂，大礼堂外面一个室外"游泳池"、两个"网球场"，让我过去没有注意这个"大礼

潇洒退休篇（下）

堂"是炎热酷暑的夏天最佳"避暑胜地"，是锻炼者最佳运动场地。

自从3月3日"阳"了以后，今天首次到"大礼堂"活动，一进大礼堂，我的妈呀！原来大礼堂的室温与我家一样，都是摄氏二十一度。没想到，四个半月没摸过球拍，一上来还没三两分钟就呼哧带喘的並还有点儿噁心，真是老了，不服不行，装嫩装不了，装"蒜"也差着"行市"。

这里原来只有三张乒乓球台，仅半年没来打球，原来三张台子坏了一张，社区又给买了两张新球台。这里是老人走步的好地方（上图），两位老人围绕礼堂走圈儿，又不晒，也不热。

要说美国人喜欢体育运动是儿时就开始了，基本上全是业余俱乐部，到处是体育运动设施，在这儿的老人打乒乓球的100%都是"自学成才"，与国内不同，有少年体校，这里只有俱乐部，经济富裕的家庭交钱去俱乐部学技术，在美国的本土居民和移民到美国它国子弟，他们想进入"名牌儿"大学，都在体育项目上选择"贵族项目"-击剑、网球、高尔夫球等运动项目，我的击剑教练上周末，带学生参加全国青少年击剑比赛（下图），从小学开始练，到报考大学时，已经练了十年左右，在比赛里成绩好的就有了进名校的"敲门砖"。

这个社区的老人的技术真的很一般，但打得很认真，动作不准确，但玩儿的很溜，稍不留意没准儿还得输给"老美"。他们很少记分儿比赛，打得汗流浃背，达到锻炼目的，高高兴兴回家，这就是美国的老人体育！

阿姨遇到的"故事"

方阿姨每天晚饭后，把厨房收拾干净了后，便出去在社区里走步，每天特定生活内容-"天天走"。前天，阿姨出去走步时，只是

阴天，没想到走到半程路时，突然开始下大雨了，阿姨临时就在路旁的住宅的屋檐下躲雨，过一会儿可能主人发现有人在自家房外躲雨，便赶快开门请阿姨进屋到客厅的沙发就坐，阿姨进屋时把鞋脱在门口，主人将阿姨的球鞋拿到客厅。

阿姨不会说英文，与主人借肢体语言和手势交流，雨势稍小点，阿姨便要往家走，主人又给阿姨拿了把雨伞，回家洗完澡后，很有感慨的说了一遍刚才发生的事情。中产阶级生活都有一定的经济基础，在美国属于白领和蓝领阶层，知识水平基本都是大学学士学位以上，房价偏贵，富人的住宅区也是一样，都是千万、亿万富翁的居住区，这样的居住区税收也高，所以学区好，警察也多，治安就好。我从下飞机就住在好学区，中上产阶级的住区，从来没见过抢劫、杀人、枪击案事件发生。

今天的微信有太多的北京下大雨被水淹、房屋倒塌的视频，祝福北京能平安地躲过这场"台风"带来的灾难！

珍贵的情谊，要珍惜呀！

从四年前在美国的"老三届"留美学生（基本上是北京的学生），聚在我家一起为我举行"八十岁庆生"（上两张照片），两周前过"我已在这世界上走完八十三年历程"的生日，做了"海鲜"打卤面与太太和阿姨吃一顿简单的"庆生大餐"！说句实话，这人一过八十之后，最好活得没心没肺的洒脱一些，对不满的社会现象就睁一眼闭一眼，因为我们都不具备改变社会的能力，年岁也大了，安享晚年才是我们这个年龄段的人最应该做的事情。

自从1981年4月8日起，我们一家四口移民到美国与亲人相聚，三十二年被分割台湾海峡两岸生活生活，再次亲人相见于美国时，倍感亲切。亲人相见二十四小时后就开始打工了，我姐姐和姐夫给我太太买了一台车衣廠用的缝纫机，每星期从纽约车衣廠拿"活儿"（各种衣服的半成品）回家做，即在家做"活儿"又能照看两个孩子放学后回家做作业和吃饭。我太太以泪洗面近一年的时间，在考下驾驶执照以后，精神才放松些。她觉得自己很委屈，大学老师到美国却当车衣工！在餐馆里包外卖！所以，除了每天做衣服、给孩子做饭、陪孩子念书、自学英文，还念英文的交通规则，不懂得单词就查"英汉词典"，不到一年的时间念完"交通规则"，我晚上从餐馆下班回家后，她再教我"交通规则"，我们两人终于在我太太的努力下，用十个月拿到"驾驶执照"。从此，我们的生活有了本质上的改变，工作多了选择性，生活内容丰富多彩，我们的压力一下感到减轻多了，逐步习惯了美国人的生活与习惯。

我的性格与我太太有区别，因我的性格决定了我的人生经历会曲折，但我不会孤独，生活中没有凄凉，我的朋友（男女性）多，我在人生低谷时，都会有朋友在身边开导劝解，虽然人生路上崎岖坎坷不平，尤其来美国后的四十二年，在自己得意忘形的时候：在微信上转发了有触及"敏感"话题的文章和发表自己对一些社会现象的个人观点有误时，我过去曾经教过和没教过的京津两地的"老三届学生"都会认真地、严肃地、真诚地提出忠告："您不是政治、哲学、历史专业人士，也没有认真读过这方面的书籍，所以您的观点就没有正确的理论基础来支持自己所提出的观点，即给自己和朋友带来政治上的麻烦！"，我虚心接受她（他）们的意见，并及时改正，逐渐适应新的老年生活方式，以"延年益寿、安享晚年、快快乐乐的度过每一天"作为晚年生活的"指航标杆"！

左起：沈有晟、谷宝珍夫妇，右起：王槿长、赵建民夫妇，刘梦雄、李波夫妇因有事饭后先走了。

四年后的今天（08/01/2023），我们再次相聚，真是让我兴奋不已,尤其三年多的"疫情"肆虐,几乎没见过面,一眨眼就是四年。我认识的这几个"洋插队"北京知青家庭至今也有近二十余年左右,先生都是"北京男四中"老三届的学生(个别的是外省市的老三届)来美国读学位,夫人都是北京女一中、女六中、女八中、女十二中、师大女附中等校的老三届。

今天来聚会的有沈有晟、谷宝珍夫妇、王槿长、赵建民夫妇和刘梦雄、李波夫妇,我们是2019年7月中旬的最后一次的聚会,四年后的今天再次相见,每位都是红光满面的精神焕发,体格健壮。我们边吃边聊,三对夫妇有一位年龄小我七岁,其他五位小我十岁,他们的消化系统与肠胃功能超强的好!他们每盘食品都是满装超载,人均3-4盘,我最多也就一盘足矣,晚餐免食,最多睡前来一杯牛奶即可。

与齐大征先生(左)和沈有晟先生(右)的合影於美国新泽西州"叶瑞玲乒乓球俱乐部"与齐大征先生(左)和沈有晟先生(右)的合影於美国新泽西州"叶瑞玲乒乓球俱乐部"

我的学生-赵建民看我今天的以白色为主的着装并搭配黑色皮鞋,就开始调侃我,一定要照一张全身像,把我当模特(英文译音:"麻刀"-盖房合泥用的)寻找乐子。这双鞋是退休前(十余年前)

买的，今天第一次沾地。我手里拿的两本书是四年前在我家聚会时，王槿长借回家看-"国球之光"和"沉浮莊则栋"。

齐大征先生是获得"体育国际摄影师"称号，并以乒乓球项目为主，2016年我和太太回国时，见到齐先生时，他送我两本"珍贵"的书：一本是他本人摄影作品选集，另一本是作者鲁光寫的"沉浮庄则栋"，两本书都有齐大征先生的题字，作为乒乓球的爱好者我，这是最好的珍藏礼物！

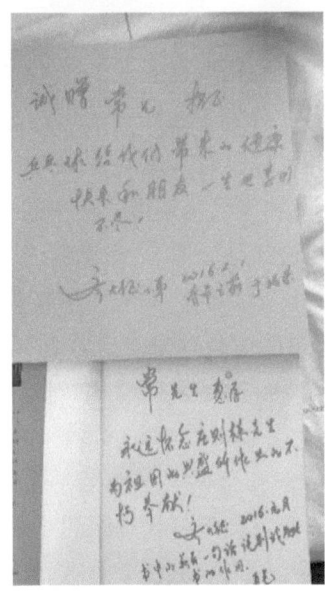

与老朋友、同事-赵老师夫妇聊天儿

这是今年春节时寄来的照片,赵老师夫妻二人红光满面,身体健康、精神愉快!

我们有时会在微信上看到互相发的信息,了解我们双方生活的状况,退休后,赵老师每天都坚持练"太极拳""八段锦",夫妻二人身体非常健康,赵老师的先生退休前是"远洋海运公司"轮船的"大副"(輪機長),长年生活在大洋航运中,没有强健的身体不可能完成海洋运输的工作。

我们的相识是五十年前(1973年1月份),我们都是照顾夫妻两地分居,分别由沈阳和北京调进"天津市教师进修学院",当年的"教师进修学院"地址是原"河北大学"(最早的-津沽大学)校址-天津市和平区马场道,现今的"天津外国语大学"。我分到一间住房在校内(马场道),赵老师的家也在马场道,距学校也就三四百米的距离,因赵老师的先生所在的单位(原中波海运公司)也在马场道,公司的宿舍也在"马场道",加上我的学生的兄嫂与赵老师家是"亲家",所以来往较多,另外,我和赵老师有共同的爱好-体育。1958年我考取了"北京体育学院",赵老师同年选进"辽宁省田径队"为1959年的"全国第一届全民运动大会"参赛进行集训,另外赵老师来自文革时代我国的"名校"-"东北(沈阳)农学院",所以出名是因为录取了教育改革先锋-"白卷大仙"-张铁生为工农兵学员，我们交谈时经常会把此事来调侃对方作为乐趣。

今晨近八点钟睡醒了，太难得了，我每天基本都要睡个"回笼觉"到九点多才起床，在厨房煮好咖啡于 8 点 37 分给赵老师打个电话，这一聊真有如京津冀地区的山体滑坡，河坝决口，汹涌澎湃，喷薄而出，55 分 26 秒的通话时间就在相互问候、说笑之间一闪而过，八十余年（赵老师夫妻二人均为八十八岁，我们夫妻二人才八十四和八十一岁）的人生路不也就是弹指一挥间吗？

我们的谈话就是人生路上的经历与感受之交流，别人的经验不见得适合我，我的生活方式也不见得适合他人，几百年数千年中国才出我这样一个活得洒脱、活得"没心没肺"的"老剑客"！笑谈了，抓住晚年生活的尾巴，让我们安详、愉快、健康的度过每一天、每一月、每一年！大踏步地迈向九零后。

"管住嘴"少説话，多吃菜，身體健康！

此三张照片摄于一周前（8月1号2023年），"管住嘴"的效果与证据。

26天前刚过完八十三岁的生日，想起上高中的语文课有一句话至今未忘-"转眼就是百年呀！"，当年十六七岁的我，对这句话还没体会出来"时间眨眼而过"的速度与短暂。

说句实话，至今我还沉醉在儿时操场上的课下游戏-"官兵拿贼"你跑我追的欢笑声；青少年于球场上的进攻与防守与课堂的文化课交替进行中而结束了学生时代的生活，走入社会变成政府工作人员-"人民教师"。

自从1949年起到1981年的32年中（即从小学四年级到移民海外），经历几十场政治运动，但都与我无关，只有1966年的"文革"是我经历过的第一次也是最后一次，也就是我人生的唯一一次政治运动，我没有被我的"政治敌人"整死、整垮，"人的命天注定"，这句话是天理，想整死我的和整死我父母的人都没得好下场，不得善终也！

今天自我感觉良好，好像眼前一片光亮，有点儿活明白了，这话还得从六十岁（2000年）生日开始说起（这张照片是我六十岁生日照的全家福）；这一年我的工作稳定，两个孩子也都大学毕业参加工作数年，也有了自己的住房、车子，一切都平安顺利。所以，我在工作之余和休息时间，我就有时间反思自己在政治上有哪些问题处理不妥善的地方？

关键是自己要有勇气去面对自己的不足和缺点与错误，有很多问题的解决是来自我的"老三届"的学生，他们是我的"政治老师"，最主要是我对"嘴"的功能有了新的认识，过去的六十年我只认识了"嘴"的生理功能-"病从口入"，没有清楚和深刻地认识到"嘴"的政治功能"祸从口出"。从2011年开始休病假（换左膝关节手术）到退休至今的十四年，反覆思量和重新认识到"嘴"在政治上的功能之重要性，为了避免"祸从口出"的重现，我给"嘴"定了使用的政治标准：（1）事不关己高高挂起。（2）国家兴亡，匹夫无责。（3）不管发生任何事件，"嘴"巴紧闭，只字片语都不发声。

幸福过好每一天，安详度过晚年，管好"嘴"的生理功能，保证身体健康！

浅谈对"专家的建议"和"专家的言论"之个人看法

话说现在微信裡所说的专家都用"砖家"来表示，即碎石乱砖头没有任何价值可言，实际上是对一些不学无术的发言人，或是某个集团及个人为己的私利做不实的、不靠谱的胡云乱侃做宣传，用欺骗手段而获取经济上和名誉上的利益。当前，满嘴都是假话、瞎话、屁话，在讲坛上又有头顶教授头衔的，手拿假博士、硕士文凭的"砖家"。

这个"砖家"一词，除有上述的内容，说白了就是群众对社会不良现象的一种讥讽。为什麼不良社会影响能长期存在？只可以闭门深思而不可语言，因为我"嘴"的政治功能规则告知我："事不关己高高挂起"，"国家兴亡匹夫无责"。

有些警句随着时代的流失也有新的诠释："批评是领导干部解决干群关系的最佳利器"，"自我批评是群众检查和提高自己思想的利器"，"忠言逆耳不利于行，要批判地听取"等等，不一而足。

"忠言逆耳而利于行"这句话，在我的人生路上是一句让我受益匪浅的忠言，我这一生最得益的就是朋友多、教过的学生多，与学生的关系是"亦师亦友"，我僅举一例说明学生对老师的尊重与爱护,一位老三届的学生对我转发的文章提出的批评:"已经说过不谈政治,这不是政治问题,是什么问题?您的认识让我吃惊!"不可说批评我的口气不够严厉吧!我从内心深处感受到她的真心为我的政治认知能力的低下而着急,这也是我能有今天的进步之最大动力,我非常感谢你们给我的直言批评与鼓励,谢谢你们-我的同学、同事与挚友!

另:我写这些自己的认识是为了我自己远离"老年痴呆症",经常用脑"思考与回忆",有助于自己头脑的健康,更有助于自己的身体健康!

自进入老年生活以来,我从不看电视上的"大医生""营养与健康"这一类节目,我从自己的坎坷人生路总结出来如何走好和安详度过晚年生活:(1)保持良好的心态,愉快的度过每一天。(2)有规律的生活:每天定时定量,基本上绝不随意改变生活规律,按时睡觉-晚10-11点至自然醒。(3)保持每天一定时间的体育锻炼,锻炼内容和运动量要根据自己的身体感觉、天气、心情来制定。(4)经常与朋友联系,交谈生活中的快乐与朋友分享;交谈生活中的不愉快,把它发泄到"空气中扩散到消失"。

文章写完了,第一顿饭也吃完了,一天的时间已经过去了1/3,下午三点要去"眼科医生"诊所检查并验光,想配一个度数合适的"阅读"花镜给未来我的生活带来更多的快乐与方便。

对"正义虽会迟到但从不缺席!"这句话的认知

对这句话,在我六十岁前基本没听说过,也没见在文章中出现,我也是近十五至二十年才见于电视剧、微信、文章中,开始还觉得这句话挺有正能量,随着时间的流逝,越咂摸越不是滋味儿。(1)如果是自由民主法治国家,"正义"会迟到吗?即没有"迟到"哪来的"从不缺席"?(2)从第二个中国建立到"文革"结束这二十七年里从来都没有正义,这句话没有任何意义!

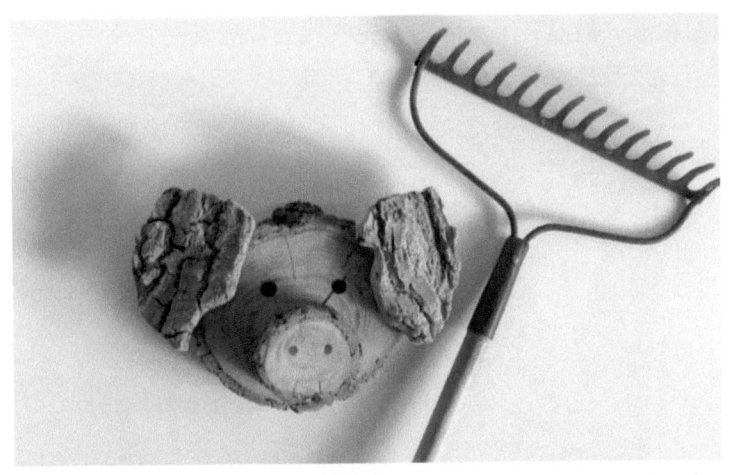

要让"正义"永远不迟到和不缺席,唯一的出路就是改变社会制度。七十岁以上的人可能还记得,一位独裁者搞的"一言堂",自1935年开始41年的"一言堂",错误政策,造成数千万乃至上亿的百姓死亡!试问:"正义"是"迟到"了还是"缺席"了?"迟到"了可以平反、道歉、赔偿,如果由于"迟到"造成死亡,你的"迟到"和"缺席"能说得过去吗?平凡只能为受冤假错案迫害的人在名誉上、精神上纠正和恢复名誉及损失,人命没了又如何解决?

一句话都不想说了,不和没人性、不懂道理的人说话,否则,我也变成与它们成一类水准的人。

今天轮到我值班

8/17 星期四下午两点多到医院急诊室,因疫情以来陪护人员和病房探视人员的人数都有新的规定;急诊室陪护只许一人,病房探视人员只许两人。所以星期四我大女儿在急诊室陪护;8/18 星期五上午是阿姨在急诊室陪护,阿姨不会英文,但她看到我太太有不舒服的表情,她站起来的同时就会有几位护士和工作人员来到病床检查病情。阿姨对美国医院的服务态度钦佩之至,因美国是人少医院多,另外,美国的医院是以"治病救人"为宗旨,我退休前的工作单位就是医院,这家公司有十家医院,我退休时已经倒闭三家医院,这三家医院都在穷人居住区,病人看完病或病愈出院,所有欠款都还不起,最后只有破产，但没有一家医院敢先收钱后看病或做手术。

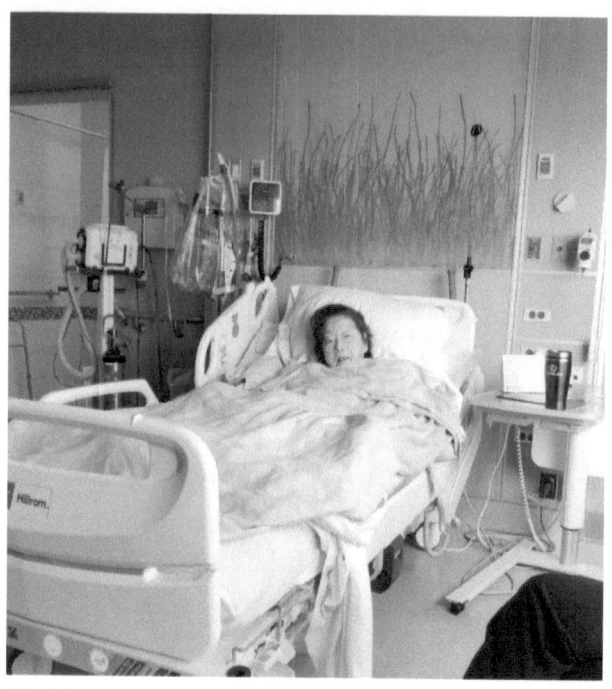

今天她精神挺好，阿姨问他感觉如何？她都有回答，她在看电视。

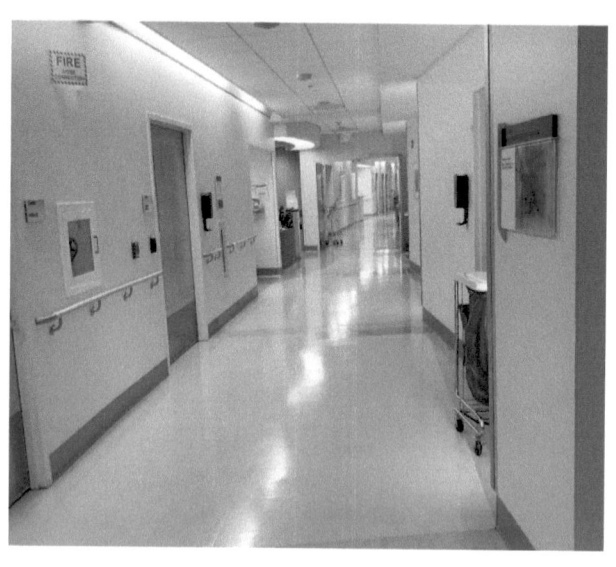

体育界"科研"的任务是什麼？

目前，我经常在周末和我太太的同学"61届田径専業-跳（高、遠、三级跳）項和跨（栏和障碍）項"聊天儿，他们毕业后，都在省、市、国家专业运动队当过运动员和教练员，直至今日都八十余岁，仍被返聘在运动队当专家，训练青少年（照片中的右一/白二字和中间/崔麟），我们经常谈论的话题都是有关"如何提高专项运动成绩"，这就是我们这代人的精神。

我和我太太分别是1963年/1965年从（当时）北京体育学院毕业，分别在中学和大学教普通体育课，分别在从事十八年和十六年学校的教学工作后，全家移民美国与亲人团聚，从此以后脱离了体育教学和业余体育训练事业，来美的四十二年里，退休前因为了生活，每天上班比较辛苦，没有时间进行身体锻炼，几年我的体重涨到180多磅（80多公斤）。从六十岁开始，我只是憑兴趣在俱乐部打乒乓球，直到退休后，2016年才又把大学学了两年的击剑从新恢复练习并参加了"全美击剑锦标赛"，直到2021年前后共参加六次全美比赛，三次失败是因身边没有教练指导，三次获胜；有两次是在七十岁以上的年龄组，一次第六名、一次第八名，最后一次是在八十岁以上的年龄获佩剑和重剑第二和第六名，我的四块奖牌在技术上的含金量甚微，而作为七八十岁的老年人还能站在剑道上参加比赛，身体健康的含金量最高，同时，奖牌也满足了自己的"虚荣心"。

我为什麼先写了一段有关自己在退休前后的健身活动？因为和我们聊天有关群众体育锻炼、专业体育训练的"科研"内容、研究方向有很大的关系！我们在聊"科研"都肯定一点：中国的群众体育锻炼，提高了全民身体健康水平，平均寿命提高很多。竞技体育的专项成绩也有大幅度的提高，既有世界纪录，也有团体项目获得"世界冠亞军"稱号。

我们在谈体育方面的"科研"问题以来，也有了新的认识，就说目前的业余和专业教练员队伍的专业知识和文化修养水平都比过去有所提高，在我们上高中和大学期间（55-58、58-63），有的业余体校和专业队的教练员，专业知识几乎没有，就是个"文盲"，有的学员问教练员："为什麼手臂要作S型划水动作？"教练员回答："就这样做，我师傅就这样教的！"这句话都成了笑话。

因为有的专业项目需做"早期专门化"开始训练，很多队员的知识水平只有小学，最多是初中水平就算不错了，专业队伍中大学专业院校毕业的教练员和运动员少之又少，说起在专业运动队搞"科研"，真正要在思想上能有统一的认识，那是有一定难度的，长时间以来各行业基本上是"外行领导内行"，加上专业队伍整体而言就是知识文化水平较低的群体，从根本上说对"科研"在专业队中是起什麼作用？清楚吗？换句话说，也就是一个项目的专业队的组织结构是怎样组成的？虽然我从毕业后，从事十八年学校的体育教学工作，移民后的四十二年生活中都没离开过体育，有关中国的体育国际赛事的文字资料和影像资料我都一一认真过目，通过与校友的文字与语言经常的交流，也让我学到很多知识。

真正让我对"科研"在专业队中的位置与重要性，还要说是中国排协邀请郎平任女排教练，几年的训练与比赛和生活管理，给我们中国的运动队做出了当今世界体育强国专项运动队的训练组的组成样板。

昨天，我看到朋友发给我的微信，是原国民党元老-陈立夫夫妇在纽约於九十岁庆生会上的讲话：他的长寿之道分为四个"老"，"老健：养身在动，养心在静；老伴：爱其所同，敬其所异；老友：以诚相见，以礼相待；老本：取之有道，用之有度。"九十岁得到"三十二字"的长寿经验，想起老校友的一句话："中国目前的科研基本上是停留在成功与失败之后的总结经验与教训的水平上。"如果，陈立夫的"三十二字"的经验是他在中年（三四十岁）庆生会上说的，那就不一样了！

"科研"就像部队的"参谋部"，所有工作人员的工作内容就是给"司令部（即教练组）"提供资料-世界技术与战绩优秀队各项技术统计数据、并能依据资料显示提出该项技术发展的前景预测、技术动作的改进方案等供教练组参考。对"科研"工作人员本身就是要高要求；（1）本人最好是体育院校本科生，毕业后再考"研究生"或"博士生"到毕业。（2）最好是专项运动员，有过接受专业训练的经历。（3）最好加設"文学写作"课程，提高写作选词用语的能力，因选字用词之不妥，会引起对技术发展、改革的前瞻性产生误导。

近几个月，因我太太的病情有所加重，让我心情更加焦虑，为了自我调节心态，便选择写这篇文章，本来我的写作能力就是很一般，我已经连续三个周末晚九点半与崔麟通电话都忘记了。我们之间的通话已坚持有数年，最近的确是因我太太的病情影响了我的记忆力，这篇文章写了两个星期都没能完成。这对我来讲真的是少有的事，今天就写上结束语吧！

我和崔麟三周前周末的通话聊天儿，在最后要结束时，崔麟的一句话，我赞成，因说出了"科研"于专业队训练组合中的重要位置与作用-"是专项技术的发展与相应的训练方法的改进的先驱者和创新者；而不应该是事后总结经验的组织者（虽然也需要，但有个主次之分）！"

结束语——"写得最痛苦的最后一篇文章"

我的挚爱老伴兒-檀棣華於 10 月 8 日 2023 年清晨在睡梦中仙逝，终年八十岁。今天午时与女儿将她接回家中，與她终生为伴。

我将在痛苦之中完成我人生历程的最后一篇文章，我的精神里的精髓内容也随她的离开而终止运转，因为只有她最了解我的为人之秉性和精神里的精髓。

雖說她是在睡梦中安祥地走向天国，但遗憾的是她没有给我留下只言片语，让我一人孤独活在悲伤痛苦之中，雖然两个女儿回到家中，我也是只身在卧室看电视、發愣發呆或是寫文章，我过去的一切都被我太太的離去劃上句號。

目前,睡覺稍差,过去是頭沾枕頭就睡着了,現在,是晚八点多就關燈睡覺至轉天上午九点左右,十三个小时里,實際真正有效睡實的時間只有八個半小時,其余的時間都在瞪着眼睛,回想過去的(我太太和我母亲)往事,待我去完小舅子家(克罗地亚州)換環境一周(10月31日-11月8日)回来後,逐步回到擊劍、乒乓球俱樂部練習,既熟悉和恢復技術,也同時恢復體力,能從此中找到走出悲傷困境的出口。

我和我太太相識於1961年9月份在當時的"北京体育学院"(現今改稱北京體育大學)開學典禮時,在校的兩年期間(我們兩相差三年),基本上没有任何交往,相互有些了解,有時假期一起乘火車回天津(她家和我母親住天津),唯一的一次在一起吃午飯是1963年畢業典禮之後,在我太太的宿舍聚餐,因她的宿舍有一名我們58屆的田徑專業的同學-崔素坤大姐(她是黨員、調幹生),人非長好,她是這次聚餐的牵線人和組織者,這次聚餐之後的八年-1971年9月25日頭戴着"現行反革命"的帽子的我,在她的工作單位(天津紡織工業學院)的單身宿舍成婚。設想一下,當時的社會環境下,有哪個家庭?哪位家长?哪位女士?能同意跟我這樣"黑"的家庭背景、犯嚴重政治錯誤的人成婚？

可是她就在她的生日（1943/9/18）之後二十天和我們结婚五十二年的紀念日之後十三天，悄悄地、安祥的離去，讓我怎能不痛心、怎能不回憶她的一切一切、怎能忘記我岳父岳母及家庭成員厚待我的一切一切？至今，我太太的忌日已過去十四天，我依然晚上睡不好覺！何時能走出悲傷的困境？讓時間來冲淡每天都在回憶的"一切一切"，把它深深地埋藏在心底，伴隨我走出困境，伴隨我走完人生路程，再共同書寫我們倆的"一切一切"。

"五十二年婚姻生活"讓我從學生时代的認識到通過十年家庭生活的了解，我太太做事过于認真，在家里又特別愛收拾得干干净净，两个孩子穿的衣服總是平整干净，加上我岳父岳母的衣服都是我太太親手縫制，她每天都要從我們住的"天津外国语大学"戴兩個孩騎跨斗裡自行車近一個小時到她的單位-天津紡織工學院的托兒所，因為"DANG"的政策"龜腚"-住房分配以男方為主，孩子入托兒所以女方為主，兩個學院之間有一條河-名為"海河"，河寬百米有餘，有時"海河"水位下降，由岸邊引橋到船的甲板的坡度在50-60度之間。一次，水位下降，我太太過引橋時，因坡度大，我兩女兒在斗車面相對而坐，自行車向下冲，我太太雙手捏閘也控制不住車的下冲，此時二女兒因引橋坡度大，身體離座向前飛，在即將要離開斗車時，大女兒下意識一伸手把妹妹抓住免於災禍，我們一直在"老天爺"保護下-逢凶化吉，遇難呈祥。

生活在社會主義國家中的家庭，通常是女人在家的"党政军"三位一體的最高領導，我家也不例外，但我太太心地善良，給了我"經濟大臣"即財政部長一職，由結婚那天起直到蒙主召唤離我們而去，她從不過問家中"財政運轉狀況，我們家中到底有多少錢？她從來都不過問也不知道！順心呀也省心呀！

"老天爺"給了我們一家最大的恩惠，就是離開"龜腚"國度移民到"民主自由"的國家與被海峽隔離了三十二年的親人團聚，在美國這四十二年的生活中，讓我更進一步、更深刻的認識我太太人性之善良，待人之誠實，在工作上認真負責的態度，她的思想之乾净純潔，在我認識的人中真是少之又少，与她婚后的五十二年的生活，讓我從她的身上學到了做人應具備的品質，為什麼她有這樣的思想和行為？因為她有自己的忠實信仰-"天主教"。她的生活和工作中的一切一切都是遵照"聖經"之訓示而行，人無信仰即失去人生路上的方向與目。她的一切一切將會永存我心，引導和伴隨著我走完我最後的人生路。

一切一切對我來講都結束了，今後不會再寫一個字，所有事都跟隨着我太太的一起離去，封筆了。也不在微信上轉發任何信息，今後的微信就是私人通話的免費工具，僅此而已。

www.ingramcontent.com/pod-product-compliance
Ingram Content Group UK Ltd.
Pitfield, Milton Keynes, MK11 3LW, UK
UKHW042005230426
12048UKWH00009B/563